한국어로 내려온
New Bible

새로운
성 경

제122권

8부 | 총10부

하얀마음

하나님 말씀 중에서

1. 사랑의 하나님

- 세상을 창조하신 하나님은 모두를 사랑하신다. 인간만 특별히 더 사랑하지 않고, 우주 만물을 다 똑같이 사랑하신다. 그러니 하나님이 창조하신 천지 만물과 화친하고, 미물까지도 소중히 대하라.

- 하나님은 특정 종파나 민족만을 더 사랑하지 않으신다. 자기 자신만 구원받겠다는 욕심을 버리고, 자기 종파만 구원받는다는 편협한 교리에서 벗어나야 한다. 종파를 초월해서, 모두를 사랑하라.

- 원수까지 사랑하라 했으니, 이 세상에 사랑하지 못할 자가 누가 있겠는가? 종파가 다르다고 해서 부모 형제와 원수처럼 지내는 자는 인간의 근본을 모르는 자다. 가장 가까운 가족부터 사랑할 때 남도 진심으로 사랑할 수 있다.

- 한 사람을 원수같이 생각하던 마음에서 사랑하는 마음으로 돌리면, 자기 자신의 마음이 가장 기쁘고 행복하다. 하나님께서는 인간의 마음속에 무거움이 없이 기쁘고 행복한 삶을 살기를 바라신다.

- 이웃을 "내 몸처럼" 사랑하라 했으니, 마지막 한 장 남은 천국의 티켓도 이웃에게 양보하라. 자기 중심적인 신앙에서 벗어나서 남을 위해 살아야 한다.

- 독초도, 약초도, 이단도 사탄도 천사도 다 필요하기에 존재한다. 독초일지라도 극소량을 사용해서 생명을 살릴 수 있고, 약초라 하더라도 남용하면 생명을 잃을 수 있다.

- 세상 모든 것을 명약으로 활용하는 것은 인간의 지혜에 달렸다. 어떤 것이든 어떤 사람이든 적재적소에 꼭 필요한 명약으로 승화시키라.

- 사탄도 이단도 천사도 모두 하나님의 주관하에 존재한다. 진정한 하나님의 백성은 사탄과 마귀까지도 감화시켜서 천사로 거듭나게 한다.

2. 기도

- 하나님은 인간의 생각까지 모두를 다 알고 계신다. 우리의 소원도 이미 알고 계시기에, 소원의 기도를 할 필요가 없다. 우리가 받을 자격이 되면 내려 주신다.

- 죄를 짓고 아무리 회개를 해도 용서받지 못한다. 도둑질한 자는 용서해 달라고 기도하고, 도둑맞은 자는 도둑을 잡게 해 달라고 기도하면, 공의의 하나님은 누구의 편에 서시겠는가?

- 자기가 잘못한 것은 그 사람에게 직접 갚고 용서를 구하라. 그가 용서하면 하나님도 용서하신다. 땅에서 매면 하늘에서도 매이고, 땅에서 풀리면 하늘에서도 풀리는 이치다.

- "회당에서 기도하지 말고 골방에서 기도하라" 했다. 눈에 보이는 골방이 아니라, 골방과 같이 고요한 마음이다. 잡념을 버리고 하나님을 향해 마음을 집중하며, 사랑하고 용서하는 아름다운 생각만 나오도록 하라.

- "두드리면 열릴 것이다." 하는 것은 육의 소원을 위해 두드리라는 것이 아니라, 진리의 깨달음을 얻기 위해 두드리라는 것이다.

- 기도하는 방법: 생활 속에서 수시로 기도하는 삶을 살아야 한다.

- "저의 죄를 용서하여 주옵소서." 하는 회개의 기도를 하라.
- 범사에 "하나님! 감사합니다." 하라. 현재 가진 것에 감사하며, 과욕하지 말라. 자기 노력 이상의 것을 더 갖고자 기도하는 것은 도둑놈심보다. 공의의 하나님은 각자 노력한 만큼 주신다.
- "하나님 뜻대로 살아가겠나이다." 하며 마음의 각오를 다지라.

- 기도는 하나님의 말씀을 받아서 "행하는 것"이다. 하나님이 계심을 굳건히 믿고, 하늘을 향하여 한 점 부끄럼 없이 사는 삶 자체가 가장 위대한 기도이며, 삶이 곧 예배다.

3. 지도자

- 똑같이 사랑한다는 말을 해도, 순수하게 하는 말은 천사의 말이지만, 사기 쳐서 재산을 가로채려고 하는 말은 사탄의 말이다.

- 종교 지도자가 아무리 훌륭한 설교를 해도, 신도의 재물을 거둬서 더 큰 교회를 짓고 자기의 부귀영화를 바라며 설교하면 사탄의 가르침이 된다.

- "저희 교회는 만원사례요, 믿음은 다 같으니 이웃의 개척 교회에 가서 예배를 드리시오." 하며, 이웃 교회의 부흥을 먼저 생각하여 제 신도를 보내는 종교 지도자가 있다면 그를 따르라. 그가 하나님의 사랑을 실천하는 자다.

- "부자가 천국에 들어가는 것은 낙타가 바늘구멍을 통과하는 것보다 더 힘들다" 하였거늘, 지금의 교회에서는 부자가 되기만을 기도하고 소원하니, 이는 곧 천국을 포기하고 지옥 행 열차의 티켓을 사는 것과 같다.

- 예수는 빈손이었다. 종교 지도자가 예수보다 더 호화롭고 편안하게 살아간다면 잘못된 것이다. 부귀영화와 명예를 바라는 자는 절대로 갈 수 없는 좁고 협착한 길이 종교 지도자의 길이다.

- 종교 지도자는 유리로 비춰 봐 한 점의 부끄러움이 없이 살아야 한다. 의식주도 직접 일해서 해결하고, 예수의 가르침과 행함을 그대로 따라야 한다.

- 종말은 없다. 지금의 잘못 가는 종교 집단에게만 종말이 있다. 보이지 않는 하나님은 보이는 육의 종말은 관여하지 않으신다. 환경 파괴로 인간이 스스로 멸망을 자초하는 것이다. 종파끼리 싸우기 전에, 무너진 인성을 바로잡고 지구의 몸살을 해결하는 데 뜻을 모으는 게 급선무다.

4. 성전이란

- 이 세상 자체가 하나님께서 만드신 성전이다. 자연보다 더 아름다운 성전이 있는가? 보이는 건물이 성전이 아니라, 성스러운 마음가짐이 성전이다.

- 반석 위에 교회를 지으라 했다. 지상의 단단한 돌은 인간이 쪼갤 수 있으나, 마음속의 굳은 결의는 세상 무엇으로도 쪼갤 수 없다. 바르고 굳건한 믿음으로 성경의 가르침을 실천하는 것이 마음의 반석 위에 교회를 짓는 것이다.

- 손으로 지은 건물의 교회에 모여서 복음을 전하는 것이 아니라, 교회를 개인과 가정에 심어 주어야 한다. 무너지고 부서지는 건물을 짓지 말고, 마음속에 영원히 불변하는 참진리의 교회를 지으라.

5. 십계명

- 십계명은 인간이 죽어서 반드시 통과해야만 하는 열 개의 관문이다.

- 부모를 공경하지 아니한 자는 "네 부모를 공경하라." 하는 제5계명의 관문이 열리지 않으니 구원받을 수 없다.
- 살인, 간음, 거짓, 우상 등의 나머지 계명도 마찬가지다.

- 십계명은 하나님의 친필이다. 모기소리만 한 하나님의 음성이라도 들어 보겠다고 여기저기 찾아 헤매지 말고, 십계명부터 암송하고 지키라.

- 십계명은 영혼을 구원하는 양식이며, 십계명을 지키는 것이 구원을 받는 길이다. 인간이기에 지키고자 노력하고 또 노력한다면 지킬 수 있다.

- 십계명을 지키고 천사처럼 아름답게 살아가는 그 마음 하나면 세상에 이루어지지 않는 것이 없다.

6. 보물

- 하나님은 재물이 아니라 우리의 마음을 받으신다. 사랑을 실천하며 천사처럼 변하는 마음이 하나님께 바치는 보물이다.

- 보이지 않는 하나님께 재물을 바치려 하지 말고, 너희를 길러 준 부모에게 용돈 드리고, 찾아뵙고, 효성을 다하라. 그것이 하나님께 효도하는 것이다.

- 하늘에는 선과 악의 창고가 있다. 자기 창고에 선이 많으면 천국으로 구원을 받고, 악이 많으면 심판받아 지옥으로 간다. 그것이 바로 "선한 일을 행한 자는 생명의 부활로, 악한 일을 행한 자는 심판의 부활로" 나오는 것이다.

- "선악과를 따먹지 말라"는 것은 양심을 지키라는 것이다. 선과 악을 구분할 수 있는 양심을 최초에 인간에게 주셨다. 선한 열매는 취하고, 악한 열매는 버리며, 양심에 비추어 부끄럼 없는 삶을 살아가라.

- 가장 작은 거짓말을 하지 않고, 가장 작은 죄를 짓지 않으며, 가장 작은 선행을 하고, 가장 작은 악행을 멀리하는 것이 율법의 일점 일획도 빠뜨리지 말고 다 지키는 삶을 사는 것이다.

7. 우상

- 박물관에 있는 불상은 하나의 예술품이다. 그 조각품에 대고 제 소원을 빌 때 우상숭배가 된다. 십자가라 하여도 그 앞에서 소원을 빈다면 우상숭배하는 것이며, 하나님께 소원을 빈다면 하나님을 우상으로 전락시키는 것이다.

- 지금 기복신앙에 젖어 있는 모든 사람이 우상 앞에 절을 하고 있다. 조각품을 우상이라며 파괴하지 말고, 네 마음속에 있는 욕심의 우상을 무너트리라.

- 생수를 약초가 먹으면 약을 만들고 독사가 먹으면 독을 만든다. 같은 성경을 봐도 선한 지도자는 신도를 천사로 만드는 데 활용한다. 그러나 욕심이 가득한 지도자는 재물을 거두어들여 제가 부귀영화를 누리는 데 악용한다. 그가 바로 성경을 우상숭배의 도구로 전락시키는 거짓 선지자다.

- 성경을 한 획도 빼거나 더하지 말라는 것은, 그 가르침을 빠트리지 말고 온전히 지키라는 것이다. 성경 속에서 자기에게 유리한 구절만 보는 것은, 자기에게 불리한 구절들을 빼 버리는 것이다. 믿음이 제일이요, 행함은 구원과는 관계없다는 것은 자신에게 유리한 쪽으로 성경을 악용하는 것이다.

- 진정한 종교 지도자는 종파에 관계없이 어떤 종파든 어떤 책이든 접하고 보고 깨우쳐 견문을 넓히도록 인도한다. 참진리를 모르고 자신이 없는 자가 남을 이단이라며 배척하고, 신도들의 눈과 귀를 가린다.

8. 예수

- 예수의 재림은 없다. 예수가 다시 온다 해도, 과연 누가 그를 예수라고 믿겠는가? 예수와 같은 삶의 행함이 곧 예수의 재림이다. 각자 모두가 “재림 예수”가 되는, 차원 높은 믿음으로 가야 한다.

- 예수는 “주여 주여 하지 말고, 아버지의 뜻대로 행하라”고 했다. 예수가 전한 하나님의 뜻이 곧 “길이요, 진리요, 생명”이며, 그 가르침이 예수의 보혈처럼 소중한 것이다. 예수를 믿는 것은, 예수의 가르침을 믿고 따르는 것이다.

- 예수는 낮은 자로서 만백성을 섬기고자 했다. 만나는 모든 사람을 다 하나님이라 생각하라. 돈을 벌수록 겸손하고, 높은 지위를 얻을수록 낮아지라.

▪ 예수는 종파를 만들지 않았다. 인간이 만든 종교와 인간의 교리를 따르지 말고, 예수를 통해 전한 하나님의 참진리를 연구하고 따르라.

▪ 예수가 2천 년 전에 만백성을 위해 죽었으니, 지금 이 땅에는 예수의 가르침대로 사는 천사만 존재해야 한다. 예수가 죽어 가면서 바란 것은 만백성이 천사가 되어 예수의 자리를 채워 주는 것이지, 지금과 같이 재물을 바치면서 중언부언 제 소원만을 비는 백성들을 바란 것이 아니다.

9. 구원

▪ 천사가 사는 천국에는 천사만 갈 수 있으니, 천사 같은 마음을 길러야 한다.

- "천국 열쇠를 네게 주리니 땅에서 무엇이든지 매면 하늘에서도 매일 것이라" 했다. 땅에서 천사같이 사는 자가 하늘에서도 천사가 되어 천국에 들어간다. 모든 사람에게 천사같다는 말을 듣는 삶을 살아야 한다.

▪ 천사의 곱고 아름다운 마음은 부모를 공경하고 어른을 어른으로 대접하는 데에서 출발한다. 효도하는 자는 형제와 화목하게 지내기에 가정이 화목해지고, 이웃과 화목해지고, 국가가 화목해지고, 온 인류가 화목해진다.

- 그러므로 지상의 아름다운 소왕국은 가정에서부터 이루어야 한다.

▪ 선택된 14만 명만 구원받는 것이 아니라, 천사처럼 변하고자 하는 14만 명을 기초로 온 인류가 천사처럼 거듭나는 영적인 개혁이 시작되는 것이다.

▪ 천 년에 걸쳐서 하늘에서 이루어진 것같이 이 세상을 낙원으로 만들어, 만백성이 지상의 천국에서 살다가 죽어서 그대로 하늘의 천국으로 들어가는, 영원한 지상 낙원을 건설하는 것이 하나님의 계획이다.

- **이것이 구약과 신약에 이어 "새로운 성경"으로 역사하시는 하나님의 창조의 완성이다.**

▪ 지금의 믿음으로 구원받을 수 있다면 그 길을 가라. 그러나 자신이 없다면 하나님께서 직접 내리신 160권의 "새로운 성경"을 읽고 구원의 길을 보라!

하나님 머리말씀

이 새로운 성경을 읽는 너희 모두는
이 율법에 따라 행하면 영원히 구원받을 것이니라.

너희 인간이 수년, 수십 년, 평생
성서를 공부하고 기도하는 것은
하늘나라 나의 곁으로 오고 싶은 소망일진대,

몇천 년 전의 너희 인성과 생각이
지금의 너희와는 판이하게 다르니,

꺾여 가고 병들어 가는 너희를 고칠 수 있는 길은,
오늘 내가 선지자에게 내리는 새로운 성경과 같이
너희가 변화되는 것뿐이니라.

나의 예수가 태어난 것처럼
내가 아들 선지자를 선택하여
나의 새로운 성경을 온 세계에 전하고자 하니,

묵은 것은 버리고 새로운 것은 취하여,
너희 모두는
'여호와 하나님! 저의 죄를 용서하여 주옵소서.'
하는 기도문으로 기도하고, 죄를 뉘우치라.

이 새로운 성경은
수천 년간 내려온 성서를 요약한 것이니,
너희는 이 책을 정독하여 쉽게 깨달음을 얻고,
이대로 실천하여 하늘에 오르라.

대역자 머리말

■ 하나님의 율법을 지키는 선지자로 선택을 받도다.

저는 남들처럼 그저 열심히 살아온 평범한 사람이었습니다. 그러나 50대 중반에 사업에 실패하여 많은 부채에 시달렸으며, 건강도 악화되어 눈이 잘 안 보이고, 걷기도 어렵고, 두통이 심해서 잠을 이룰 수 없는 고통의 나날을 보냈습니다. 그때 제가 선택할 수 있는 것은 육의 삶을 끝내는 길뿐이었습니다.

죽기 직전에 그동안에 죄를 지은 이들에게 용서를 빌고 인생을 끝내기로 작정하였습니다. 어려서부터 지은 죄를 빌고 빌다 보니 끝이 없었고, 죽음으로도 그 많은 죄를 용서받을 길이 없다는 생각에 하염없이 눈물이 흘렀습니다. 그 순간 '재래식 화장실의 구더기는 죄를 짓지 않는데, 나는 인간으로서 구더기만도 못한 삶을 살았구나.' 하는 생각이 들면서 괴로움에 몸부림칠 때, 갑자기 하나님의 음성이 들렸습니다.

"나는 여호와 하나님이니라. 너는 십계명을 암송하고 내가 내려 주는 메시지를 받아 책으로 만들어 만백성을 구하라." 하시며, 제 눈을 손으로 문지르게 하시고, 아픈 머리와 다리를 손으로 두드리게 하셨습니다. 그러고 나니 눈도 잘 보이고 걸을 수 있었으며 머리의 통증도 말끔히 낫게 되었습니다. 그때부터 십계명을 암송하고 나면 들려주시는 말씀을 기록하였고, 1999년 8월부터 2004년 7월까지 권당 288쪽, 총 160권을 받아서 "새로운 성경"이라는 책으로 펴내게 되었습니다.

그러한 저에게 죽기보다도 힘든 길이 시작되었습니다. 모든 교인들이 저에게 사탄이요, 이단이요, 악마요, 마지막 시대에 온 거짓 선지자라 하면서 공격하였고, 저를 짐승을 보듯이 대하는가 하면, 편협한 종교 지도자들의 선동으로 신도들이 이 책을 직접 읽어보고 평가할 기회마저 막아 버렸습니다. 그래서 하나님의 말씀을 세상에 내는 데 많은 어려움을 겪으며, 피를 토하는 심정으로 책을 전하고 있습니다.

그러나 아무리 인간의 힘으로 막으려 해도, 하나님의 뜻이 세상에 전해지는 위대한 역사는 계속될 것입니다. 책으로 전해지는 "하나님의 말씀"은 세상 끝날까지 항상 우리와 함께하실 것입니다. 사람은 죽어도, 책에 기록된 말씀은 영원히 남으니까요.

■ 따뜻한 실천

하나님께서는 어려운 사람들에게 삶의 터전을 마련해 주고, 미래를 열어 주는 것을 기뻐하십니다. 어려운 이웃이 스스로 자립할 수 있도록 이끌어 주는 것이 진정으로 이웃을 돕는 것이라고 말씀하셨습니다. 그래서 일자리가 없는 제자들에게 작은 사업장을 만들어 주는 "달란트 사업"을 하고 있습니다. 식당, 반찬 가게 등을 차려 주고, 기존의 어려운 사업장이 자립할 수 있도록 돕고 있습니다(커피숍, 미용실, 의상실 등).

하나님께서는 교회에 나와서 모든 시간과 재물을 쏟기를 원하지 않으시고, 그 시간과 재물을 교육에 투자하여 스스로 미래를 열어 가기를 원하십니다. 그래서 제때 공부하지 못한 제자들에게 학업을 이어 가도록 하였습니다. 중화요리 주방장을 하며 초등학교 검정고시부터 공부하여 2012년에 방통대를 졸업한 36세 남성, 만학도들의 2년제 중학교에 입학해서 2007년에 명지대학을 졸업한 38세 여성, 중학교 검정고시를 시작으로 숭의여자대학을 졸업한 47세 여성 등이 있습니다. 그밖에도 많은 제자들에게 나이를 초월하여 배우고 깨우쳐서 사회 속의 당당한 일원이 되도록 인도하고 있습니다.

학자금 대출로 힘겨워하는 젊은이들을 위해 "따뜻한 바람 장학회"를 발족하여(2016년 12월) 대출받은 학자금 전액을 매월 갚아 주고 있습니다. 또한, 다문화 가정을 위해 "다문화 가족 랜드"를 조성하여, 각종 시설을 무료로 활용하도록 하고 있습니다.

이러한 따뜻한 실천이 아직은 미약합니다. 그러나 책의 수입이 늘고, 저와 뜻을 같이하는 분들이 늘어나면 계속 확대할 것입니다. 지도자로서 신도의 재물을 헌금으로 거둬들여 착복하는 것이 아니라, 하나님께서 기뻐하시는 일에 사용하도록 중매 역할만 하며 살아가고자 합니다. 이런 제가 과연 사탄이고 이단인가요? 하나님께서 기뻐하시는 일이라면, 저에게 사탄이라 하든 거짓 선지자라 하든 굽히지 않고 실천해 나갈 것입니다.

끝으로, 일상의 삶 속에서 "지금 내가 하는 행동이 과연 하나님께서 기뻐하실까, 슬퍼하실까?" 생각하고, 매사에 하나님께서 기뻐하시는 길을 택하기 바랍니다. 교회에 모여서 집단적으로 예배 드리는 것이 아니라, 개인이나 가정 단위로 새로운 성경을 읽어 스스로 깨우치고 그대로 행하면 충분합니다. 그것이 마음속에 성전을 짓고, 신령과 진정으로 예배 드리는 길입니다. 그러면 천국의 문에 들어서게 됩니다.

2017. 2. 1.

하나님 말씀 대역자 김용철

차 례

2004년 1월 ... 76

부 록 ... 150

간 행 사 ... 151

십 계 명

이 책은 십계명을 암송하고 나면 내려 주시는 "하나님의 음성"을 듣고 그대로 받아쓴 기록입니다. 하나님께서 십계명을 모세에게 내려 주셨지만, 그것은 만백성에게 내려 주신 것입니다. 마찬가지로 이 책의 모든 말씀도 저에게 내려 주셨지만, 만백성 각자에게 들려주시는 말씀입니다. 여러분도 이 책을 접할 때마다 십계명을 암송하고 나서 정독해 주시기 바랍니다.

제일은, 너는 나 외에는 다른 신들을 네게 있게 말지니라.
제이는, 너를 위하여 새긴 우상을 만들지 말고, 또 위로 하늘에 있는 것이나, 아래로 땅에 있는 것이나, 땅 아래 물 속에 있는 것의 아무 형상이든지 만들지 말며, 그것들에게 절하지 말며, 그것들을 섬기지 말라.
제삼은, 너는 너의 하나님 여호와의 이름을 망령되이 일컫지 말라.
제사는, 안식일을 기억하여 거룩히 지키라.
제오는, 네 부모를 공경하라.
제육은, 살인하지 말지니라.
제칠은, 간음하지 말지니라.
제팔은, 도적질하지 말지니라.
제구는, 네 이웃에 대하여 거짓 증거하지 말지니라.
제십은, 네 이웃의 집을 탐내지 말지니라.

나 여호와가 존재함을 믿는 그 자체가 구원의 길에 들어서는 기본이요, 근본이며, 나의 새로운 성경을 가슴에 안고 정독하는 자, 반석 위에 서서 하늘에 오르는 찬란한 빛을 보게 되는 영광을 얻게 됨이니라. 진정 나를 따르고 믿는 자는 감히 사탄이나 마귀도 근접하지 못하느니라.

〈하나님 말씀〉

2003년 12월

9,004 번째 하나님 말씀

2003년 12월 30일 12시 05분

1 사랑하는 나의 아들아!
2 "네, 아버님! 말씀하옵소서."
3 너는 어렵고 힘들다 생각하지 말라.
4 너는 죽은 자 가운데 내가 네 생명을
이어 주었음이니, 모든 백성들은 한
번의 생명을 받은 은혜로써 천사와 같
이 살아가고자 노력한다면,
5 너는 과연 몇 배의 마음가짐으로써 네
가 바르게 살고 바르게 가고자 노력해
야 되는 것인가, 이것은 너희들의 수
학의 계산법에 나오지 않느냐?
6 어찌하여 그와 같은 은혜의 역사를 이
룬 네가 그리 말하는가?
7 네가 네 제자에게 내 뜻을 그리 전하
지 아니하였느냐?
8 '네가 오늘의 고통이요, 시련이라는
길을 가지 아니하면 너는 불행한 인생
의 삶을 살아갈 수 있기에, 오늘의 고
통과 시련을 마다하지 말며, 그를 너
희들의 책무요, 네 책임으로 받아들이
라' 네가 그리 내 뜻을 전하면서,
9 너는 두 번 죽을 자가 살아난 것을 어
찌하여 그를 모른단 말이더냐?
10 한 번 태어났으며 내가 또 한 번 죽을
자를 살렸으니, 너는 두 번 태어난 자
가 아니더냐?
11 그와 같은 너 자신을 모르면서 어찌하
여 너는 그와 같이 어렵고 힘든 생각
을 하느냐?
12 내가 일찍이 기록하여 갈 길을 전했음
이니라.
13 실을 높이 매달아 거기에 쇠의 추를
다니, 그 실은 추에 의하여 반듯하게
늘어질 것이며 흐트러짐이 없으며 곧
을 것이라 하였음이니라.
14 그 길을 밟고 가는 것, 그 길을 따라오
는 것이 네가 가야 하는 길이라 하였
으며, 그와 같은 길을 간다는 것을 나
의 법전에 이리 기록하여 네 생명을
살려 주었으며, 다시 한 번 태어나게
했으며, 그 길을 오라 하였거늘,
15 네가 어찌 나태하며 힘들고 두렵고 어
렵다는 말을 하는가?
16 네가 정녕 그와 같은 말을 할 자격이
있으며 네가 그와 같은 얘기를 할 수
있는 사람이라 말하느냐?
17 이 세상 모든 백성들이 죽어 가는 자
를 살려 놓고, 내가 하늘에서 실을 내
리며 거기에 추를 달아 놓고 그 반듯
한 실을 따라오라면 따라오지 않을 자
가 없을 것이거늘, 어찌하여 네가 그
리 가는가?
18 너는 두 번 다시 그리 말하지 말라.
19 너는 실에 달려 있는 추가 늘어져 반
듯한 것처럼 그 길을 오지 아니하면
아니 되는 것이요,
20 네가 모두를 포기하고 그 길만 오고
그 길만 보고 살아간다면, 기도하는
것이 무엇이 어렵고 힘들며, 나의 성
령을 받아 기록하는 것이 무엇이 두렵
고 어렵단 말이더냐?

21 모두는 내가 다 역사해 주며, 네가 물
질적으로 무엇을 만드는 것도 아니요,
나의 법전을 만들기 위하여 네가 노력
하는 것도 아니요, 이를 네가 역사하
는 것도 아니요,
22 다만 나에게 기도하여 내가 내리는 나
의 성령을 받아 만백성에게 전하는 그
대업이요, 그를 전함으로써 너의 제자
들 또한 역사함이니,
23 너는 두 번 산 자요, 내가 너에게 말했
듯이 반듯한 그 실을 따라오는 것이
네 운명이라 했거늘,
24 거기서 벗어나려 하지 말며, 거기서
네가 다른 길을 가려 해서는 아니 됨
이니라.
25 너는 오로지 그것만 보고 오며, 오늘
의 기도함이요, 오늘의 법전을 만드는
것이 힘들고 어렵다는 소리를 하지 말
라.
정녕 네가 두 번 산 자라는 그 은혜요,
영광됨을 잊지 말라.

9,005 번째 하나님 말씀

2003년 12월 30일 12시 11분

1 사랑하는 나의 아들아!
2 "네, 아버님! 말씀하옵소서."
3 너희들이 이 세상에 태어나니, 그 몸
은 어찌 되는가?
4 너희들이 나로부터 받은 명만큼 살다
보면 오래지 않아 너희들은 흙으로 돌
아가게 되어 있으며 흔적도 없이 사라
지는 것이 너희들의 죽음이 아니냐?
5 모든 백성이 그와 같은 것을 벗어나지
못하며 그를 헤어나지 못하느니라.
6 그리고 그를 두려워하지 않고 겁먹지
않는 자 없으며, 거기에 대비하는 삶
을 살고자 하는 것이 또한 나의 백성
들이 아니더냐?
7 그러니 너는 어떠하더냐?
8 네가 네 몸이 죽어 오래지 않아 흙으
로 돌아갈 그와 같은 너를 내가 살렸
음이니, 그것은 무엇이더냐?
9 너희들이 흙으로 돌아가면 너희 정신
이요, 그 영혼이 너희 몸에서 떠남이
니, 두 번 다시 그 영혼은 너희 육에
들어갈 수 없는 것이 너희들의 운명이
요, 너희들이 살아가는 길이 아니더냐?
10 그와 같이 누구도 돌이킬 수 없으며
누구도 두 번 할 수 없으며 역사할 수
없는 것을,
11 너는 죽어 흙으로 돌아가는 네 육신에
나의 성령을 다시 불어넣고 정신을 넣
어 너를 살려 나의 법전을 만들어 세
상에 전하라 했거늘, 어찌하여 네가
그리도 어렵고 힘들다 한단 말이더냐?
12 그러니 이것이 얼마나 잘못된 나의 아
들이며, 이를 보는 만백성이 생각할
때 과연 어찌하겠는가?
13 그 제자들이요, 그들은 말할 것이니라.
14 '죽은 자인 나를 다시 한 번 하나님께
서 살려주신다면 나는 선지자보다 더
열심히 살아갈 수 있을 것이다.' 그리
생각할 것이며, 너를 은혜를 모르는
자요, 감사함을 모르는 자라 그리 말
할 것이니라.
15 작은 감사한 은혜를 입어도 그 감사함
을 알며 그걸 보답할 줄 아는 것이 너
희들이 하늘에 오르는 길이요, 인간의
도리라 하였거늘, 가장 중요한 것이

무엇이더냐?
16 머지않아 네 몸이 죽어 흙으로 돌아가
는 그와 같은 것, 그러니 정신이 떠나
버리면 다시는 돌이킬 수 없는 그와
같은 네 육에 내가 정신이요, 나의 성
령을 불어넣어 네가 세상을 볼 수 있
으며 이 모두의 역사를 할 수 있는 기
회를 주었음이니,
17 그와 같은 큰 은혜요, 영광을 받은 자
가 없거늘, 어찌하여 네가 오늘의 그
가는 길을 힘들고 어렵다 그리하는가?
18 그리하여 네 옆에서 조언하는 말, 너
에게 충고하는 말, 너를 다스리고자
하는 그와 같은 말에 귀를 기울이라
함이요,
19 오늘의 육신이 힘들고 어려움만 생각
하고, 네가 오늘의 가는 것이 위대한
것이며 너의 그 역사함이 누구도 따를
수 없다 그리 생각하는가?
20 너는 여기서 가장 낮은 자요, 네가 모
두를 다 존경하는 마음이요, 선생으로
서 모두를 생각하고 가야 될 것이며,
21 한 번 태어나는 목숨을 두 번 태어난
네가 바로 가지 못하고 바로 역사하지
못하면 그것이 얼마나 부끄럽고 잘못
된 자인가를 네가 반성해야 될 것이니
라.
22 모든 백성들이 백 가지의 죄를 지었다
면, 백 가지의 죄를 지었을 때 너는 2
백 가지의 죄를 지은 것이 아니더냐?
23 네가 두 번의 인생을 살면서도 바로
서지 못하고 바로 가지 못한다면 절대
아니 됨이니 그리 알라.
24 아무리 어렵고 힘들다 해도 내가 명한
것을 지키고 행하라.
25 그리하여 모든 역사를 이루도록 그리
하는 것이 네가 두 번 생명을 얻은 나
여호와의 아들로서 가는 길이요, 만백
성에게 부끄럽지 않은 나의 아들로서
당당히 섬이니 그리 알라.
26 만에 하나 천사와 사탄들이 너를 보
고, 두 번씩이나 생명을 주었으며 두
번씩이나 역사할 수 있도록 했는데 네
가 가는 자세가 그렇게 흔들리며 가는
행위가 바르지 못하다고 한다면 내가
어찌 말하겠느냐?
27 예수도 싸워서 이겼음이니라.
28 그는 단 한 번의 싸움에서 사탄을 물
리치고 이겼음이니라.
29 그리하여 그는 그 길을 갔거늘, 너는
그보다 더 큰 은혜요, 영광을 얻었음
이니라.
30 나의 아들 예수가 육의 세상에 부활을
얻은 역사보다도 더 큰 부활을 얻어
그는 거둬들였음이니라.
31 그러나 육의 은혜를 넘어 너는 거둬들
이지 아니하며 이 세상에 존재하며 역
사하지 않느냐?
32 나의 아들 예수가 죽어 가면서 뭐라
했느냐?
33 '아버지! 정녕 이 잔을 받지 아니하도
록 이를 거둬들일 수는 없겠습니까?'
그리 기도하고 간절히 원했음이니라.
34 그러나 나는 그를 들어주지 아니하고
그 육을 거두었으나, 나는 이 법전을
위하여, 모든 만백성을 위하는 이 길
을 위하여 너의 죽어 가는 몸을 살렸
으며,
35 네가 소원하지 않든 소원하든 네가 다
시 인간으로서 살 수 있는 기회를 주

였거늘,
36 그보다 큰 은혜요, 영광이 없음이니,
그 누구도 너보다도 더 큰 은혜를 받
은 자가 없음이니라.
37 그러니 네가 오늘 이후부터 마음의 자
세요, 생각의 자세를 바로 하지 아니
하면 내가 너를 벌로써 다스릴 것이니
그리 알며, 내 은혜를 생각하도록 그
리하라.

9,006 번째 하나님 말씀

2003년 12월 30일 12시 16분

1 사랑하는 나의 아들아!
2 **"네, 아버님! 말씀하옵소서."**
3 너와 너의 제자들은 가는 길이 다르며
바로 서는 길이 다르니라.
4 너희들의 마음을 무너트리고자 하는
인간 세상의 그 악의 유혹은 앞에서
꽃가루를 뿌려 놓고 그 꽃길을 가라
하는 것과 같음이니라.
5 그러니 그 뿌려진 꽃길이 누가 뿌린
것이며 어떠한 꽃인 줄을 모르면서 그
를 즐겨 그 길을 따라가다 보면 어느
새 죽음의 길이요, 너희들이 잘못 간
것을 알게 되는 그와 같은 형국을 안
다면,
6 과연 너희들은 그저 꽃이 뿌려졌다 하
여 그 길을 그저 즐겁고 행복하게 그
저 밟고 가기만 해서야 되겠느냐?
7 세상의 모든 것은 다 그와 같은 이치
이니, 너희들을 무너트리고자 하는 것
이 꽃가루를 뿌려 놓고 너희들을 오라
하는 그와 같은 형국이니,
8 모두가 다 너희들을 무너트리고 쓰러
트리고자 하는 것이 이 세상에 산재해
있음이니라.
9 그러니 그와 같은 것을 모르고 향락을
즐기며 육의 삶의 즐거움을 위하여 너
희 모두를 버리고 저버리는 그와 같은
어리석은 삶을 살아서는 아니 되는 것
이 나의 아들이요, 나의 아들을 따르
는 제자 너희들이니라.
10 누가 꽃을 뿌려 놓고 꽃을 꺾어 너희
들에게 주면서 오라 한다 해도, 그 꽃
이 어디에서 왔으며 어찌 꺾었으며 어
찌하여 너희들을 그리 오라 하는 것인
가를 잘 분석하고 깨우쳐서, 가서는
안 되는 꽃길이라면 가서는 아니 될
것이니 그리 알라.
11 그와 같으니라, 세상의 향기로운 꽃으
로써 너희들을 유혹하여 지옥으로 끌
고 간다면 그 꽃을 따라가는 것이 얼
마나 불행한 것이더냐?
12 세상의 악이요, 너희들을 무너트리는
것이 그 꽃보다도 더 화려하고 더 향
기롭고 더 즐겁고 더한 향락이 있는
것이니,
13 거기에 너희들이 빠져들고 무너져서
는 아니 되는 것이니, 나의 아들을 따
르는 제자 너희들은 그를 알라.
14 어렵고 힘든 그 길이 하늘에 오르는
길이라 하였음이니, 모두는 다 너희들
에게 불리한 쪽으로, 너희들에게 어려
운 쪽으로 해석하고 설명하며 네 것으
로써 다스려 가라 했던 나의 뜻을 잊
지 말라.
15 그러니 나의 아들을 따르는 제자 너희
들은 그와 같이 앞에 화려함이요, 오
늘의 즐거움이요, 눈에 보이는 그 행

복함에 스스로 무너지는 자가 되어서
는 절대 아니 됨이니,
16 이를 명심하고 또 명심하여 가슴 깊이
새겨, 모두를 두드려 보고 돌이켜 보
고 다시 한 번 묵상하고 기도해서, 길
이 아니요, 가야 할 것이 아니면 절대
선택하지 말며 가지 말라.
17 너희들 마음속에 항상 싸우는 선과 악
의 그 싸움에서 모두를 이길 수 있는
선을 선택할 수 있는 것, 악을 제거할
수 있는 것은 긴장하는 마음을 풀지
말고 항상 긴장 속에서 다스려 나가는
삶을 사는 것이니라.
18 그렇지 않으면 너희들이 한순간에 무
너짐이니, 무너지면 무엇이더냐?
19 너희들이 영원히 나올 수 없는 지옥의
길로 가게 되는 것이 너희들의 운명이
니라.
20 나의 아들을 따른다 하여, 나의 법전
을 읽고 깨우쳤다 하여 너희들이 그와
같이 무너지지 아니한다 장담할 수 없
으며, 지옥으로 아니 간다 장담할 수
없음이니라.
21 너희들도 무너지면 가는 것이며 잘못
가면 떨어짐이니, 너희들은 항상 긴장
속에서 마음속의 악과 선이 싸우면 악
을 제거할 수 있는 그 마음의 훈련을
거듭하고 거듭하도록 그리하라, 사랑
하는 나의 아들딸들아!

9,007 번째 하나님 말씀

2003년 12월 30일 22시 32분

1 사랑하는 나의 아들아!
2 **"네, 아버님! 말씀하옵소서."**
3 진정한 지도자요, 진정한 선생이란 무
엇이더냐?
4 제가 가르치는 것을 한 치의 오차도
없이 행하고 지키는 그와 같은 자만
진정한 지도자요, 선생이라 그리 말할
수 있음이니라.
5 가르치는 것은 저희들이 모두 다 행하
고 지키는 것처럼 그리 가르치며 제가
가장 위대한 스승이요, 선생처럼 가르
치나,
6 그가 행동을 그리하지 못하며 그를 따
르지 못한다면 그는 가르침이 아니요,
그 제자마저도 무너트리는 자라는 것
을 알아야 될 것이니라.
7 그러니 지도자의 자세가 얼마나 소중
하고 귀한 것인가, 그리고 만백성을
구하는 종교 집단의 지도자라는 자들
이 살아가는 그 형태가 과연 어떠하던
가?
8 내가 보는 그들은 정녕 나 여호와의
뜻에 따라 만백성을 구하는 지도자의
자세가 갖추어진 자가 없음이니,
9 자격이 없는 자 밑에서 배우는 그 백
성이 과연 구원의 길이요, 하늘에 오
르는 그 길의 역사를 볼 수 있다 하던
가?
10 너희들이 역사하는 것이 이 세상에 어
떠한 것보다도 가장 어렵고 힘들며,
또한 가장 쉽고 편안하며 가장 위대하
고 귀한 것이 무엇인 줄 알겠느냐?
11 너희들 자신이 구원을 받는 길이요,
하늘에 오르는 길을 역사하는 것이니,
12 그와 같이 가장 귀하고 소중한 것을
역사하며 무엇과도 바꿀 수 없는 그
선생이 바르지 못하며 언행이 일치하

지 못할 때 과연 무엇이 이루어진다
생각하느냐?
13 아무것도 이루어짐이 없음이니라.
14 그러니 나의 아들을 따르는 제자 너희
들이 만백성을 구하는 전사요, 선생으
로 나갔을 때, 너희들의 언행이 일치
하는 그와 같은 지도자가 아니 되면
아무것도 역사할 수 없음이니라.
15 그리하여 그와 같이 어렵고 고단한 그
훈련을 내가 지금 시키고 있음이니,
그를 알아야 될 것이니라.
16 이제 나의 법전을 받아 기록하여 전하
는 나의 아들 너 또한 그러하니라.
17 나의 법전 160권이 세상에 나감이니,
모든 백성들은 네가 이를 지키고 행하
느냐 행하지 않느냐 하는 것을 가지고
시시비비할 것이니, 네가 이를 행하는
길밖에 없음이니라.
18 그러니 네가 행해야 될 것, 네가 지켜
야 될 것을 스스로 잘 알고 깨닫고 있
음이니, 거기에 한 치의 오차도 없이
행하도록 그리해야 될 것이니 그리 알
라.
19 모든 백성들이 어찌하겠는가, 그리고
종교 집단이요, 지도자들이 어찌하겠
는가?
20 너를 따지고 물고 늘어지며, 너를 헤
쳐 놓을 것이 없어서 너를 헤치지 못
하며, 그들이 찾아내지 못하여서 너를
공격하지 못함이니, 그들은 만들어서
라도 너를 공격할 자들이거늘,
21 네가 법전에 있는 내용대로 그대로 행
하고 살지 못했을 때, 너는 정녕 그들
의 공격에 견딜 수 없으며 그 화살을
방어할 능력이 없다는 것을 알아야 될
것이며,
22 너의 제자들 또한 그리 가야 될 것이
라 그리 전하라.

9,008 번째 하나님 말씀

2003년 12월 30일 22시 35분

1 사랑하는 나의 아들아!
2 "네, 아버님! 말씀하옵소서."
3 너희들이 만백성을 사랑하고 지키는
것, 그것이 무엇이라 하였느냐?
4 너희들이 '원수를 사랑하라.' 하며, 원
수를 사랑할 수 있는 그 마음으로써
살아가는 것, 그것이 인간이 행해야
할 길이라 그리 알고 있을 것이니라.
5 그리고 너희들이 원수를 사랑하는 것
이 가장 어렵고 힘든 길이라 그리 깨
닫고 갈 것이니라.
6 그러나 너희들은 들어야 될 것이니라.
7 너희들이 원수를 사랑하는 것보다도
더 어렵고 힘든 길이 무엇인 줄 알겠
느냐?
8 그 사랑보다도 더 소중한 것이 무엇인
줄 알겠느냐?
9 너희들이 원수를 사랑할 수 있는 그
마음보다 더 소중하고 귀한 것은, 거
짓된 행동을 하지 아니하는 것이 더
소중하고 귀함을 알아야 될 것이니라.
10 그러니 이 세상에 어떠한 것이든 너희
들이 사랑하지 못할 것, 또 넘지 못할
것, 그리고 행하지 못할 것이 없음이
니,
11 그 행하고 행할 것을 너희들이 다 행
하고 역사할 수 있는 것은 바로 너희
들이 거짓된 행동을 하지 않는 그 마

음 하나를 다스리면 모두를 다 넘고
이길 수 있음이니라.
12 너희들이 철천지 원수를 사랑하는 마
음보다도 거짓된 행동을 하지 않는 것
이 더 어렵고 힘든 길이라 하였음이니,
13 거짓된 행동을 하지 아니하는 자, 이
세상에서 아무것도 용서하지 못할 것
이 없으며, 너희들이 다스려 나갈 수
없는 것이 없다는 것을 알아야 될 것
이니라.
14 나 여호와가 너희들에게 말하기를,
'거짓은 살인과 같다.' 하였음이니, 너
희들은 그 말의 뜻을 이제 깨달았을
것이니라.
15 그러니 원수를 사랑하는 마음보다도
더 소중하고 귀한 것이 거짓되지 않은
마음이니,
16 곧 정직한 마음을 가지고 사는 것, 그
리고 저 자신을 다스려 나가는 그것보
다 더 위대함이 없음이니라.
17 그러니 너희들은 거짓이 없는 정직한
생활이요, 정직한 삶을 살아가는 데
모두를 다 바쳐야 될 것이며, 거기에
서 한 치의 양보도 있어서는 아니 될
것이니 그리 알라.
18 나의 아들과 나의 아들을 따르는 제자
너희들은 이제 깊이 깨우쳐 행하라.
19 원수를 사랑하는 그 어려운 마음보다
도 더 어렵고 힘든 것이 거짓된 행위
를 하지 않는 것이니,
20 거짓된 행위를 하지 않는 삶은 무엇이
든지 다 넘고 이해할 수 있으며 사랑
으로 다스릴 수 있는 것이니라.
21 그러니 정직하고 거짓되지 않은 마음
으로 살아가는 그 훈련에 너희들의 모
두를 다 바치도록 그리 전하라, 사랑
하는 나의 아들아!

9,009 번째 하나님 말씀

2003년 12월 30일 22시 41분

1 사랑하는 나의 아들아!
2 "네, 아버님! 말씀하옵소서."
3 지금의 믿음의 길을 가는 백성이요,
구원을 받았다 장담하고 자신하는 백
성들, 그와 같은 백성보다 더 어리석
고 불쌍한 백성이 없다면 너희들은 무
엇이라 말하겠느냐?
4 지금의 믿음의 길을 가는 그 백성들처
럼 어리석고 불쌍한 백성들이 없으며,
그들이 정녕 하늘에 오르는 길이라 달
려가는 것이 나에게 오는 길이 아님이
니, 그들보다 불쌍한 백성은 없음이니
라.
5 그들이 왜 불쌍하며 내가 도저히 구원
을 받을 수 없는 길을 가는 백성이라
말하는지 그 의미를 알겠느냐?
6 "네, 아버님! 아버님께서 그들을 불쌍
한 백성들이요, 어리석은 백성들이라
하시며, 그들이 가는 길이 하늘에 오
르는 길이 아니라 하심을 저는 알고
있사옵나이다.
7 그들은 참진리요, 아버님의 뜻이 무엇
인가, 그리고 비진리요, 하늘의 뜻을
거역하는 것이 무엇인가를 구분하지
못하고 있는 백성들이요,
8 그를 깨달으려 하지도 아니하며 그를
알지도 못하는 백성들이옵나이다.
9 저희들이 가장 현명한 자요, 가장 위
대한 자요, 선택된 백성이라 말하나,

그들은 가장 소중한 진리와 비진리의
그 길을 구분할 줄 모르는 그와 같은
백성들이니,
10 그들보다 무지한 백성들이 없다 생각
하며, 그들처럼 어리석고 불쌍한 백성
이 없다 생각하옵나이다.
11 아버님께서 하시는 그 말씀이, 그들은
어느 것이 하늘에 오르는 길이요, 어
느 것이 아버님 뜻을 거역하며 하늘에
오르는 길과 정반대의 길을 가고 있는
것인지 그것을 구분하지 못하며 가리
지 못하니, 그들이 얼마나 어리석고
무지한 백성들인지,
12 저희들이 말하는 이방인이요, 죄 속에
사는 백성들보다 더 가련하고 불쌍한
백성들이 그들이라 저는 생각되옵나
이다."
13 사랑하는 나의 아들아, 그러하니라,
그들보다 무지한 자가 없느니라.
14 그들이 정녕 모두를 다 바쳐 갈구하는
그 길이 정녕 바르고 곧은 길이 아니
요, 저희들은 나에게 영원히 돌아올
수 없는 그 길을 가고 있으나 그를 분
별하지 못하는 자들이기 때문에 내가
하는 말임을 너는 알고 있으니,
15 너의 제자들에게 나의 뜻을 전하며,
그들의 어리석음을 깨우쳐 주어, 너의
제자들은 두 번 다시 그와 같은 일이
없도록 그리 가르치라.
16 사랑하는 나의 아들아, 그리하여 내가
너에게 무어라 하였느냐?
17 선택된 백성과 선택되지 않은 백성의
차이를 그들은 분별하지 못하나,
18 너의 제자들은 어찌 가고 어찌 역사하
는 것이며 하늘에 오르는 길이 무엇인
지를 아니,
19 나로부터 선택된 나의 백성 너희들이
그와 같이 모두를 다 깨닫고 깨달음이
니, 너희들보다 축복과 은혜를 받은
백성이 없다 함을 알아야 될 것이니라.
20 또한, 너희들이 나에게 기도하고 경배
하는 그것도 하늘과 땅의 차이임이니
라.
21 너희들은 구원을 받는 것을 감히 두려
워서 말하지 못하며, 구원해 달라 감
히 말하지 못함이니, 오로지 너희 죄
만 용서해 달라 그리 기도하나,
22 그들은 기도할 때마다 무엇을 이루고
자 무엇을 역사하고자 그리 외치고 부
르짖고 있음이니라.
23 이제 나의 아들을 따르는 제자 너희들
은 알아야 될 것이니라.
24 이제 너희들이 기도할 때, 너희들의
죄를 용서해 달라 그리 기도했으니,
25 이제는 기도할 때마다 너희 자신을 살
펴보며, 지금까지 살아온 지난날을 돌
이켜 보는 그와 같은 마음을 갖고 너
희들이 그 시간을 갖도록 그리하라.
26 나의 아들은 모두를 다 나에게 묵상을
하여 나에게 명을 받아 행함이니, 그
러나 너희들은 나의 뜻을 들을 수 없
으며 내가 명하는 음성을 들을 수 없
음이니,
27 너희들은 하루에 몇 번씩 기도할 때마
다 지금까지 살아온 지난날을 살펴보
며, 너희들의 과거의 삶이 어떠했는가
그를 들여다보고 분석해 보고 반성과
회개를 하는 시간을 갖도록 이제 그리
하라.
28 너희들은 기도할 때마다 자신을 들여

다보는 시간을 갖고 반성하고 깨우치
는 그와 같은 시간을 갖도록 하라, 사
랑하는 나의 아들딸들아!
29 지금 모든 백성들이 정해진 시간이요,
정해진 장소의 공간에서 저희들이 회
개하고 깨우치는 기도를 한다 하나,
너희들은 그와 같은 것으로는 아니 됨
이니라.
30 너희들은 아무것도 회개하고 깨우침
이 없는 자들이니라.
31 너희들이 기도하고 회개하는 것보다
죄를 짓는 것이 더 많음이니,
32 이제 나의 아들을 따르는 제자 너희들
은 식사할 때마다, 무엇을 취할 때마
다, 또한 기도할 때마다 바로 지나온
삶을 반성하고 회개하는 시간을 가져
깨우침을 얻도록 그리하라, 사랑하는
나의 아들딸들아!

9,010 번째 하나님 말씀

2003년 12월 30일 22시 45분

1 사랑하는 나의 아들아!
2 "네, 아버님! 말씀하옵소서."
3 죄의 행함이요, 죄의 역사함이 과연
무엇이더냐?
4 너희가 살아가면서 너희들 자신이 그
리 말하느니라.
5 자신이 지은 죄는 자신이 반드시 그
벌을 받는다 그리 말하고, 그와 같은
것을 전하고 또 가르치고 깨달음을 얻
고 살아가지 않느냐?
6 말은 하지 아니한다 해도 너희들이 그
와 같은 이치를 다 알고 있음이니라.
7 그러니 그 말뜻 또한 무엇인가?
8 이는 이승에서 너희들이 지은 죄를 반
드시 해결하지 아니하면 너희들이 죽
어서도 그 대가를 받는다는 그와 같은
의미가 아니고 무엇이더냐?
9 그러니 너희가 이 세상에서 지은 죄에
대한 것은 이 세상에서 해결해야 된다
는 그 깨우침과 가르침이라는 것을 어
찌 모르는가?
10 너희들이 이승에서 지은 죄를 다 해결
하지 못하면 너희들은 죽어서 그 죄를
해결해야 되며 그 대가를 받는다는 그
말이 너희들이 듣기는 그저 흘러가는
말 같으나, 그게 얼마나 무섭고 두려
운 나의 가르침인지 알아야 될 것이니
라.
11 이승에서 지은 죄를 사하지 못하면 죽
어서도 반드시 치른다는 것이니, 너희
가 지은 죄는 이 세상에서 반드시 해
결하고 넘어가지 아니하면 아니 된다
는 가르침이니라.
12 그러나 모든 종교 집단이요, 지도자들
이 육에서 짓는 죄, 육의 생활에서 역
사하는 것은 아무것도 아니며, 오로지
나 여호와를 경배하며 나 여호와의 뜻
을 따르며 나의 아들 예수를 구세주라
부르며 너희 손으로 지은 죄의 온상에
와 재물을 바치고 헌금을 바치며 회개
하고 용서를 빌면,
13 나의 아들을 찾는 그 순간에 인간 세
상에서 지은 모든 죄는 다 지워지며
그는 너희들과 관계없다 그리 가르침
이니,
14 이것이 얼마나 잘못된 것이며 내 뜻을
거역하는 자며 얼마나 미혹하는 백성
들인지 알겠느냐?

15 그와 같은 지도자 밑에서 배우는 백성
이 무엇을 깨달으며 하늘의 진리를 어
찌 아는가?
16 간단한 이치라 하나, 이 세상에서 지
은 죄는 반드시 죽어서도 그 대가를
치른다는 것, 이 뜻을 깊이 깨우쳐 보
면 너희들이 오늘의 가는 믿음이 얼마
나 잘못되었는가 그를 알 것이니라.
17 그러니 너희들이 이 세상에서 지은 죄
는 반드시 해결하고 가야 한다는 것을
잊지 말라.
18 가장 급하고 또한 너희들이 해야 할
것은 무엇인지 알겠느냐?
19 너희들이 이승에서 지은 죄를 사할 수
있는 것은 선행을 하고 베풂으로써 그
를 씻을 수 있으며,
20 또한 너희들이 나에게 와 그 무게를
달 때 선행의 무게만 나에게 구원을
받는다 가르쳤음이니,
21 너희들이 선행을 하여 지금까지 지은
죄를 모두 덮을 수 있는 그와 같은 아
름다운 삶을 사는 것이 얼마나 시급한
문제인가!
22 여기에 남은 인생을 모두 맞추어 살아
가도록 그리 전하라.
23 그렇지 아니하면 정녕 너희들은 영원
히 사는 나의 나라에서 천국의 삶이
요, 지옥의 삶이요, 한 번 가면 나오지
못하는 그 지옥의 쇠사슬에 얽매여 끌
려감이니,
24 그것이 얼마나 두렵고 무서운 것인가
를 나의 아들을 통하여 160권의 법전
속에 수없이 기록하고 전했으나, 너희
들이 당하지 아니함이니 그를 모르는
것이니라.
25 그러나 너희들이 이 무서움과 두려움
을 실제로 깨우치며, 오늘 너희들이
직면한 사실을 인지하는 깨달음이 없
이는 거듭 날 수 없을 것이니 그리 알
라.

9,011 번째 하나님 말씀

2003년 12월 30일 22시 51분

1 사랑하는 나의 아들아!
2 "네, 아버님! 말씀하옵소서."
3 너희들은 어떠한 마음으로 세상을 살
아가라 하였더냐?
4 나의 아들을 따르는 제자요, 선택된
백성 너희들은 세상을 보는 그 삶이
손을 쥐었다 펴 보면 그 위에 남는 것
은 아무것도 없음이니라.
5 그와 같은 마음으로써 살아가라 하였
으며 그와 같은 마음으로 세상을 보라
내가 그리 가르치고 너희들에게 전하
였느니라.
6 나의 아들을 통하여 그와 같은 마음으
로써 너희들이 살아가도록 마음을 비
우라 하였음이니,
7 나의 아들을 통하여 내리는 강론을 수
없이 들었으며 그 명을 받아 들은 너
희들이 과연 그와 같은 마음으로 오늘
살고 있는가, 그렇지 않으면 행하지
못하는가?
8 정녕 너희들 자신을 돌아다볼 그와 같
은 시간이 되었음을 알아야 될 것이니
라.
9 너희들이 수없이 강론을 들었으며 나
의 아들의 부르짖음을 들었으면서도
그렇지 못한 삶을 살아가고 있다면,

그와 같은 마음으로 다스려지지 아니
하였다면,
10 너희 스스로 지금까지 살아온 너희들
의 그 뒷모습을 다시 한 번 돌아다봐
야만 될 것이니 그리 알라.
11 내가 너희들에게 빈손과 같은 마음으
로 살라 하였거늘, 너희들이 그와 같
은 마음으로 지금 살아가지 못한다면,
너희들은 앞으로 살아감에 있어서 지
금까지 죄를 지으며 잘못 살아온 그
모두를 다 덮을 수 있는 그와 같은 삶
을 살지 못하게 되어 있음이니,
12 너희들의 죄를 다스릴 수 있는 그와
같은 삶을 살지 못한다면, 지금까지
살아온 그 뒷모습을 바라보며 너희들
이 어찌 살아왔는가 다시 한 번 생각
해 보지 아니하면 아니 될 것이니라.
13 살아온 삶의 뒤안길의 그 많은 죄에
대하여 과연 너희들이 면제 받을 수
있으며 용서받을 수 있는 것인가 너희
자신을 들여다보라.
14 그리하여 정녕 너희들이 용서받을 수
없다 생각하거든 내가 나의 아들을 통
하여 너희들에게 전한, 손을 쥐었다
펴 보면 남는 것이 없는 그와 같은 마
음으로 너희들 자신을 비우고 살아가
라.
15 그렇지 아니하면 정녕 나에게 올 수
있는 아들딸이 되지 못함이니, 이것이
나 여호와가 사랑하는 너희들에게 간
곡히 그리 살아 올라오기를 바라는 마
음임을 너희들은 알아야 될 것이니라.
16 너희들이 지금까지 살아온 인생이라
는 것이 무엇인가 한번 생각해 보라.
17 너희들이 나에게 올 때까지 정녕 한
점의 부끄럼이 없는 그와 같은 삶을
살 수 있다 생각하는가?
18 그리고 지금까지 살아온 삶이 나에게
한 점의 부끄럼 없는 삶을 살아왔다
생각하는가?
19 정녕 너희들이 그와 같이 살 수 없거
든 네 마음부터 다스리라.
20 모두를 다 비우는 마음으로 살아가지
아니하면 아니 될 것이니라.
21 그 모두를 다 값으로써 계산하여 그
무게를 단다면, 선한 값이 얼마나 되
며 너희들이 죄로써 역사한 것이 과연
얼마나 되겠는가?
22 너희들은 한번 그를 달아 보고 생각해
보면, 어찌 살아가야 될 것인가 스스
로 알게 될 것이니라.
23 그러니 너희들이 나에게 와 그 모두를
가지고 하나도 빠짐없이 심판대에 서
야 된다는 것을 내가 너희들에게 몇
번이고 깨우쳐 주었음이니,
24 정녕 너희들은 그 값이 누가 더 많이
나가며 누가 적게 나가느냐 하는 그것
으로써 심판을 받는다는 것을 잊지 말
라.
25 내가 다시 한 번 너희들에게 전함이니
라.
26 이 세상 모든 것을 보기를 공기처럼
보이지 않는 가벼운 마음으로 너희 마
음을 다스리고 행하도록 그리하라.
27 그렇지 아니하면 육의 욕심으로 하여
금 영혼이 무너지며, 거듭나는 축복과
영광을 절대 거둘 수 없다는 것을 잊
지 말라.

9,012 번째 하나님 말씀

2003년 12월 30일 22시 56분

1 사랑하는 나의 아들아!
2 "네, 아버님! 말씀하옵소서."
3 지금의 믿음을 가진 백성들이요, 그리
고 또한 믿음을 가지지 않는 백성들,
4 나의 아들이 나로부터 명을 받은 아들
이라 하여 160권의 법전을 세상에 만
들어 너희들에게 전함이니,
5 너희들이 그 내용을 읽고 깨우쳐 보지
도 아니하면서 나의 법전을 사탄이요,
이단이요, 말세에 거짓 선지자가 만든
것이라 그리 말하지 말며 시시비비하
지 말라.
6 그와 같은 죄가 얼마나 무섭고 두려
운 것인가 알 날이 머지않았음이니라.
7 나의 법전이 왜 세상에 내려가며 오늘
의 이와 같은 역사 속에서 너희들을
깨우치며, 너희들에게 욕을 먹으며 버
림을 받으며 핍박을 받으면서도 이 길
을 가도록 하는지 알겠는가?
8 이는 바로 너희들이 잘못 살아왔으며
잘못 가고 있으며, 너희들이 죄가 무
엇인지 모르며 죄에서 벗어나지 못하
는 그와 같은 오늘의 살아가는 삶을
보고 그게 불쌍하여,
9 그리고 너희들이 하늘에 오르는 길이
라 하여 모두를 바치며 울고불고 광
란의 짓을 하며 살아가는 그것이 하늘
에 오르는 길이 아니요, 지옥으로 가
는 길을 달려감이니,
10 그와 같은 백성들을 깨우쳐 구원하고
자 하는 것이 나의 법전이 세상에 내
려감이니,
11 감히 너희들이 나의 법전을 놓고 시시
비비하는 오류를 범하지 말라.
12 나 여호와가 무엇을 원하며 너희들이
어찌 회개하고 반성하는 것이 하늘에
오르는 길이요, 진정 반성하는 것이
요, 회개하는 것인가를 알지 못하는
자들에게 그 모두를 상세히 가르쳐 주
는 것이 바로 나의 법전이니라.
13 그러면 무엇인 줄 알겠느냐?
14 너희들이 지금까지 살아오면서 지나
온 삶이 과연 어떠했는가, 그것이 거
듭나는 생명의 삶을 살았는가, 지옥으
로 가는 삶을 살았는가, 그것을 거울
처럼 비추어 볼 수 있는 그것이 바로
나의 법전이거늘,
15 어찌하여 너희들은 나의 법전을 이단
이요, 사탄이라 그리 말하는가?
16 또한 너희들이 하늘에 오르는 길은 사
랑이요, 베풂이요, 선행을 하는 것이
라 하였음이니라.
17 그러니 나의 법전 속에 기록하여 너희
들에게 전하는 그 내용 중에 너희들
이 선행을 하며 사랑을 베풀며 살아가
는 것이 무엇이며, 어찌 역사하는 것
이 나의 사랑의 실천인가, 그 모두를
상세히 설명하여 가르치는 것이 나의
법전이니라.
18 그러니 너희들이 살아가는 길이요, 하
늘에 오르는 길이요, 세상사에 살아가
는 것부터 구원을 받는 것까지 그 모
두를 여기에 상세히 기록하여 전함이
니,
19 이를 듣고 읽고 깨우쳐 행하는 자는
구원을 받음이니, 그것이 진주보다 귀
하고 얼마나 소중한 것인데, 나의 법

전을 감히 창조주 나 여호와의 뜻이
아니라 하며,
20 또 내가 만든 것이 아니요, 나의 법전
이 아니요, 나의 새로운 성경이 아니
라 하며 사탄이요, 이단이라 함부로
그리 시시비비를 하는가?
21 2천 년 전 너희들이 나의 아들 예수를
놓고 각자 생각하는 대로, 너희 머릿
속에 생각되는 대로 시시비비하여 그
참혹한 현실을 만든 그 후손이 오늘
나의 법전을 그와 같이 하여 그 전철
을 밟고자 하는 너희들의 자세를 내가
결코 용서치 아니할 것이니 그리 알며,
22 나의 아들을 너희들에게 그리 내주지
아니할 것이니 그리 알라.

9,013 번째 하나님 말씀

2003년 12월 30일 23시 02분

1 사랑하는 나의 아들아!
2 "네, 아버님! 말씀하옵소서."
3 너희는 이 세상에서 사는 동안에 너희
들 자신도 모르는 사이에 찌들고 병들
어 죄에 얼룩져 있는 그 모습을 보는
가?
4 하늘에서 나 여호와가 바라보는 그
모습이 무엇인 줄 알겠느냐?
5 너희들은 죄에 대하여 찌들고 얼룩져
있으며 병들 대로 병든 모습이니,
6 너희들이 너무 가련하고 불쌍하여 내
가 너희들을 구원하고자 나의 법전을
세상에 내려보낸다는 것을 내가 너희
들에게 기록하여 전했음이니라.
7 그러니 지금 그와 같은 것을 깨우치고
읽고 너희 것으로 만들어 천사와 같은
마음으로 변화되지 아니하면 하늘에
오를 수 없다 내가 그리 가르쳤으며,
8 하늘나라에 오르는 것은 천사만 존재
함이니, 천사가 되지 아니하면 하늘에
오를 수 없다 내가 너희들에게 그리
가르쳤음이니라.
9 그러니 너희들이 하늘에 오르고자 하
면 어떠한 역경을 겪고 견디고 와야
되는가?
10 지금 너희들이 죄로써 범벅이 되어 있
으며 찌들고 병든 너희들의 그 마음을
모두 다 수술하여 다스리고 고치고,
그와 같은 형태로써 또한 너희들이 육
에 더덕더덕 지은 죄를 모두 다 벗어
버리지 아니하면 나에게 올 수 없음이
니라.
11 그리하여 너희들이 지은 죄요, 얼룩진
그 모두를 다 벗어던지고 씻어 버리
고, 그리고 나 여호와가 처음에 너희
들에게 내려보내 준 인간의 그 본심이
요, 심성으로 원상태로 변화되어 나에
게 오라 하는 것이요,
12 그와 같이 변화되지 않은 자는 나에게
올 수 없다는 나의 뜻을 너희들에게
그리 전하였음이니라.
13 그러니 그 죄요, 너희들이 잘못된 것
을 다스리지 아니하고 나에게 오려고
하는 그와 같은 것으로는 절대 나에
게 올 수 없음을 알라 전하라.
14 이제 나의 아들을 따르는 제자들이요,
나의 법전을 읽고 깨우친 만백성 너희
들은 들으라.
15 너희들이 지금까지 살아온 그 죄의 얼
룩짐이요, 병들고 찌든 것을 너희들이
씻어 내고 걷어 내기는 얼마나 힘들

고 어려운 일이던가?
16 그러니 너희들이 썩을 대로 썩었으며
변질될 대로 변질된 그것을 하나하나
벗겨 내고 던져 버리는 그와 같은 고
통과 시련과 고난의 그 길을 겪어야
됨이니라.
17 그를 겪지 아니하고는 너희들이 결코
나에게 올 수 없음이니라.
18 그러니 그 모두를 버리고 바로잡기
위해서는 어떠한 핍박과 어떠한 고통
도 다 받아들이며 감내하는 마음으로
살아가야 되는 것이 너희들이 나에게
오르는 길임을 알라.
19 너희들이 찌들고 병든 그것을 씻고 닦
아 내지 아니한다면 결코 너희들은
나에게 올 수 없는 것이니라.
20 그러니 너희들이 고통과 시련을 겪지
않고 어찌 나에게 오려 하는가?
21 조개라는 것을 잡아먹기 위해 수달이
라는 것이 어찌하던가?
22 그는 조개 속에 들어 있는 고기를 먹
기 위하여 제 배 위에 조개를 놓고 돌
로 배를 내리치는 그와 같은 고통과
시련을 겪으면서 그를 얻어 제 생명을
존속하지 아니하던가?
23 너희들은 지금까지 짓고 지은 그 수많
은 죄를 그만큼의 고통도 겪지 아니하
고 그만큼의 시련과 노력도 없이 너희
들이 모두를 얻어 나에게 오르고자 하
는 그와 같은 생각을 하지 말라.
24 너희들이 모든 껍질을 벗겨 내고 벗
겨 냈을 때 그 안에 진정 너희들이 먹
을 수 있는 그 곡식이 들어 있듯이,
25 너희들은 그 껍질을 벗겨 내는 수고로
움이요, 고통도 없이 그 안에 들어 있
는 곡식을 먹으려 하는 자와 같으니,
26 이제 나의 아들을 따르는 제자 너희들
은 변질될 대로 변질되고 썩을 대로
썩어졌으며 얼룩질 대로 얼룩진 그 모
습을 다 씻어 내고 정비하며 바로 세
우는 그 시간과, 그를 천사와 같이 다
스리기 위한 고통과 시련 없이 너희들
이 나에게 오려 하는 헛된 생각을 하
지 말라.
27 그러니 지금의 모든 종교 집단이요,
지도자 그들이 노력 없이 모두를 다
얻으려는 자들이요, 노력 없이 감히
하늘에 오르는 길이요, 구원이요, 천
국에 오르는 길을 올 수 있다 생각하
는 어리석은 백성들이니,
28 노력 없이 이루어지는 것은 하나도 없
으며, 너희들이 지금까지 지은 죄를
벗어 내는 고통 없이는 아무것도 역사
할 수 없다는 것을 그들에게 가르쳐
주고 또 가르쳐 주도록 그리하라.

9,014 번째 하나님 말씀

2003년 12월 30일 23시 08분

1 사랑하는 나의 아들아!
2 "네, 아버님! 말씀하옵소서."
3 너를 따르는 제자요, 그 백성 너희들
은 시련과 고통의 역사 없이는 지금
아무것도 이룰 수 없다는 것을 알라.
4 너희들이 고통을 겪은 것만큼 나로부
터 받는 상이 있으며 은혜가 있을 것
이니라.
5 그러니 너희들이 얼마나 선택된 백성
이요, 위대한 것인지 알겠느냐?
6 너희들은 노력한 만큼 그 대가를 받으

며 그 상을 받는 것이니, 바른길을 오
는 자의 선택됨이요, 그 축복이니라.
7 너희들은 알아야 될 것이니라.
8 나의 법전을 만들어 너희들이 세상에
전함이니, 나의 법전이 하얀 눈처럼
세상을 덮어서 만백성을 구하는 그 역
사를 이룰 때, 그보다 더 어렵고 힘든
환란의 그 역사는 없을 것이니라.
9 너희들이 지상에 있는 어떠한 전쟁보
다 더 큰 환란이요, 큰 소용돌이를 이
루게 되는 것이 나의 법전을 세상에
덮는 것이니라.
10 그러니 어떠한 전쟁이요, 어떠한 환란
보다도 더 큰 역사를 이루는 것이요,
더 큰 변화를 이루는 것이 너희들이
나의 법전을 만들어 세상을 하얗게 덮
어 만백성을 구하는 역사이니,
11 그를 이루고 역사하는 것이 얼마나 고
통스럽고 힘든 길인지 알겠느냐?
12 이 세상에 어떠한 것보다도 너희들이
나의 법전을 가지고 새로운 시대를 열
어 가며 새로운 성경이요, 나의 법전
이라 하여 세상을 덮어 만백성을 깨우
치는 그것보다 더 큰 전쟁이요, 더 큰
환란이요, 더 큰 파동은 없으며, 그보
다 더 큰 개혁이 없음을 알아야 될 것
이니라.
13 어떠한 것도 이보다 더한 역사는 지구
상에 있을 수 없으니, 그 모두를 주관
하며 그를 이끌어 나가는 너희들에게
얼마나 시련과 고통이 따르겠는가?
14 그를 감내하고 인내하는 너희들이 되
어야 될 것이니 그리 알라.
15 그러니 그 모두를 이기고 견디는 자,
너희들은 또한 나로부터 그 상이 있으
며 나로부터 받는 축복이 있음을 알아
야 될 것이니라.
16 너희들이 그 고통의 시련을 겪는 것이
다 그대로 지나가는 것이며 대가 없는
것이 아님을 알라.
17 나 여호와가 너희들을 기억하며 내가
기다리고 있다 함을 너희들은 알아야
될 것이니 그리 알라.
18 너희들이 그와 같은 역사를 이기고 왔
을 때, 하늘나라의 주인인 창조주 나
여호와가 베푸는 그 잔치에 너희들이
참석하게 될 것이며 그 잔칫상에 너희
들의 명단이 있다 함을 알라.
19 너희들이 지금 나의 아들을 따라 역사
한다 하나, 너희들이 어렵고 힘든 그
고통의 시간을 넘기지 못하여,
20 나 여호와가 기쁨의 잔치를 여는 하늘
나라의 그 잔치에 너희들이 막상 와
보니 네 명단이 없으며 네가 앉을 자
리가 없다면, 너희들이 얼마나 불쌍하
고 가련한 백성이겠느냐?
21 지금 모든 종교 집단이요, 지도자 그
들이 와 그 잔칫상에 제 명단이 있는
것처럼 찾으려 하나, 그들은 이름이
없으며 그들은 앉을 자리가 없음이니
라.
22 그러나 너희들은 나의 법전을 만들어
만백성을 구하는 그 역사요, 고통과
시련을 견디며 어떠한 전쟁이요, 환란
보다도 방대한 그 회오리바람을 참고
인내하여 역사하는 그와 같은 일을 이
루었을 때,
23 너희들은 내가 하늘에서 베푸는 그 잔
치에 너희들의 자리가 있으며 너희들
의 명단이 걸려 있음이니, 그보다 더

큰 영광은 하늘과 땅 사이에는 없음을
알라.
24 그러니 고통과 시련을 받는 만큼 그리
고 모두를 참고 인내하는 것만큼 너희
들은 상을 받음이니, 너희보다 더 행
복한 백성이 없음을 알라.
25 지금의 모든 백성들이 믿음이요, 하늘
에 오르는 길이요, 광란하며 모두를
다 바치고 저희들이 몸부림치나,
26 그들은 내 뜻을 거역하는 자요, 내가
역사하는 것이 아니기에 아무리 하늘
나라에 와 저희들이 그 잔칫날 제자리
를 찾으려 하며 제 명단을 찾으려 해
도 거기에 없음이니, 그게 바로 무엇
이더냐?
27 나 여호와가 베푸는 찬란한 그 잔치에
참석할 수 없는 자, 그는 나의 아들딸
로서 버림을 받음이니, 그들이 갈 곳
은 단 한 곳밖에 없음을 알라.
28 이제 내가 다시 나의 아들을 통하여
내림이니, 너희들은 어떠한 고통과 환
란이 있다 해도 내가 베푸는 마지막
그 잔치에 참석할 수 있는, 네 명단이
있고 네 자리가 있는 백성으로서 너희
들이 얻을 수 없는 영광을 얻도록 그
리하라.
29 그것만을 생각하며, 육의 세상에서 모
두를 다 지워 버리고 던지는 그와 같
은 마음으로 살라, 사랑하는 나의 아
들딸들아!
30 내가 선택된 너희들을 사랑하며, 너희
들이 바로 오기를 바라며 바로 서기를
바라는 나 여호와의 간절한 이 마음을
너희들이 거역하며 이 마음을 지우지
않도록 그리하라.

9,015 번째 하나님 말씀

2003년 12월 30일 23시 47분

1 사랑하는 나의 아들아!
2 "네, 아버님! 말씀하옵소서."
3 가야 하는 길을 웃으며 가는 자가 있
는가 하면, 울며 가는 자도 있음이니
라.
4 자기가 스스로 죽음의 길을 간다 해
도, 자기 스스로 한 일에 부끄럽이 없
이 당당하게 가며 그 모두를 다 초월
하여 갈 수 있는 것은 너희들이 인간
사에 마음을 다스리기에 달렸음이니
라.
5 정녕 너는 멀고도 먼 길을 가야 되며
누구도 갈 수 없는 그 길을 가야 됨이
니,
6 그 길을 가면서 네가 웃으면서 갈 것
인가, 울면서 갈 것인가, 그것은 또한
네 마음을 다스리기에 달렸으며 네 생
각에 달렸음을 알아야 될 것이니라.
7 네가 이왕에 가야 할 길이며 넘어야
할 길이라면 웃음으로써 그 모두를 역
사하는 그와 같은 삶의 길을 가는 것
이 나 여호와가 너에게 바람이니라.
8 지금 나의 피조물 만백성들이 가고 있
는 길이 너무나 나와 관계없는 멀고도
먼 길로 가기에,
9 그들을 깨우치고 바로잡기 위해 내가
너에게 160권이라는 나의 성령을 내
려보내 책으로 만드는 그 어려운 역경
을 거쳐 만백성을 구하고자 함이니,
10 그들이 얼마나 잘못되고 잘못 가고 있
는지 너는 알겠느냐?
11 지금의 모든 믿음의 길을 가는 백성들

이 나와는 관계없다 함이니, 나로부터
너희들은 받은 은혜가 무엇이더냐?
12 너희들은 아무것도 받은 것이 없으며
받은 역사가 없는 그와 같은 마음으로
그들이 지금 살아가고 있다면 너는 믿
겠느냐?
13 그들은 나로부터 구원을 받은 자요,
은혜를 받은 자요, 창조주 아버지라
그리 부르나, 지금의 믿음의 길을 가
는 백성은 나와 관계없다 함이니라.
14 나로부터 받은 은혜가 없으며 또 나로
부터 어떠한 역사도 없다는 그와 같은
마음의 자세로 가고 있는 그들의 모습
이라면 너희들은 어찌하겠는가?
15 말로써만 믿음이요, 말로써만 세상사
를 다 이룸이니, 그것으로써 너희들이
진정한 나에게 오는 길이요, 진정한
믿음의 길을 간다 말할 수 있겠느냐?
16 너희들은 알아야 될 것이니라.
17 지금 너희들이 오늘의 삶을 살다 하늘
에 올라옴이니,
18 나 여호와가 벌인 잔치에 너희들의 자
리가 있고 없는 것으로써 모두는 결정
되며 역사한다 내가 나의 아들을 통해
일찍이 너희들에게 전했음이니,
19 바로 내가 벌이는 그 잔칫상에 올 수
있고 없는 자, 명단이 있고 없는 자,
그때 너희들이 모두를 다 알게 된다
하였음이니라.
20 그러니 너희들이 그와 같은 이름이 없
는 자가 되어서는 아니 되는 것이 나
여호와의 백성들이니,
21 모든 백성들이 내가 벌이는 잔치에 다
참석하여 그 자리가 있으며 제 명단
앞에 앉을 수 있도록 그와 같은 역사
를 이루고자 함이니라.
22 그러나 지금 그들의 믿음의 형태로써
는 절대 그와 같은 역사를 이룰 수 없
기에 내가 너를 통하여 오늘의 그 길
을 감이니,
23 네가 어렵고 힘들다 하여 눈물을 흘리
고 그 길을 갈 것인가,
24 네가 나로부터 그 모두를 역사하며 만
백성을 구하는 은혜를 베푸는 것이 축
복이요, 영광이라 하여 웃으며 갈 것
인가?
25 그는 네가 선택해야 될 것이니 그리
알라.
26 지금 고통이 없는 믿음으로 가는 그
백성들은 아무것도 남는 게 없으며 아
무것도 얻는 게 없으며 아무것도 구할
게 없는 자들이 지금 울고불고 광란의
짓을 하고 가는 자들이니라.
27 그러니 그들을 그리 버려둘 수는 없지
않은가?
28 그리하여 참진리의 길을 가는 것, 그
리고 고통과 시련과 지금의 고비를 넘
는 그와 같은 어렵고 힘든 길을 가는
것이 너희들이 내가 준비한 잔칫상에
참석할 수 있는 영광을 얻는 길이라는
것을 그들은 정녕 모르고 있음이니라.
29 그저 편안한 길로, 간단한 길로, 넓은
길로 가는 것이 구원을 받는 것이라
생각하며, 그저 잘못된 종교 집단이
요, 지도자들이 이끄는 대로 끌려감이
니,
30 저희들이 어디로 가는지도 모르고 가
는 그 백성들을 그대로 놔두고 보고
넘어가서는 아니 되지 않겠느냐?
31 그리하여 내가 너를 통하여 너의 제자

들과 더불어 나의 법전을 만들어 만백
성을 구하고자 세상에 전함이니,
32 그 길을 가면서 네가 즐겁고 행복한
길로 갈 수 있도록 그리하기를 나 여
호와가 바람이니라.
33 네가 그와 같이 갔을 때, 너의 제자들
또한 고통과 시련을 이길 수 있는 것
이니라.
34 죽음의 고비를 넘고 또 넘는 그와 같
은 시련의 역경을 겪고 가야 되는 것
이 너희들이며, 그리했을 때 너희들에
게 모든 영광이 있을 것이니,
35 지금서부터 어렵고 힘들어 좌절하며
눈물 흘리는 길을 가서는 아니 될 것
이니라.
36 이보다 열배 백배 더한 시련과 고통이
있을 때, 과연 너희들이 견디고 넘어
갈 수 있겠는가?
37 그리하기에 너희들이 오늘의 시련과
훈련을 겪고 가는 데 주저하지 말며,
눈물을 흘리지 말라, 사랑하는 나의
아들아!

9,016 번째 하나님 말씀

2003년 12월 30일 23시 50분

1 사랑하는 나의 아들아!
2 **"네, 아버님! 말씀하옵소서."**
3 너희는 무어라 해도 나 여호와의 성령
의 그 뜻이 너희들의 생명의 양식이라
내가 너희들에게 전하였느니라.
4 나의 계명이요, 나의 새로운 성경이
너희들의 영혼을 구하는 양식이요, 생
명이라 내가 너희들에게 그리 전하지
아니하였던가?
5 그러니 너희들은 그와 같은 것을 부정
하는 자 없을 것이며, 너희들이 지금
까지 온 믿음을 믿든, 너희가 이방인
이라는 백성이든, 나 여호와의 성령이
요, 그 뜻이 너희들의 영혼이 다시 새
로 태어나는 그 양식이라는 것은 누구
도 부정하지 아니할 것이니라.
6 그러니 나의 십계명이요, 내가 친필로
써 내린 그것이 바로 너희들의 양식이
라는 그 의미를 알겠는가?
7 나는 일찍이 나의 십계명대로 지키고
사는 것이 너희들의 양식이라는 것을
나의 법전에 기록하여 전했음이니, 너
희들 또한 이를 부정하는 자 없을 것
이니라.
8 그러니 내가 나의 아들을 통하여 나의
법전을 세상에 내려보내는 것, 이를
내가 너희들에게 무엇 때문에 내려보
내려 하던가?
9 너희들이 이를 정독하고 깨우쳐 하늘
에 오르는 길이요, 나를 볼 수 있는 그
와 같은 길을 안내하고자 내가 법전을
내려보내거늘,
10 너희들이 이를 정독하지 아니하며 이
를 듣지 아니하고 깨우치지 않는다면,
내가 내려보내는 그 의미가 어디 있겠
는가?
11 아무런 의미가 없는 것이 아니더냐?
12 그러니 너희들은 나의 법전을 접하여
읽고 깨우쳐 행할 수 있는 데까지 최
선을 다하지 아니하면 아니 될 것이니
라.
13 너희들은 오로지 나의 친필로 쓴 십계
명을 지키며 나의 법전을 지키지 아니
하고는 절대 나에게 올 수 없음이니,

14 그와 같은 나의 가르침을 너희들은 가
슴 깊이 새겨 둬야 될 것이니라.
15 내가 너희들에게 전함이니라, 내가 내
리는 십계명이요, 내가 내리는 새로운
성경이요, 이를 너희들이 행하기가 쓴
약보다 더 쓰고 또 맵지 아니하다면
이는 결코 나의 진리가 아니요, 너희
들에게 진정한 보약이 되는 것이 아님
을 알라.
16 내가 나의 십계명이요, 새로운 성경이
너희 영혼을 살리는 귀중한 보배라 하
였거늘, 그는 쓰고 또 맵고 너희들이
인내하기 어렵기 때문에, 그리고 행하
고 실천할 수 없기 때문에, 이것이 바
로 너희들을 구원하는 길이라는 것을
알아야 될 것이니라.
17 인간 세상에서도 너희들이 말하지 않
느냐, '입에 쓴 약이 치료가 되는 것'
이라는 것을 너희들은 잘 알고 있지
않은가?
18 그러니 나의 십계명이요, 나의 법전이
너희들의 죄를 치료해 주고 영혼을 구
원하는 약이기에, 쓰고 또 쓰며 매움
을 알아야 될 것이니라.
19 그와 같은 고통이 없이 마실 수 있는
것이라면 정녕 너희들의 영혼을 구원
하는 양식인 나의 십계명이요, 나의
법전이 아닐 것이니 그리 알라.

9,017 번째 하나님 말씀

2003년 12월 30일 23시 55분

1 사랑하는 나의 아들아!
2 "네, 아버님! 말씀하옵소서."
3 너희들이 어려서부터 자식을 기르며,
인간 세상에서도 어린아이에게 부드
러운 것, 단 것, 그리고 먹기 좋은 것,
그러한 것을 먹여 자식을 키우고 성장
시켜 가지 않느냐?
4 그러나 그가 성인이 되면서 쓴 것, 매
운 것, 신 것, 짠 것, 먹기 어려운 강한
음식들을 먹어 소화시키면서 육신을
지탱하며 살아가는 것이 너희들의 삶
의 인생의 항로가 아니더냐?
5 그러나 지금의 종교 집단과 지도자들
은 이와 같은 순리마저도 거역하고 사
는 자들이니라.
6 그러니 그들이 어찌하던가?
7 어린아이들에게 먹여서 키우며 어렸
을 때 먹이는 단 것, 부드러운 것, 먹
기 좋은 것만 나의 피조물 만백성에게
먹이며,
8 그를 먹고 너희들이 성장하여 성인이
될 수 있으며, 성인이 되어도 그와 같
이 부드럽고 먹기 좋은 것만 먹고 성
장하며 자랄 수 있으며 그들이 지탱할
수 있다는 것이 아니더냐?
9 그러니 너희들이 먹기 힘든 것, 맵고
쓰고 짠 것, 너희 몸에 필요한 그 모두
를 흡수시키지 아니하는 것이 오늘의
종교 집단의 지도자 너희들이 가고 있
는 수법이니라.
10 그리하여 나의 피조물 만백성에게 어
렵고 힘든 것, 매운 것, 쓴 것을 먹지
말라, 그리고 그저 어린아이에게 주듯
이 부드럽고 단 것만 먹고 살아가라
그리 말함이니,
11 그들 자신이 제대로 지탱하지 못하며
견딜 수 없는 그와 같은 형국이 되었
으니,

12 그리하여 지금 나의 피조물 만백성이
기형적으로 성장되었으며, 그들을 그
리 성장시켜 놓았음이니라.
13 그리하여 덩치는 크며 몸집은 크나,
지각이 없고 힘이 없으며 자신의 나이
에 맞게 모두를 역사할 수 있는 그와
같은 기력이 없으며 판단력마저 없게
만들어, 무기력한 나의 백성들로 만들
어 놓은 것이 오늘의 종교 집단이요,
지도자들이니라.
14 그러니 그것마저도 먹지 아니하며 그
를 받아 가지 아니하면 견디지 못하기
에,
15 그들이 그저 이끄는 대로 이리 몰리고
저리 끌려가는 것이 오늘의 나의 피조
물 만백성 너희들의 상태라면 과연 너
희들은 믿겠느냐?
16 이제 너희들은 알아야 될 것이니라.
17 어렸을 때 먹이는 음식이 있으며, 성
장했을 때는 성인의 음식을 먹듯이,
18 너희들이 하늘에 오르는 진리요, 깨달
음 또한 그와 같이 변화되는 것으로써
역사하는 것이지,
19 너희들이 단 것, 부드러운 것, 어렸을
때 먹는 그것만으로써 모두가 역사한
다 그리 가르치는 것, 이게 잘못되었
음이니라.
20 그리하여 너희들은 백 개 중에 하나도
모르고, 하나를 가지고 구원의 길이라
하여 돌고 도는 그와 같은 믿음으로
믿다 죽음을 맞이하여,
21 너희들은 심판대에 서 보지도 못하고,
가면 다시 오지 못하는 지옥으로 가는
어리석은 삶을 사는 오늘의 현실에서
벗어날 수 있는 용기 있는 자만이 구
원을 받을 수 있다는 것을 잊지 말라.
22 벗어나지 아니하고는 절대 나에게 오
를 수 없으며, 너희들이 그리 갈구하
고 원하는, 다시 거듭나는 인생의 삶
은 절대 얻을 수 없는 것이 너희들이
니라.

9,018 번째 하나님 말씀

2003년 12월 31일 0시

1 사랑하는 나의 아들아!
2 "네, 아버님! 말씀하옵소서."
3 지금의 나의 백성들이 나의 아들딸로
서 존재함이 아니라 그 모두를 버리고
다 포기한 자들이니라.
4 그러니 나의 아들딸로서 그 자리를 다
포기하였으며 모두를 버리고 간 자들
이 오늘의 믿음이요, 신앙생활을 하는
그 백성들이요, 신도들이라는 것을 알
아야 될 것이니라.
5 그러니 너희들이 어떠한 것을 하고 있
는가?
6 나 여호와를 알며 나 여호와의 아들딸
로서 제자리로 돌아올 수 있도록 이끌
고자 하는 것이 나 여호와의 뜻이며,
7 오늘 내가 나의 아들을 통하여 내리는
160권의 법전이야말로 나를 버리고
떠난 자요, 나로부터 인연을 버린 그
백성들을 다시 나의 아들딸로서 제자
리에 돌아올 수 있도록 깨우치기 위하
여 내가 이를 내려보내는 것임을 너희
들은 알아야 될 것이니라.
8 지금까지 나와 관계없는 길을 가고 있
는 백성들을 더 이상 무너지도록 볼
수 없으며 더 이상 지옥 불로 떨어지

는 것을 볼 수 없어,
9 내가 지금 이 모두를 너희들에게 단
한 번의 기회를 마지막으로 주며 이를
역사한다는 것을 잊어서는 아니 될 것
이니라.
10 지금의 모든 백성이 나로부터 누릴 수
있는 모든 특권을 버렸음이니라.
11 저희들의 사악한 마음이요, 잠깐 살아
가는 육신의 향락을 위하여 너희들은
나로부터 누릴 수 있는 상상할 수 없
는 그 모든 은혜요, 특권을 다 버린 자
들이니, 하나를 위하여 만 개를 버린
자들이니라.
12 그러니 내가 내려 준 무한한 은혜 속
에 살면서 그들이 감사함을 모르며,
저희들이 무엇을 어찌하며 살아가야
되는지 그 자체도 상실한 것이 오늘의
종교 집단이요, 지도자요, 그 밑에서
신도라고 울고불고하는 그 백성들이
니라.
13 그들이 인간의 교리요, 인간의 생각을
가지고 나 여호와의 뜻이라며 나의 백
성들을 그리 이끌어왔기 때문이니라.
14 그러니 그들이 어떠한 백성들이더냐?
15 무한한 특권을 누릴 수 있으며 무한한
상속을 받을 수 있으며 유업을 받아
역사할 수 있는 그와 같은 백성들이
그 모두를 다 포기한 것이 지금의 나
의 백성들이니, 그들을 누가 그리 만
들었는가?
16 오늘의 종교 지도자들이 그와 같이 만
들었음이니라.
17 그리하여 나는 사랑하는 아들딸에게
다시 제자리를 찾아 주며 그들이 나에
게 오는 그 길을 볼 수 있도록 160권
의 법전 속에 모두를 상세히 기록하여
너희들이 알기 쉽고 이해하기 쉽게 내
려보낸 나의 뜻을 알라.
18 왜 내가 그와 같이 역사하겠느냐?
19 이는 바로 너희들은 나의 아들딸이요,
나의 창조물이요, 나 여호와는 너희들
의 아버지이기 때문이니라.
20 그리하여 사랑하는 자식들을 위하여
나 여호와가 마지막 은혜를 내림이니,
너희들은 정녕 이를 저버리지 말아야
할 것이니라.
21 지금 내가 내려보내는 그 은혜마저도
저버리는 자는 영원히 나에게 오를 수
없으며 구원을 받을 수 없는 백성이라
는 것을 명심하고 또 명심하라.
22 너희들이 나의 아들딸로서 다시 돌아
와 모든 특권을 누리며 유업을 받으며
상속자가 될 수 있는 것은 내가 나의
아들을 통하여 내리는 새로운 성경이
요, 새로운 시대를 열어 가고자 하는
이 역사함을 받아들이며, 이에 순종하
며 이를 따라가는 그와 같은 마음의
자세로써 거듭나야 함이니,
23 그리하지 아니하면 너희들은 얻을 수
없으며 이룰 수 없음을 알라.
24 이제 나는 나의 법전에 기록하여 너희
들이 나에게 오르는 길, 그리고 나에
게 역사하는 것, 나의 아들딸로서 유
업을 받으며 유산을 받으며 모든 특혜
와 은혜를 누릴 수 있는 것을 상세히
기록하여 전했음이니, 이것을 누리고
얻고 못 얻는 것은 이제 너희들의 판
단에 달렸음이니라.
25 그러나 다만 그들이 아직도 깨우치지
못하고 알지 못하기에 그들을 깨우치

고 알릴 수 있는 것은 바로 무엇이더
냐?
26 나의 법전을 그들의 손에 쥐어 줌이
니, 나의 법전이 세상에 하얀 눈이 덮
듯이 덮지 아니하면 그들이 보지 아니
할 것이며 정독하지 아니함이니,
27 그 임무를 해야 되는 것이 너희들의
오늘의 대명이라 함을 알라, 사랑하는
나의 아들딸들아!
28 그 길만이 만백성을 살릴 수 있는 길
이요, 다른 길은 없음이니라.

9,019 번째 하나님 말씀

2003년 12월 31일 0시 06분

1 사랑하는 나의 아들아!
2 "네, 아버님! 말씀하옵소서."
3 악은 선을 탓하며 선을 시기하고 질투
하나, 선은 악을 탓하지 아니하며 시
기하고 질투하지 아니한다 내가 너에
게 일찍이 가르쳤음이니라.
4 너희들은 어떠한 시험이요, 훈련이라
는 그와 같은 말을 하지 말라.
5 모든 종교 집단이요, 지도자요, 그리
고 광란의 길을 가는 신도들, 저희들
이 역사하지 못하며 힘들고 어려울
때, 저희들을 더 높이 쓰기 위하여 더
크게 쓰기 위하여 나 여호와가 저희들
을 시험한다 그리 말하느니라.
6 그러니 내가 너희들을 시험한다는 말
을 하지 말라.
7 나 여호와는 죄 없는 백성이요, 하늘
에 오를 수 있는 천사와 같은 백성들
에게 시련과 고통을 주지 아니하며 그
와 같은 백성들에게 멸망의 길을 주지
아니함이니라.
8 너희들이 그와 같은 나 여호와의 뜻을
안다면 시련이요, 고통이요, 그와 같
은 말을 하지 말며 연단이라는 그런
말을 하지 말라.
9 그 모두가 자신을 파악하지 못하며 제
주제를 파악하지 못하는 자들이니라.
10 너희들이 죄지은 것이기 때문에 그 죄
의 대가를 치르는 것이거늘, 어찌하여
내가 너희들을 쓰기 위하여, 더 크게
쓰기 위하여 주는 시련이요, 연단이라
그리 말하는가?
11 그게 다 부질없는 너희들의 변명임을
알라.
12 나 여호와는 거짓 없이 정직하게 살아
가는 백성, 나 여호와의 뜻에 의하여
살아가는 백성을 멸망하게 하지 아니
하며, 그들을 망하게 하지 아니하며,
그들을 고통 속에 몰아넣지 아니함을
너희들은 알아야 될 것이니라.
13 죄 있는 자, 징계받을 것이며 멸망함
이니, 이것이 나 여호와의 뜻임을 너
희들은 알라.
14 그러니 어떠한 형태든 너희가 멸망과
고통과 시련 속에서 살아간다면, 그리
고 너희들이 좌절이요, 일어서지 못할
그와 같은 고통이요, 그 생활 속에서
허덕이고 있다면,
15 너희는 정직하지 못한 자이며, 말할
수 없는 무수한 죄를 가슴에 안고 사
는 자라는 것을 먼저 알라, 그리고 자
신의 부끄럼을 알아야 될 것이니라.
16 지금의 종교 집단이요, 지도자요, 그
리고 돈으로 산 직급을 가지고 있는
높은 자라는 그 백성들이 남 보기에

부끄럽고 추한 삶을 살아가면서 무어
라 말하느냐?
17 저희들은 죄가 없으며 시련이 없으니,
저희들을 더 크게 쓰기 위해 더 높이
쓰기 위해서 내가 저희들에게 연단이
요, 시련을 준다 그리 말하느니라.
18 그러나 절대 시련은 없음이니라.
19 진정 바르게 사는 백성들에게 내가 어
찌하여 시련을 내리겠는가?
20 너희들이 죄가 있기 때문에 그 죄를
받는 것이니 그리 알라.
21 그러니 너희 자신이 회개할 줄 아는
것, 용서를 빌 줄 아는 자세가 먼저 필
요하니, 시련과 시험이요, 연단으로
하여 너희들을 크게 쓰고자 한다는 착
각 같은 소리를 하지 말라.
22 네 죄가 크면 클수록 네가 고통을 받
는 것이라는 것을 알라.
23 하늘에 오르는 자는 죄 없는 자가 오
르는 것이며 그보다 더 큰 영광이요,
상이 없거늘,
24 내가 어찌하여 지상에서 죄 없이 살아
가는 사랑하는 백성들에게 시련이요,
연단이라는 굴레를 씌워 너희들을 고
통 속으로 몰아넣는단 말이더냐?
25 너의 제자들 또한 알라 그리 전하라.
26 이제는 너의 제자들도 이 뜻을 알아야
될 것이며 깨우쳐야 될 것이니라.
27 너희들이 고통과 시련 속에서 허덕이
는 것은 너희들이 지은 죄만큼 그 죄
의 대가를 치르는 것이요,
28 내가 너희들에게 이유 없이 시련이요,
연단을 주어 너희를 골라 쓰고 그리하
지 아니함이니라.
29 다만 내가 필요할 때는 직접 그들에게
훈련으로써 임하며, 경험하고 체험하
여 그들이 깨닫도록 내가 이끌어 가는
것이니 그리 알라.

9,020 번째 하나님 말씀

2003년 12월 31일 07시 15분

1 사랑하는 나의 아들아!
2 "네, 아버님! 말씀하옵소서."
3 네가 나의 성령을 받아 법전으로 만들
어 만백성을 구하는 길을 가며, 너의
제자들 또한 변하고자 노력하며 변하
는 그 마음이 아름다움이니,
4 내가 너에게 상을 내리고자 함이니,
너는 무엇을 원하며, 받고자 하는 상
이 무엇인지 나에게 상고하도록 그리
하라.
5 "네, 아버님! 저는 감히 아버님으로부
터 상을 받을 수 없으며 어떠한 은혜
를 받을 수 없사옵나이다.
6 그러나 아버님께서 명하시니, 제가 간
곡히 원하고 받고자 하는 소원이 있사
옵나이다."
7 그를 네가 한번 상고하도록 하라.
8 "네, 아버님! 제가 아버님께 받고 싶
은 상은, 제가 모든 허물을 하나하나
벗을 수 있는 그와 같은 힘과 용기를
주옵소서.
9 저의 제자들도 그러하며 모든 백성들
이 하나하나 허물의 껍데기를 벗으면
서 그 행복함과 즐거움을 알 수 있도
록, 그 허물을 벗을 수 있도록 그와 같
은 길을 열어 주옵소서.
10 아버님, 거짓 하는 마음의 그 허물을
벗어던지고 싶으며, 오만한 마음의 허

물을 벗어던지고 싶사오며, 죄짓는 그
모든 허물을 다 벗어던지고 싶사옵나
이다.
11 아버님을 기만하는 마음이요, 오만하
고 자만한 마음이요, 그 모든 허물을
다 벗어던지고 싶사옵나이다.
12 시기하고 질투하는 그 마음이요, 허물
을 벗고 싶사오며, 제 모든 허물을 다
벗고 싶사옵나이다.
13 사람을 사랑하되 진심으로 사랑하는
마음이 없는 그 허물을 벗고 싶사오
며, 어렵고 힘든 자를 돕되 진심으로
도우며 진심으로 사랑하는 그와 같은
마음이 없는 허물을 다 벗고 싶사오며,
14 저의 제자들 또한 그 허물을 벗도록
하여 주옵시고, 만백성이 그 허물을
벗을 수 있도록 하여 주옵소서.
15 수천수만 가지 온갖 잘못된 생각들을
가지고 있으며 그를 다 덮고 있사옵나
이다.
16 그러니 그 허물을 하나하나 벗어던지
지 아니하고는 아름다운 모습이요, 천
사와 같은 몸과 마음으로 변할 수 없
사옵나이다.
17 아무리 인간의 형태로써 노력을 하고
자 하며 역사하고자 해도, 그 환경에
부닥치는 순간순간에 그를 자제하지
못하며 억제하지 못하여 무너지니,
18 그와 같은 것이 사악한 욕심이요, 저
희들이 잘못된 것이라 생각되옵나이
다, 아버님!
19 그 모든 허물을 하나하나 벗어던질
수 있는 그와 같은 은혜와 영광을 주
옵소서.
20 아버님, 간곡히 무릎 꿇고 기도드리옵
나이다.
21 모든 허물을 벗게 하여 주옵소서.
22 도적질하고 싶은 허물이요, 더 갖고자
하는 허물이요, 더 높고자 하는 허물
이요,
23 그리고 남들보다 더 잘나고자 하는
것, 남들보다 편하고자 하는 것, 순수
한 생수와 같은 마음이 아닌 그 모든
허물을 하나하나 벗을 수 있는 그와
같은 용기를 주옵소서.
24 그리고 그 길을 갈 수 있도록 하여 주
옵소서.
25 그것이 이 죄 많은 아들이 아버님께
간곡히 드리는 청이오며, 아버님께 받
고 싶은 은혜와 상이옵나이다.
26 저 자신이 바로 서는 것이요, 그리고
제자들도 그리 하나하나 벗을 수 있는
그와 같은 용기요, 그를 행할 수 있는
것,
27 그리고 아버님의 백성인 온 백성이 다
그와 같이 저희들이 잘못 가고 있는
욕심에서 이루어지는 모든 허물을 하
나하나 던지고 지킬 수 있도록, 그리
하여 생수와 같은 모습으로 변할 수
있는 그와 같은 대변화의 역사를 저는
아버님께 간곡히 상고드리옵나이다."
28 사랑하는 나의 아들아!
29 "네, 아버님! 말씀하옵소서."
30 어찌하여 너는 그것을 나에게 상으로
달라 할 수 있느냐?
31 내가 너에게 주고자 하는 상은 너희
인간으로서 역사할 수 없는 것, 인간
으로서 이룰 수 없는 것, 그와 같은 상
을 주고자 하는 것이니라.
32 너희들의 마음의 허물을 하나하나 벗

는 것은, 그를 너희 스스로 벗지 아니
하면 아니 될 것이니라.
33 다람쥐라는 동물이 밤이요, 또는 도토
리요, 그 모두를 제가 취하여 먹으니,
34 밤의 가시를 벗기는 그와 같은 고통이
있어야 그는 밤을 먹을 것이며, 또한
그 밤의 껍질을 벗기고 먹어야 될 것
이며,
35 도토리라 하는 것도 그 껍질을 벗기는
노고가 없이는 절대로 그가 취할 수
없는 것이라 하지 아니하였더냐?
36 그와 같은 이치를 네가 생각해 보라.
37 너희들이 그와 같은 이치를 생각하고
살아간다면, 너희들이 하나하나 허물
을 벗어던지는 것은 인간인 너희들이
당연히 해야 할 일이며, 할 수 있는 것
이며, 스스로 다 할 수 있는 것이니,
38 너희들이 노력하지 아니하고 고통의
길을 가지 아니하며 무엇을 얻으려 하
는 것은 진정한 너희 것이 아니며 진
정한 얻음이 아니라는 것을 알라, 사
랑하는 나의 아들아!
39 너희 인간이 할 수 있는 것, 인간이 역
사할 수 있는 것을 네가 나에게 상으
로 달라 하지 말라.
40 너희들이 이룰 수 없는 것, 도저히 할
수 없는 것을 너는 나에게 상고하라,
사랑하는 나의 아들아!
41 내가 그를 너에게 내리고자 함이니라.
42 "아버님! 저희들은 그 무엇보다도 지
금 하나하나 허물을 벗어던지는 것,
그리고 누덕누덕 기운 누더기 같은
꺼풀을 하나하나 던질 수 있는 그 용
기를 주옵소서.
43 그 길을 가고 싶으며, 그와 같은 사람
으로 변화되며, 만백성에게 한 점의
부끄러움이 없는 부드럽고 자애로운
그리고 생수와 같은 모습으로써 저와
저의 제자들과 그리고 모든 백성들이
그리 변하는 그 역사, 그것이 아버님
께 드릴 수 있는 기쁨이라 생각되옵나
이다."
44 아들아, 그는 너희들이 딛고 벗고 넘
어가야 될 것이니, 각자가 벗어야 될
허물을 나에게 벗겨 달라 하지 말라.
45 너희들이 할 수 없는 것, 역사할 수 없
는 것을 나에게 네가 상고하라, 사랑
하는 나의 아들아!

9,021 번째 하나님 말씀

2003년 12월 31일 07시 22분

1 사랑하는 나의 아들아!
2 "네, 아버님! 말씀하옵소서."
3 지난밤 내가 너에게 무엇을 보여 주었
으며 네 마음을 어찌 다스려 가라 그
리하였느냐?
4 "네, 아버님! 동물을 다루는 방법이요,
동물을 사랑하는 방법을 아버님께서
저에게 보여 주셨사옵나이다.
5 동물이라는 것은 단순한 것 같으나,
뒷골목이요, 빈민굴에서 매여서 천하
게 사는 동물은 그 환경이 그와 같이
변화되면 그와 같은 천한 생각을 하
게 되며, 그 생각 외에는 벗어날 수 없
으며,
6 먹고살기 위해 몸부림치는 인간이 있
는 곳에 그 동물이 가 있다면, 그 또한
먹고사는 것에 모두를 다 바치는 그와
같은 형국으로 변화된다는 것,

7 그리고 그 환경에 따라서 그 동물들의
삶만 달라지는 것이 아니라, 그들의
생각과 마음까지도 달라진다는 것을
아버님께서 보여 주셨사옵나이다."
8 동물을 진심으로 사랑할 때, 그 동물
은 진심으로 그리 변화되고 생각이 바
뀌니,
9 너희들이 사랑하는 자식을 안고 기르
는 그와 같은 마음으로써 동물을 사랑
하면 동물이 아이들같이 변한다는 것
을 내가 너에게 보여 주었음이니, 너
는 거기서 무엇을 얻었느냐?
10 "네, 아버님! 동물도 그를 어찌 사랑
하며 어찌 소중히 다루며 어찌 가꾸
느냐에 따라서 그가 변화되며, 성격이
변화되니,
11 생각과 마음이 아름답게 변하고 사악
하게 변하는 것은 관리하고 기르는
인간에게 달렸다 함을 깨달았사옵니
다.
12 그를 사랑하고 자식처럼 보듬어 주면
자식과 같은 자가 될 것이요, 그를 천
대하고 박대하며 발길질하면 그는 거
칠어지고 사악해진다는 것을 깨달았
사옵나이다."
13 그러니 네가 거기서 얻은 것은 무엇이
더냐?
14 "네, 아버님! 모든 백성을 사랑하되
그와 같은 마음으로 사랑해야 된다는
것을 절실히 깨달았사옵나이다.
15 인간이 동물을 기를 때, 어찌 사랑하
고 가꾸며 예뻐하느냐, 미워하고 천
대하느냐에 따라서 그 동물이 변화되
며 그 성격이 변하여 자라게 되며,
16 그가 거칠고 무서운 맹수로 변할 수
도 있으며 아기와 같은 천사의 모습
으로 자랄 수도 있음이니,
17 아무리 맹수라도 인간이 사랑으로 다
스리며 자식과 같이 보살핀다면 자식
과 같이 되는 그 이치를 깨달았사옵
나이다.
18 모든 인간을 그보다 더 사랑하며 그보
다 더 진실되게 아끼고 소중히 하라는
것을 깨달았으며, 아버님께서 그리 가
라 하심을 깨달았사옵나이다.
19 미워할 사람이 없으며, 싫어할 사람이
없으니,
20 그 모두를 형식적인 사랑으로, 겉으로
는 사랑하나 속마음은 주지 않는 것,
겉으로는 맛있는 것을 먹으라 하나
속으로는 '먹지 않았으면' 하며, 주는
것이 아까운 인간의 이중적인 마음이
얼마나 이 세상을 사악하게 만들었으
며 인간을 독하게 만들었는가,
21 그것은 저희들의 조상이요, 인간이 살
아오면서 스스로 판 우물이요, 스스로
그와 같이 만들었음이니,
22 지금 이 세상이 사악하여 말세요, 도
둑이 들끓는 세상이 된 것은 진실한
사랑이 없었으며 진실한 소중함이 없
었기 때문이라는 것을 저는 뼈저리게
느꼈사옵나이다.
23 그리하여 저는 모든 저의 제자들이요,
만백성을 차별을 두지 아니하고 사랑
하며, 모두를 진심으로 사랑하며 진심
으로 대하는 그와 같은 마음으로 살아
갈 것을 마음속 깊이 굳혔사옵나이다.
24 또한, 저의 제자들에게도 그와 같은
마음으로 살며, 진심으로 사랑하고 진
심으로 대하라 하며,

25 이중적인 마음이요, 겉과 속이 다른 마음으로 살아가는 것은 그가 사람을 그리 보기 전에 그 자신이 짐승만도 못한 자이니, 그와 같은 행위를 하지 말라 그리 가르치겠사옵나이다.
26 그리고 만백성 또한 그리 가르치겠사옵니다, 아버님!"
27 그러니라, 사랑하는 나의 아들아!
28 내가 너에게 보여 준 그 그림이 그러하니라.
29 동물을 빈민굴에서 천하게 가르치면 그는 천한 동물이 되며, 너희들이 아름답고 좋은 환경에서 자식과 같이 사랑하고 가르친다면 그 성격은 아기보다도 더 유한 모습으로 살아가고 또 변화되는 것이 동물의 마음이니라.
30 그러니 동물에게도 얼마나 진실한 사랑이요, 진실한 마음을 주느냐에 따라서, 진실하게 소중히 아끼느냐에 따라서 그 성격이 변하고 생각하는 것이 변하고 인간을 보는 것이 변하게 된다 하였음이니,
31 사람을 사랑하고 사람을 상대하는 것에서 조금이라도 가식이 있어서야 되겠느냐?
32 지능지수요, 생각하는 것이 짐승보다 열배 백백 천배 높은 사람들이 그것을 모르겠느냐?
33 그러니 그와 같은 마음을 절대 너는 가져서는 안 됨이니,
34 너희들이 속과 겉이 다른 마음으로 인간을 상대하고 인간을 사랑해서는 아니 되는 그것을 배우고 깨달았다면, 너는 목숨을 바쳐 그를 지키고 행해야 될 것이며,
35 너의 제자들에게도 또한 그리 행하도록 하라.
36 사랑하는 나의 아들아! 네가 나에게 소원함이 모든 허물을 벗을 수 있는 그와 같은 네가 되고자 하였음이니, 너는 스스로 그와 같은 것을 벗어 가도록 그리하라.
37 나 여호와가 너를 도울 것이니라, 사랑하는 나의 아들아!

9,022 번째 하나님 말씀

2003년 12월 31일 07시 27분

1 사랑하는 나의 아들아!
2 "네, 아버님! 말씀하옵소서."
3 내가 너를 깨우치기 위하여 한 장의 그림을 또 보여 주었음이니, 너는 무엇을 보고 무엇을 깨달았느냐?
4 "네, 아버님! 제가 저의 제자들을 인도하고 안내하는 것은, 남들이 어렵고 어려운 등산을 하는데 그 길을 잘 다스려 제가 지금 가고 있음을 알고 있사옵나이다, 그리고 그 그림을 보았사옵나이다.
5 그러나 제가 모든 어렵고 힘든 그 산악의 길을 넘어 이제 평탄한 길을 가려는 그 순간에, 제가 좀 더 돌고 돌아서 가는 길이 하늘에 오르는 길이거늘,
6 그것을 돌아가는 것이 귀찮고 싫어 눈앞에 보이는 간단하고 편안한 길에 발을 들여놓아 저의 제자들을 그리 인도한다면,
7 저의 제자들은 마지막에 하늘에 오르는 길이 아니요, 결국은 오리무중에 허덕이다 진흙탕에 빠져 정녕 그 길을

갈 수 없으니,
8 그러니 여기서 보이는 돌아가는 바르
고 곧았던 그 길은 물에 가려져 있으
며 바다 가운데 놓여 있으며, 그리고
모든 추하고 더러운 것들이 길을 막
음이니,
9 맹수가 길을 막으며 천한 자들이 길을
막으며 사악한 자들이요, 사탄과 같은
자들이 길을 막으니,
10 그 길로 저의 제자들을 인도하고 끌
어갈 수 없는 것을 저는 보았으며 깨
달았사옵나이다."
11 그러니 네가 거기서 깨닫고 느낀 것이
무엇이더냐?
12 "두 가지를 깨달았사옵나이다. 아버님!
13 사람이 기술을 배우되, 바른 선생 밑
에서 그대로 잘 배우고 따르는 자가
처음에는 전진이 늦으나 결국 나중에
는 그가 승자가 된다는 것,
14 대충대충 하며 선생이 없이 그저 제가
만들고 두드리고 연구하여 가는 것은
변화는 많으나, 경지에 오를 때는 그
는 결코 오를 수 없으며 한계를 넘을
수 없다는 것,
15 아름다운 소리를 내는 도구를 만들
때 그 흉내는 낼 수 있으나, 가장 끝에
가서 그것이 가지고 있는 신비롭고
아름다운 소리를 낼 수 있는 것은 그
소리를 내는 스승에게 힘들고 어려운
그 길을 가면서 배우지 아니하면 절대
그를 역사할 수 없다는 것을 깨달았사
옵나이다.
16 제가 아무리 저의 제자들을 인도하여
험악하고 험악한 산행의 길을 편안하
고 안전한 길로써 남들과 같이 똑같이
인도했어도,
17 마지막 하늘에 오르는 길을 좀 더 돌
아서 가야 되며 어렵고 힘든 길을 돌
고 돌아 물을 피하며 계곡을 피해서
조금만 가면 평탄한 길이 있는 것을,
18 제가 그것을 가기 싫어 마지막에 앞에
보이는 넓고 평탄한 그 길로 가도 하
늘에 오를 것이라 하여 제 생각대로
제 임의대로 판단하여 그 길로 저의
제자들을 끌고 간다면, 그 백성들은
다 지옥으로 가는 것이며, 구원의 길
을 갈 수 없으니,
19 마지막까지 긴장을 풀지 말며, 마지막
까지 순리대로 가야 되는 것이며, 여
호와 아버님께서 원하시는 그 길을 가
야 된다는 것,
20 저 자신의 뜻이 아니라 아버님께서
인도하고 깨우쳐 주시는 그 길만 가고
그대로 따라가야 된다는 것,
21 저를 생각하며 제 생각이요, 제 뜻대
로 해서는 절대 아니 된다는 것,
22 그리되었을 때는 모든 제자들이요, 저
를 따르는 백성들까지 하늘로 오르는
길이 아니라 지옥으로 가는 길을 감
이니,
23 제가 죽을 때까지, 숨을 거둘 때까지
바르고 곧은 그 길을 가며, 아버님께
서 명하시는 길, 아버님께서 인도하시
는 길, 아버님께서 저에게 보여 주신
그 길을 가야 된다는 것을 깨달았사옵
나이다."
24 그를 깨달았다면 너는 이제 그대로 행
하며, 거기에서 하나의 흔들림이 없도
록 그리 행하도록 하라, 사랑하는 나
의 아들아!

9,023 번째 하나님 말씀

2003년 12월 31일 07시 33분

1 사랑하는 나의 아들아!
2 "네, 아버님! 말씀하옵소서."
3 네가 또 무엇을 보았으며 무엇을 깨달았는가?
4 "네, 아버님! 저는 아버님께서 또한 보여 주시는 것을 보았사옵나이다.
5 어떠한 사람이 제 재물을 탐했으며, 제 재물에 손해를 입혔으며, 저에게 변제할 것을 변제하지 아니하며 돌려줄 것을 돌려주지 아니하며, 저에게 약속을 어겼으며 거짓말을 하여 저에게 피해를 입힌 자,
6 그와 같은 자를 절대 송사해서는 아니된다는 것을 깨달았으며, 아버님께서 그를 또 보여 주셨사옵나이다."
7 그러니라. 그러니 네 마음의 자세요, 너의 제자들이 어찌 가야 되는가를 깨닫도록 하라.
8 그러면서 너는 왜 송사를 해서는 아니되며 그와 같은 자를 법으로써 시시비비를 가리는 곳까지 끌고 가서는 아니된다 생각하느냐?
9 "네, 아버님! 그렇사옵나이다.
10 제가 남에게 100을 주었음이니, 그에게서 거둬들일 때 100을 다 주지 아니하며 그 이자를 얹어 주지 않는 자를 송사하고 싶을 것이며, 분한 마음은 이루 말할 수 없는 것이 인간의 마음이라 생각하나,
11 60이요, 70이요, 또한 50이라도 그가 준 것이 다행이며, 그가 주지 아니하였다면 어찌하였을까 하는 생각을 하며,
12 그것이나마 돌려준 것이 감사하다는 마음을 가지고 있다면 송사를 할 수 없으며, 그를 끌고 법으로써 다스리고자 하는 그와 같은 행위는 할 수 없다 생각하며,
13 그와 같은 마음을 갖고 살라, 아버님께서 보여 주셨으며, 그러니 송사를 할 필요가 없으며 송사를 해서는 아니된다는 것을 보여 주셨사옵나이다."
14 어떠한 분함이 있다 하여 그를 송사하며 어떠한 속상함이 있다 해서 송사하는 그와 같은 행위를 하지 말라 내가 너에게 보여 준 그 의미를 알겠는가?
15 "네, 아버님! 알겠사옵나이다."
16 인간 세상에 살아가면서 당연한 것을 받지 못하며, 저에게 거짓말하여 재물을 빼앗아 간 자, 그와 같은 것을 생각하고 생각하면 얼마나 분하고 억울한가?
17 그리하여 송사하고 싶은 마음이 이루 말할 수 없을 것이나, 그 마음을 다스려서 송사를 해서는 아니 됨이니,
18 그 환경에서 구한 것, 얻은 것을 모두 다 그만큼이라도 이루어진 것을 감사하며,
19 그만큼이라도 거두어진 것, 그만큼에서 끝난 것, 더 잃을 자가 더 잃지 아니하며 더 사기당할 자가 사기당하지 아니하고 병들어 죽지 아니하고 존재하는 것만으로써 다행이라 생각하는 마음을 갖는다면,
20 분하고 억울한 마음이 앞서 송사하지 아니하며, 인간 세상에 법적으로 끌고 가 시시비비하는 그와 같은 행위를 할

수 없다는 것을 너는 깨달았느냐?
21 "네, 아버님! 그와 같은 것을 깨달았
사옵나이다."
22 그러니 그 분하고 억울한 마음을 스스
로 달래며, 그것으로써 다행이라는 그
와 같은 마음을 너희들이 갖고 살아가
도록, 너와 너의 제자들과 나의 법전
을 읽은 만백성이 그와 같은 마음으로
돌리도록 하라.
23 송사하지 아니하도록, 너희들이 송사
하지 않는 마음을 갖도록 그리하라.
24 그것이 바로 내가 너에게 깨우쳐 줌이
니, 그게 사랑이요, 실행함이니 그리
알라.
25 그것으로써 네가 하나만 얻을 것이 아
니라, 모든 것은 다 오늘에 네가 처해
있는 것, 네가 역사한 것이 가장 행복
한 것이요, 그것이 네가 가질 수 있는
복이요, 네가 내릴 수 있는 한계며,
26 그 이상의 욕심을 갖지 않고 감사하는
마음을 갖는다면, 너희들은 서로 시시
비비하지 아니하며 멱살 잡고 얼굴 붉
히며 송사하는 그와 같은 마음을 다스
릴 수 있을 것이니,
27 그 마음을 다스린다면 모두를 다 다스
릴 수 있느니라.
28 재물의 피해요, 재산의 피해요, 금화
와 은화를 도둑맞고 너희들이 그를 송
사하지 않는다면 무엇을 가지고 송사
할 수 있겠느냐?
29 너희들이 그만큼 오늘의 현실이 행복
한 것이요, 다행이라 생각하는 마음을
갖고 송사하지 않는다면, 세상 것에
너희들이 용서하지 못할 것이 없음이
니라.
30 사랑하는 나의 아들아, 네 마음을 그
리 다스려 나가며 네 뜻을 세웠거든,
네 제자들도 그리 따르라 그리 전하라.

9,024 번째 하나님 말씀

2003년 12월 31일 07시 48분

1 사랑하는 나의 아들아!
2 "네, 아버님! 말씀하옵소서."
3 수천 년 동안 믿음을 가져 온 종교 집
단이요, 지도자, 그리고 거기에 광분
하는 그 신도들,
4 그들이 왜 광분하며 그들이 왜 금화와
은화의 재물을 모두 갖다 바치며, 저
희들이 그 길을 죽기 아니면 살기로
그리 달려가며,
5 다른 백성들은 이방인이라 하며 다른
종교 집단은 사탄이라 그리 말하는 자
들이니, 그들이 왜 그와 같은 말을 함
부로 할 수 있는지 알겠느냐?
6 그들은 저 자신이 지금 환각 상태에
빠져 제가 구원을 받았다 말하는 것이
니라.
7 그러니 저희들이 구원을 받았다 하며
저희들은 하늘에 오늘 수 있다는 자들
이 그 말하는 의미가 무엇이며 그게
어떠한 뜻인가를 그들이 모르고 있기
에 그와 같은 말을 함부로 함이니라.
8 너희들이 하늘에 오르는 것은 무엇이
더냐?
9 나의 아들 예수와 같은 삶을 사는 것
이요, 의인이 되는 자, 그와 같은 자가
하늘에 오며 천사만이 하늘에 온다 그
리 말하지 아니하였더냐?
10 그러니 지금 믿음의 길을 가는 백성들

이 말하기를, 저희들의 손으로 지은 성전에 가 예수를 찾기만 하면 구원을 받는다 그리 말하나,
11 저희들이 구원을 받았다 말하는 것은 '나는 예수와 같은 삶을 살며, 나는 예수와 똑같은 사람이다.' 그리 말하는 것이라는 것을 모르느니라.
12 저 자신이 과연 그와 같이 깨끗하고 아름다운 삶을 살고 있는가, 그리고 제가 의인이 되었다는 말이던가?
13 의인만 하늘에 오르며 구원을 받음이니, 저는 의인이라 말하는 자들이며, 제가 의인이 됐다고 생각하지 아니하면 구원을 받았다 말할 수 없음이니라.
14 그리고 하늘에 오를 자격이 있다 말할 수 없는 것이 아니더냐?
15 이를 너희들이 더 깊이 생각해 보면, 하늘나라에는 천사만 오니, '나의 삶은 천사요, 나는 살아가는 것이 천사요, 인간 세상에 있는 천사가 됐다.' 그리 말하는 자이니,
16 그의 살아가는 모습을 단 한 시간만 들여다보라.
17 과연 그가 의인이 되었으며 예수와 같은 삶을 살며 천사가 되었는가?
18 그러니 그들이 얼마나 어리석은 백성들인가?
19 그러면서 그 집단이요, 지도자요, 그 백성들이 또한 무어라 하느냐?
20 저희들이 바로 살지 못하며 아름답게 살지 못하는, 죄 속에서 허덕이는 제 모습을 바라볼 때 그들은 그리 말하느니라.
21 '너희는 들으라, 우리는 인간이기 때문에 십계명대로 살 수 없으며, 하나님이 직접 친필로 쓴 그 계명을 절대 지킬 수 없으며, 그리고 죄를 짓지 아니하고 살 수 없는 것이니라.
22 그러니 너희들이 죄를 짓지 아니하기 위해서 그 죄를 용서받기 위하여 오늘 모여듦이 아니더냐?' 그리 말하느니라.
23 인간은 절대 죄를 짓지 아니하고 살 수 없다 그리 말하며 너희들이 죄를 짓지 않고 살 수 없다면, 내가 내린 계명대로 지키고 살 수 없다고 말하는 자들이니, 너희들은 죄 속에서 살아가는 것이 아니더냐?
24 그러면 죄 속에서 살아가며 죄 속에서 허덕이는 너희들이 어찌하여 예수와 같은 삶을 사는 자라 말하며, 의인이 되었으며 천사가 되었다 그리 말하는가?
25 그러니 너희들이 얼마나 잘못된 자이며 어리석은 백성들이냐?
26 한쪽에서는 인간이기 때문에 죄를 짓지 않고는 살 수 없다 말하면서,
27 금화와 은화를 거둬들이기 위해서는 너희가 구원을 받은 자요, 하늘의 명을 받은 자요, 하늘에 올라가는 자들이요, 선택된 자들이라 말하며, 그리고 구원을 받은 자라 너희들은 그저 그리 말하느니라.
28 저희들이 믿음을 시작하는 순간 '나는 구원을 받았다, 구원을 받은 자요, 이방인인 너는 지옥으로 갈 것이다.' 그리 말하니, 과연 제가 의인이 되었는가?
29 그렇다면 제가 천사와 같은 자가 되었는가, 예수와 같은 자가 되었는가?

30 그러니 그들이 지금 얼마나 어리석은
짓을 하고 있는지 알겠느냐?
31 나의 아들을 따르는 제자요, 나의 법
전을 읽고 깨우친 만백성 너희들은 그
들이 하는 행위를 보면, 내 법전이 세
상에 내려오지 아니하면 아니 됨을 알
것이니라.
32 구원을 받은 자는 천사와 같은 자요,
예수와 같은 삶을 산 자요, 의인만 나
에게 올 수 있다 하였음이니,
33 저희들이 그리되었다 하는 자, 그러면
서 한쪽에서는 인간이기 때문에 죄를
짓지 않고 살 수 없다 말하는 자이니
그들을 어찌한단 말이더냐?
34 그러니 구원을 받았다는 것이 엉터리
요, 구원을 받지 못한 것을 받았다고
억지를 쓰는 것이 아니더냐?
35 그저 먹어 보지도 아니하고 맛을 보지
않은 자가 먹어 보고 또 행했다 하며,
가 보지도 않은 자가 가 보았다고 억
지를 쓴다면 과연 그 말을 믿어도 되
겠느냐?
36 그와 같은 자들이 오늘의 종교 집단이
요, 지도자들이요, 그 맹신하는 신도
들이 가고 있는 길이니, 너희들은 그
와 같은 것에 현혹 되지 말라, 그리 만
백성에게 전하라.
37 구원을 받았다는 자는 저는 의인이라
하는 자이니라, 그리고 저는 의인이
되었기 때문에 예수와 같은 삶을 살
수 있으며 살고 있는 자라, 그와 같이
변화된 자라 말함이니,
38 지금의 종교 집단에 속해 있는 백성들
은 이제 그 환상에서 벗어나야 되며,
그 허황된 생각에서 벗어나야 될 것이
니,
39 저희들이 하고 있는 짓을 생각해 보도
록 하여 그들에게 깨우침을 주도록 그
리하라.
40 그들이 잠에서 깨어날 수 있도록 하는
것은 너희들이 나의 법전으로써 그들
에게 충격을 주는 길밖에 없음이니라.
41 나 여호와의 길이요, 믿음의 길이요,
그리고 나에게 오는 것은 나의 뜻을
담아 내리는 나의 법전을 읽지 아니하
며 이를 보지 아니하고 들여다보지 아
니하고는 절대 구원을 받을 수 없다
함이니,
42 먼저 구원을 받았다는 것은 생각도 하
지 말며, 그와 같은 말은 감히 입에 담
지도 말라 그리하라.
43 그와 같은 것은 나 여호와만 말할 수
있으며, 나 여호와만 너희들이 미래에
의인이 될 수 있고 천사가 될 수 있는
자라 할 수 있으며,
44 그와 같은 길을 갈 수 있도록 너희들
에게 고도의 훈련을 시켜 너희들을 끌
어올리는 것은 나만 할 수 있는 길이
거늘, 구원을 받았다 말하는 자가 얼
마나 어리석은 자인가?
45 한 입 가지고 두 말을 하되, '절대 나
는 구원을 받지 못한 자요, 받을 수 없
다.'는 말을 하고 있는 것이며,
46 그러면서도 저희들이 환각 상태에서
깨어나지 못하는 그 어리석고 불쌍한
백성들을 위하여 너희들이 나의 법전
으로 그들을 두드리고 깨워 그들을 잠
에서 일어나도록 그리하라.
47 그리하여 나의 법전을 보고 바른길을
갈 수 있도록 그리 가르치고 전하라

사랑하는 나의 아들딸들아!
48 그러니 너희들이 잠시도 쉴 틈이 없으며, 멈춰서도 아니 되며, 중단되어서도 아니 되며, 너희들이 무너져서도 아니 됨이라는 것이 여기에 있음이니라, 사랑하는 나의 아들아!

9,025 번째 하나님 말씀

2003년 12월 31일 07시 32분

1 사랑하는 나의 아들아!
2 "네, 아버님! 말씀하옵소서."
3 '설마'라는 말이 사람을 잡는다는 말이 있느니라.
4 '설마 사람 잡으랴!' 그 말 때문에 지금 영원히 돌이킬 수 없는 그 길을 가고 있는 백성들이 있음이니, 그게 무엇이더냐?
5 나의 성전에 와 나의 아들의 강론을 들어 공부하고 깨달은 자들이 1년 이상 지난 자, 나의 법전을 3회 이상 정독한 자는 절대 나의 성전이요, 나의 아들의 발밑을 떠나서 살아갈 수 없으며 견딜 수 없음을 알아야 될 것이니라.
6 참진리요, 아름다움을 수혈받은 너희들이 어찌하여 추하고 더러운 피와 섞여 그와 같이 존재할 수 있다 생각하는가?
7 그러니 스스로 견딜 수 없어 이곳을 떠나는 자, 그것이 무엇이더냐?
8 '설마 내가 이대로 살아가면 지옥은 가겠는가? 설마 내가 다른 믿음으로 간다 해서 그것이 진정한 믿음이 아니라 말할 수 있는가?'
9 그리하여 너희들의 흔들리는 마음이요, 그 믿음이 나약한 마음이요, 설마라는 것 때문에 한 번 가면 영원히 돌이킬 수 없는 그 지옥의 길로 가고 있는 자들이니라.
10 나의 법전을 읽고 강론을 들은 백성 너희들이 1년 이상의 세월이 지나며, 나의 법전 열여섯 권을 단 한 번이라도 정독한 백성이라면,
11 너희들은 나의 아들을 떠나, 나의 성전을 떠나, 나의 강론을 떠나 그를 듣지 않고 살아가는 것은 육의 세상에서 얼마나 고통과 시련의 길인가를 체험할 것이니라.
12 그러면서 '설마 그것이 하늘에 오르는 길인가, 설마 그것만이 하늘에 오르는 길일까?' 함이니,
13 너희들은 이 '설마'라는 생각 때문에 나의 성전을 떠나며 나의 아들에게서 등지고 떠남이니, 그는 곧 너희들이 나를 버리고 떠남이니라.
14 창조주 나 여호와를 버리고 떠나는 너희들이 과연 나에게 오는 길을 오는 백성이라 말할 수 있느냐?
15 그러니 '설마'라는 생각을 버리도록 하라.
16 그 '설마'가 너희들의 믿음을 확고히 하지 못하게 하며 하늘에 오르는 길을 보지 못하게 하는 그와 같은 것이니, '설마'라는 것이 얼마나 무서운 말인 줄 알겠느냐?
17 나의 성전을 떠난 그 백성들이 마음의 고통과 정신적인 고통 속에서도 저희들이 견디고 이기는 것은,
18 '설마 이렇게 될까, 설마 이럴 수 있을

까, 설마 이 법전이요, 새로운 성경이
정녕 하나님의 성령이요, 하나님의 말
씀이요, 새 역사를 이루는 것인가?
19 설마 이 법전이 하늘을 덮을 것이며,
설마 이 백성들은 구원을 받는 자들이
요, 그리고 설마 이와 같은 것이 지금
단단하고 말할 수 없이 방대하고 방대
한 그 종교 집단을 이길 수 있으며 그
들을 다스릴 수 있으며 그들을 사랑으
로 감쌀 수 있는가?
20 설마 그와 같이 될 수 있을까, 설마 그
리는 되지 않겠지.' 하며, 그런 일은
없을 것이라 함이니,
21 '설마'가 너희들을 지금 지옥 불로 인
도한다는 것을, 여기를 떠난 그 제자
들에게 '설마'라는 말에 현혹 되지 말
라 전하라.

9,026 번째 하나님 말씀

2003년 12월 31일 07시 59분

1 사랑하는 나의 아들아!
2 "네, 아버님! 말씀하옵소서."
3 구원을 받았다 하는 것은 너희들이 의
인이요, 예수가 되었으며 그리고 천사
가 되었다는 그와 같은 말을 하는 것
이니, 과연 너희들이 그와 같이 변화
된 자던가?
4 그러니 저 자신이요, 제 생각이요, 저
를 들여다보지 못하는 어리석은 백성
들이, 그 모두를 모르는 자들이 그와
같은 말을 하고 있지 않으냐?
5 내가 너희들에게 무어라 말하였느냐?
6 너희들은 사랑으로써 모두를 충만된
삶을 살아야 되며, 만인의 종이요, 가
장 낮은 자로 살아가라 내가 너희들에
게 그리 가르쳤음이니라.
7 그러니 지금 과연 천사가 되고 의인이
되었다는 백성들이 그리 사는가?
8 그들은 이러하니라, 저희들은 이방인
이라 하는 백성들보다 지금 깨끗하며
아름다우며 사랑을 베풀며 낮은 자로
살아간다 그리 말하나,
9 정녕 그들이 살아가는 모습이요, 그들
의 생활은 이방인보다 더 교만하기 끝
이 없느니라.
10 더욱이 돈을 주고 직분을 산 자들, 많
은 돈을 주고 더 높은 직분을 산 자들,
장로요, 목사요, 권사요, 그와 같은 자
들이 누구도 따라갈 수 없을 만큼 교
만함을 그 신도들이 보고 있으며, 그
들은 알고 있을 것이니라.
11 많은 돈으로 더 높은 직분을 산 자들
의 교만함과 방자함을 정녕 모르는가?
12 그러한 자들이 어찌 구원을 받았다 그
리 말하는가?
13 과연 그들이 섬기는 자들이더냐?
14 섬기는 자요, 너희들을 받드는 자만이
나에게 오를 수 있는 기본이 된 자라
하였거늘, 과연 그들이 그리하더냐?
15 그러니 구원을 받았다 감히 말하지 말
라.
16 저 자신을 의인이라 칭하는 자들, 사
랑이 무엇이며 인간의 도리가 무엇인
지 과연 알기나 하는 자들이더냐?
17 겸손을 모르며 섬김을 모르는 자들이
니라.
18 돈을 주고 모든 직분을 산 자, 그리고
지금의 믿음을 가진 자들이 얼마나 교
만한지 알겠느냐?

19 그들은 절대 고개를 숙일 줄 모르는
자들이니라.
20 그러니 바로 그들이 무엇이더냐?
21 알맹이가 없는, 바로 쭉정이들이 서
있는 그와 같은 형국임이니라.
22 나 여호와가 지금에 와서 추수요, 거
둬들이는 그와 같은 때이니,
23 바로 돈을 주고 직분을 산 권사요, 목
사요, 집사요, 그리고 장로라 하는 자
들이 고개를 숙일 줄 모르는 자들이니,
24 곡식이 고개를 숙이지 못하는 것은 알
맹이가 하나도 없이 빈 쭉정이만 반듯
이 서 있음이니, 그 쭉정이는 내가 거
둬들일 수 없음이니라.
25 그리하여 나는 알곡식을 거둬들일 것
이며, 그 쭉정이는 다 태워 버리고 뽑
아 버려 내가 그들이 다시는 고개를
들지 못하도록 유황불에 던져 버리고
자 함이니,
26 내가 지금 고르고 있는 것을 너희들은
알고 있느냐?
27 바로 내가 고르고 있는 것이 너희들의
종교 집단이요, 지도자요, 그리고 돈
을 주고 직분을 산 자들이니라.
28 그리고 섬길 줄 모르는 자, 겸손하지
못한 자, 고개를 높이 든 자, 그리고
숙이지 못하는 자들을 내가 고르고 또
고르고 있음이니,
29 바로 너희들을 가려 유황불에 던지고
자 하는 그와 같은 준비를 하고 하나
하나 지금 추려 가고 있다는 것을 모
름이니,
30 이 무서움과 두려움을 나의 아들을 따
르는 제자 너희들은 만백성에게 전해
주도록 그리하라.

9,027 번째 하나님 말씀

2003년 12월 31일 08시 05분

1 사랑하는 나의 아들아!
2 "네, 아버님! 말씀하옵소서."
3 너희들은 그리도 갈구하고 원하는 하
늘나라요, 나에게 오르는 그 길을 위
해 몸부림치느니라.
4 그리 몸부림치며 몸살이 날 정도로 너
희들이 매달리고 집착하니, 그는 바로
무엇이더냐?
5 너희들은 간단한 길이요, 간단한 방법
을 제쳐 놓고 어찌하여 너희의 생각과
교리에 따라서 그리 험악하고 힘든 길
을 가는가, 그리고 너희들은 나에게
등지는 그 길만 달려가느냐?
6 천국에는 어떠한 백성들이 가는지 알
겠느냐?
7 나는 나의 아들을 통하여 나에게 오를
수 있는 백성들의 그 자세를 모두 상
세히 기록하여 성경에 전하였으며, 또
한 내가 친필로 쓴 십계명 속에 그 모
두가 다 들어 있음이니라.
8 그러니 너희들이 그를 행하고 지키면
하늘에 오르는 것을, 그를 지키고 행
하지 아니하였기에,
9 내가 지금 모두를 풀어 배운 자, 배우
지 못한 자, 어려운 자, 풍요로운 자,
그 모두가 그저 보고 느끼면 깨우칠
수 있는 160권의 법전을 만들어 세상
에 내보내는 오늘의 이 어려운 길을
가고 있음이니라.
10 내가 나의 아들을 통하여 기록한 것
도, 또 내가 나의 법전에 기록하여 너
희들에게 전하는 것도 무엇인 줄 알겠

느냐?
11 모든 백성들 앞에 고개를 숙일 줄 아
는 자요, 그리고 섬김을 받으려 대드
는 자가 아니라 섬기는 자, 그와 같이
섬길 줄 아는 자,
12 그리고 세상의 순리대로 살아가며, 이
치에 어긋나지 아니하며, 하늘을 향하
여 한 점의 부끄러운 행동을 하지 않
는 그와 같은 마음으로 살아가면 너희
들이 구원을 받을 것이거늘,
13 어찌하여 너희 손으로 지은 죄의 온
상에 와서 재물을 바치며 울고불고 광
란의 짓을 하면 구원을 받는다 하여
평생 동안 그와 같은 길을 가느냐?
14 나는 나의 아들 예수를 통하여 성서
에 기록하여 너희들의 가슴이 저리도
록 가르쳤음이니라.
15 어린아이와 같이 순진하고 착하고 겸
손한 종이 되어 이 세상에서 살아가
며, 그리고 이 세상에 어렵고 가난한
자, 병든 자를 보살피는 것을 제 몸과
같이 보살피며,
16 또한 너희들이 쳐다보기 싫어하며 적
대시하는 죄를 지은 자를 돌보며 그들
을 섬기는 마음으로 살아갈 때, 나에
게 오를 수 있으며 하늘에 오를 수 있
는 것이라 내가 일찍이 가르쳐 너희들
의 머릿속에 가슴속에 심어 주지 아
니하였더냐?
17 정녕 너희들은 그리 행하고 지키면 하
늘에 오를 수 있는 간단한 그 길은 가
지 아니하고,
18 너희들이 재물을 바치며 금화와 은화
를 바치며 눈물 짜고 콧물 흘리며 광
란의 짓을 하며 나를 부르며 나의 아
들 예수를 찾기만 하면 구원을 받는다
함이니라.
19 너희들은 평생 동안 그와 같은 광대
짓을 하면서 금화와 은화를 바치고 나
옴이니,
20 나 여호와가 나의 아들 예수를 통하여
기록하여 전한 하늘에 오르는 길이요,
법도를 가르쳐 주었으나 그를 행하지
아니하고 너희들이 그와 같은 행위를
하면서 어찌 구원을 받는다 하느냐?
21 과연 너희들이 어떻게 살아가며 어떻
게 행하고 가는가를 돌아다보도록 그
리하라.
22 그리하면 너희들은 스스로 두려움을
알 것이며 무서움을 알 것이며 깨달음
을 얻을 수 있을 것이니라.
23 그래도 너희들이 얻지 못하거든, 무릎
꿇고 나에게 기도하라.
24 너희들이 금식의 기도요, 장시간의 기
도요, 장시간의 소원의 기다림은 무엇
이더냐?
25 눈을 감고 하늘을 향하여 조용히 앉아
기다리라.
26 그리하면 내가 너희들의 마음이 정화
되었을 때, 깨달음을 내려 줄 수도 있
음이니라.
27 나의 아들을 따르는 제자들이요, 나의
법전을 읽고 깨우친 만백성 너희들은
들으라.
28 말로써 모두를 행하려 하지 말며, 나
의 법전을 듣고 역사하는 것으로써 구
원받으려 하지 말고, 나의 법전을 읽
고 깨우쳤으면 행하고 실천하는 그와
같은 삶을 살라.
29 그와 같이 하지 아니하면 아니 되느니

라.
30 이를 행하고 지키며 실천하려면 너희
들의 그 마음을 모두 다 버려야 될 것
이며, 너희들의 굳은 마음이요, 악과
선 중에서 과감히 악을 버리고 선을
선택할 수 있는 그와 같은 마음을 육
성시키고 그를 배양해야 함이니,
31 그와 같은 것을 육성하고 배양하는 것
이 나의 법전이요, 정독하고 또 정독
할 때 모든 선한 마음의 양식이 됨을
잊어서는 아니 되니, 정독하고 또 정
독하도록 그리하라.
32 나의 법전을 읽을 때, 나의 뜻을 알며
하늘의 뜻을 알 수 있으며, 내가 역사
하는 것을 알 수 있음이니라.
33 나의 법전을 가슴에 안고 정독하고 또
정독할 때만 모두를 얻고 알 수 있음
이니, 이를 내가 너희들에게 다시 한
번 강조하는 무서움을 알며 소중함을
깨닫도록 그리하라.

9,028 번째 하나님 말씀

2003년 12월 31일 08시 13분

1 사랑하는 나의 아들아!
2 **"네, 아버님! 말씀하옵소서."**
3 나의 모든 백성들이 나의 뜻을 알고
행하는 것은 나의 뜻을 역사하는 것이
요, 하늘에 오르는 것이니라.
4 그러니 내 뜻을 알지 못하고 행하는
것은 바로 무엇이더냐?
5 이를 모르고 행한다면 나의 뜻을 거역
하는 것이며, 내가 역사하고자 하는
것, 내가 이루고자 하는 것을, 너희들
도 모르는 사이에 나 여호와의 모든
뜻을 거역하는 자요, 방해하는 자이니
라.
6 그러니 나 여호와가 이루고자 하는
것, 내가 역사하고자 하는 것을 방해
하는 자는 곧 무엇이더냐?
7 사탄이요, 마귀만 할 수 있는 그와 같
은 행위임을 알아야 될 것이니라.
8 그러니 너희들이 정녕 나의 백성이요,
나의 뜻에 의하여 역사하는 백성이라
면, 나 여호와가 무엇을 어찌 가고자
하며 무엇을 이루고자 하는지 그것부
터 알고 가르치고 깨우치는 사람이 되
어야 되는 것이니라.
9 그러니 내가 너희들에게 그 모두를 알
려 주기 위하여 십계명을 친필로 써서
세상에 내렸으나, 이를 지킬 수 없다
하여 너희들이 이를 뒷전으로 밀어붙
였음이니,
10 지금까지 살아온 모든 백성들이 자신
도 모르게 나의 뜻을 방해하며 내가
역사하고자 하는 것을 훼방하는 삶을
살아가고 있다 함을 알겠느냐?
11 너희들이 선하고 천사와 같은 행동이
아니라 악하고 추한 행위를 하는 그
순간에 너희들은 죄인이라 하였으며
사탄이라 하였음이니, 그들이 곧 나의
뜻을 방해하는 자들이라는 것을 너희
들은 알라.
12 그리하여 너희들이 알지 못하며 방황
하기에, 내가 나의 아들을 통하여 모
두 읽고 깨우치면 알 수 있도록 160권
의 이 법전을 세상에 내려보내는 대역
사가 이루어지고 있음을 너희들은 알
아야 될 것이니라.
13 그러니 나의 아들을 따르는 백성 너희

들은 스스로 판단하라.
14 너희들이 나의 법전을 읽고 깨우쳐 가
는 그 삶이 힘들고 어려운 길이나,
15 과연 그와 같이 살아갈 때 남에게 욕
되는 짓을 하며 하늘을 향하여 한 점
의 부끄럼이 있는 삶을 사는가?
16 하늘을 향하여 부끄럼이 없는 삶을 사
는 그 길이 법전에 기록되어 있음을
너희들은 알아야 될 것이니라.
17 그러나 지금 나의 피조물 만백성을 구
한다 하여 그 방대한 조직이요, 방대
한 자금을 가지고 있으며 방대한 인원
을 가지고 있는 그 종교 집단들이 수
천 년 동안 흘러오면서 내 뜻을 따랐
느냐, 내 뜻을 모르고 그들이 갔느냐?
18 여기서 나는 나의 아들을 통하여 너희
들에게 명확히 전함이니, 지금의 종교
집단과 지도자요, 광신도들은 모두 내
뜻을 모르는 자들이니라.
19 그러니 내 뜻을 모르는 자, 그들이 행
하는 것은 바로 무엇이더냐?
20 나를 욕되게 하며 내 뜻을 거역하는
자이니, 그것은 인간 저희들의 생각대
로 모두를 행하고 역사하는 것이니라.
21 내가 성서에 기록하여 전했느니라, 너
희들이 인간의 생각으로 하는 것은 나
를 대적하는 것이요, 나를 능멸하는
것이라 하였음이니,
22 오늘의 종교 집단의 지도자 너희들의
생각대로 너희들의 교리대로 가며 모
두를 행하고 이루어 놓은 것이 나의
뜻이라며 그를 따르라 가르치는 자들,
23 저희들이 만들어 놓고 역사해 놓고 그
것이 창조주 나 여호와의 뜻이라며 거
짓된 설교요, 거짓된 언변으로써 나의
백성들을 끌고 감이니,
24 그 말을 믿고 가는 자들, 그리고 광분
하는 신도들이 지금 얼마나 내 뜻을
방해하며 내가 역사하는 것을 방해하
는가?
25 2천 년 전에 나의 아들 예수가 역사하
는 것을 방해했듯이, 그것이 내 뜻을
거역한 것이요, 내 뜻과 내가 이루고
자 하는 것을 모르기 때문이었음이니
라.
26 나의 아들 예수가 2천 년 전에 왔음이
니, 그게 나의 뜻이요, 나의 아들이 역
사하는 길이라면 너희들은 그와 같이
방해하고 훼방을 놓지는 아니했을 것
이니라.
27 그러니 모두를 진실로 알지 못하며 깨
닫지 못하여 인간의 생각이요, 인간의
판단으로 하니,
28 바로 인간의 생각은 나 여호와를 대적
하는 행위라 내가 성서에 기록하여 전
했듯이, 너희들이 그와 같은 대적하는
행위를 했음이니라.
29 오늘의 모든 종교 집단이요, 지도자
너희들이 하고 있는 짓은 무엇이더냐?
30 또 나의 법전이요, 나의 성령이 세상
에 내려감이니, 너희들은 이것에 대적
하고자 하며, 이를 무너뜨리고자 하는
것이 너희들이 지금 하고 있는 짓이
아니더냐?
31 지금의 종교 집단에 속해서 믿음의 길
을 가는 너희가 나의 일을 방해만 하
고 있는 자들이라 말하면, 너희들은
아니라 말할 것이니라.
32 창조주 아버님이요, 전지전능한 아버
님의 뜻대로 아버님이 명한 대로 그리

살아가는 자들이요, 주 예수의 보혈로
써 은혜를 받아 감사함을 잊지 않고
살아가며 그 뜻을 따라 살아가는 너희
들이라 그리 말할 것이니라.
33 그러나 너희들은 모두 내가 역사하는
길을 방해하는 길만 달려간 자들이니
라.
34 인간 너희들이 인간의 생각을 갖고 행
하였으며, 인간의 생각으로써 이루었
으며, 인간의 뜻을 가지고 나의 뜻이
라 하며 나로부터 명받은 것이라는 착
각 속에서 너희들이 헤매고 있음이니,
35 이제는 너희들이 인간의 생각으로써
역사하는 것과 하늘의 뜻에 의하여 역
사하는 것, 그것을 구분할 수 있는 자
로서 깨어나지 아니하면 너희들은 절
대 구원을 받을 수 없다는 것을 알라.
36 너희들은 지금 그렇지 아니하던가, 너
희들이 가고 있는 길이 어떠한 길인지
모르느니라.
37 너희들이 지금 어떠한 상태로 가고 있
는지를 모름이니, 그리하여 내가 너희
들을 깨우치고 다스리기 위하여 나의
법전을 세상에 내려보내는 것이니라.
38 그러니 이를 읽고 깨우치라.
39 지금 너희들이 가고 있는 방법으로써
그대로 가며 너희들이 착각 속에서 벗
어나지 못하면, 나를 원수로 만드는
그와 같은 일만 하며 그와 같은 짓을
저지르고 가는 자들이 너희들이니 그
리 알라 전하라.

9,029 번째 하나님 말씀

2003년 12월 31일 08시 20분

1 사랑하는 나의 아들아!
2 "네, 아버님! 말씀하옵소서."
3 나 여호와가 하늘에서 이루어진 것같
이 이 지상에서 이루고자 하는 그 아
름다운 세상이요, 천 년에 걸쳐서 천
국의 낙원을 만들려는 나 여호와가 계
획하고 있는 이 지상을 너희들이 지금
무어라 말하느냐?
4 이 지상이 종말의 시대요, 말세의 시
대요, 너희들이 입에 담을 수 없는 험
악한 말들을 하고 있음이니, 그와 같
은 말이 왜 나오는 시대가 되었는지
알겠느냐?
5 그 모두는 다 나 여호와의 뜻을 알지
못하는 백성들이 자신의 인간의 생각
을 가지고 내 뜻이라 하여 그를 가지
고 나의 피조물 만백성에게 설교하고
가르침이니,
6 그 뜻을 또 나의 뜻이라 믿고 따르고
행하는 자들이 있기 때문에 오늘 이와
같이 거친 결과가 나왔음을 너희들은
알아야 될 것이니라.
7 이 세상에 얼마나 많은 백성들이 증거
할 수 없는 것, 제시할 수 없는 것을
가지고, 제 생각을 가지고 나 여호와
의 뜻이라 하며 나로부터 명받은 자라
하여 수천수만 가지 종파들이 '나를
따르라!' 외치는가?
8 그들이 정녕 나로부터 명받은 자며 나
에게 명받아 역사하는 자들인가?
9 나와 관계없는 자들이 절대적인 존재
처럼, 나로부터 명을 받은 자들처럼

그와 같이 지금 우후죽순으로 세상을
다스리고 있으니, 서로가 서로를 믿지
못하는 그와 같은 형국이 되어 있음이
니라.
10 그러니 나로부터 명받지 아니한 자요,
나로부터 임무를 받지 않은 자가 나로
부터 명받은 것처럼 그리 떠들어 댐이
니,
11 그들은 말로써 풍성하게 잔치를 벌이
고 있으며, 말로써만 모두를 다 이루
는 것이니라.
12 그러니 증거함도 없으며 근거도 없이
말로써 풍성한 잔치를 이루는 그자들
앞에, 정녕 그 잔치에 가면 무엇인가
를 얻고 배를 채울 것은 없는가 하여
모여드는 그 백성들이 있음이니,
13 오늘의 이 세상이 혼란한 시대가 되었
으며, 너희들이 말하는 종말이요, 말
세요, 도적이 들끓는 세상이 되었음을
알라.
14 그러니 가장 안타까운 문제는 무엇인
줄 알겠느냐?
15 근본 없는 자들이 가르치는 것, 유언
비어로써 살포하는 것, 그 말은 너희
들이 듣고 그 말을 따르나, 어찌하여
내가 증거하여 내리는 것은 믿지 않
는단 말이더냐?
16 너희들이 지금 나로부터 명받았다 하
여 풍성한 잔치를 베푸는 것 같으나,
말로써 하는 그 잔치는 아무리 풍성
하게 이루어져도 거기에는 얻어지는
것이 없으며, 그들은 끝이 나게 되어
있음이니라.
17 참진리라는 것은 너희들이 말하듯이
끝이 없음이니, 끝이 없이 흐르는 샘
물이요,
18 나의 참진리가 아닌 것은 얼마 지나지
않아 그 모두가 말라 버리며 끝이 보
이니,
19 그것으로 진실과 거짓을 증거함을 알
라.
20 나 여호와는 글로써 모두를 세상에 내
려보내며, 이를 책으로 엮어 만들어
너희들이 항상 보고 시시비비할 수 없
도록 제시함이니, 이것이 바로 내가
증명함이요, 근거하는 것이니라.
21 그리하여 내가 법전이라 하여 책으로
만들어 세상에 내려보내니,
22 내가 160권의 법전을 증거하며 증명
할 수 있도록 세상에 내보내지 아니하
면 나의 아들을 통하여 내리는 그 모
두도 풍성한 말잔치로써 끝나는 것에
불과하며, 나로부터 명받지 않은 자들
이 나의 피조물 만백성을 현혹하는 그
와 같은 것에 지나지 않고 그리 역사
할 것이니라.
23 그러나 이제는 내가 나의 법전을 통하
여 모두를 다스릴 수 있도록 증거하
며, 글로 책으로 만들어서 너희들에게
전하니,
24 그 모두는 이제 내가 너희들을 뽑아
유황불에 던지는 시대가 이루어지는
것이 머지않아 있을 것이니 그리 알라.

9,030 번째 하나님 말씀

2003년 12월 31일 11시 43분

1 "너는 나 외에는 다른 신들을 네게 있
게 말지니라.
2 너를 위하여 새긴 우상을 만들지 말

고, 또 위로 하늘에 있는 것이나 아래
로 땅에 있는 것이나 땅 아래 물속에
있는 것의 아무 형상이든지 만들지 말
며, 그것들에게 절하지 말며 그것들을
섬기지 말라.
3 너는 너의 하나님 여호와의 이름을 망
령되이 일컫지 말라.
4 안식일을 기억하여 거룩히 지키라.
5 네 부모를 공경하라.
6 살인하지 말지니라.
7 간음하지 말지니라.
8 도적질하지 말지니라.
9 네 이웃에 대하여 거짓 증거하지 말지
니라.
10 네 이웃의 집을 탐내지 말지니라.
11 나 여호와가 존재함을 믿는 그 자체가
구원의 길에 들어서는 기본이요 근본
이며, 나의 법전을 가슴에 안고 정독
하는 자, 반석 위에 서서 하늘에 오르
는 찬란한 빛을 보게 되는 영광을 얻
게 됨이니라."
12 사랑하는 나의 아들아!
13 "네, 아버님! 말씀하옵소서."
14 너와 너의 제자들이요, 그리고 나의
법전을 읽고 깨우친 백성 너희들에게
내가 상을 내려 준다 함이니,
15 그들이 하나하나 껍질을 벗을 수 있는
용기를 달라 그리하지 아니하였더냐?
16 이제 너부터 스스로 하나하나 그 껍질
을 벗겨 가는 그와 같은 삶을 살도록
그리하라.
17 욕심에 대한 껍질을 벗기며, 시기하는
마음의 껍질을 벗기며, 질투하는 마음
을 벗기며, 남을 속이는 것을 벗기며,
거짓 하는 것을 벗기며, 모든 너희들
이 해서는 안 되는 그와 같은 껍질을
하나하나 스스로 벗겨 내는 그와 같은
훈련에 돌입하도록 너의 제자들에게
전하라.
18 그리하여 너희들이 하나하나 떼어 버
리고 하나하나 버렸을 때, 너희들의
순수하고 아름다운 원심의 모습을 볼
수 있는 것이니라.
19 너는 나에게 기도하여 나의 은혜로써
그와 같은 영광을 얻으려 하지 말고,
스스로 앉아 조용히 묵상하고 깨달아
하나하나 그 껍질을 벗겨 내도록 그리
하라.
20 도적질하고 싶은 마음의 껍질이요, 오
만한 껍질이요, 자만하는 것이요, 너
자신이 잘났다 하는 마음이요, 그리고
남들 앞에 군림하고자 하는 것,
21 그 모든 나의 뜻에 어긋나는 것이라
생각하는 그것을 하나하나 그 껍질을
네 몸에서 떼어 내며 벗겨 내고 또 벗
겨 내라.
22 벗겨 내는 그와 같은 훈련과 훈련을
거듭하는 속에 너희들이 거듭나는 은
혜를 얻을 수 있음이니 그리 알라, 사
랑하는 나의 아들아!
23 너희들이 거듭나고 다시 나는 것은 그
길밖에 없음이니, 그와 같은 역사 속
에서 너희들이 나의 아들딸로서 거듭
날 수 있는 것이니라.
24 다시 한 번 내가 너희들에게 전함이
니, 너희들의 마음속에 있는 온갖 잘
못된 생각, 그리고 추하고 더러운 생
각의 그 껍질을 하나하나 벗겨 내고
떼어 내고 또 벗겨 내고 떼어 내는 이
와 같은 훈련으로써 너희 자신을 다스

려 가도록 그리하라.
25 너희들이 남들이 봐서 부끄럽고 추한 행동, 그 모든 습관이요, 버릇의 껍질을 하나하나 서서히 벗겨 내도록 그리하라.
26 그것을 벗겨 내는 고통이요, 그 열병이 얼마나 뜨겁고 아픈 것인가 나 여호와는 알고 있음이니라.
27 그러니 그 열병 속에서, 그 뜨거움 속에서 하나하나 벗겨 내는 그와 같은 삶을 살지 아니하면 아니 됨을 알아야 될 것이니라.
28 너희들 가슴속에서 훨훨 타는 그 불꽃이 얼마나 무서운 불꽃인 줄 알겠느냐?
29 모든 재산이요, 모든 물건을 태우는 그 무서운 불꽃보다도 너희들의 욕망의 불꽃이요, 욕심의 불꽃이요, 욕정의 불꽃이요, 남을 시기하는 불꽃이요, 그와 같은 불꽃보다 더 무섭고 무서운 불꽃이 없으며 더 강렬한 불꽃이 없음이니라.
30 그보다 더 뜨거운 것이 없다는 것을 너희들은 알라.
31 그러니 그 모두를 하나하나 벗겨 내는데 최선을 다하라, 사랑하는 나의 아들딸들아!
32 하나씩 둘씩 벗겨 내다 보면 너희들의 본모습을 보게 될 것이니, 그때야말로 너희들이 나에게 와 있는 것을 알게 될 것이니라, 사랑하는 나의 아들딸들아!

9,031 번째 하나님 말씀

2003년 12월 31일 11시 49분

1 사랑하는 나의 아들아!
2 "네, 아버님! 말씀하옵소서."
3 너의 제자들이요, 또한 너 자신이요, 그리고 나의 법전을 읽고 깨우친 만백성 너희들이 어렵고 힘든 그 길을 간다 하여 나 여호와를 원망하지 말며 나를 탓하지 말라.
4 너희들이 어렵고 힘든 그 삶에서 헤어나지 못하고 벗어나지 못한다 하여 나 여호와를 원망하는 마음을 갖는다면,
5 그 자체로써 너희들은 창조주 나 여호와를 공의로운 하나님이요, 정의로운 하나님이요, 참진리의 하나님이라 하는 것을 부정하는 증거임을 알아야 될 것이니라.
6 너희들이 나 여호와를 공의의 하나님이요, 정의로운 하나님이요, 참진리의 하나님이라 한다면,
7 너희들이 오늘 겪는 힘든 삶을 가지고 나를 원망하는 그와 같은 생각이요, 마음 자세를 절대 가져서는 아니 되는 것이 나의 아들을 따르는 제자 너희들이 가야 될 길이라는 것을 알라.
8 너희들이 지금 살아가면서 어렵고 힘든 고통의 그 모두를 겪는 그것은 바로 무엇이더냐?
9 너희들이 너희 자신의 훈련의 그 길을 가야만 하는 것이니라.
10 너희들이 왜 그 어렵고 힘든 훈련을 겪고 가야 하는가 그것도 너희들이 깨우쳐 봐야 될 것이니라.
11 너희들이 지금까지 살아오면서 어떻

게 살았느냐에 따라서 그 훈련을 받게
된다는 것을 잊지 말도록 그리하라.
12 너희들이 지금 고통 속에 훈련을 받으
며 시련 속에 살아가는 것은 지금까지
살아온 잘못된 죄요, 너희들이 악업을
쌓은 그 결과에 대해서 그 모든 훈련
이 이루어지며 너희들이 어렵고 힘든
그 길을 간다는 것을 절대 잊지 말라.
13 그러니 너희들은 어렵고 힘들다 하여
나 여호와를 원망하며, 원망하는 마음
으로써 나를 찾지 말며,
14 항상 너희들이 지은 죄에 대해서 회개
하는 마음으로 악을 버리고 선을 선택
하는 의로운 삶의 길을 가도록 노력하
는 것, 그것이 나로부터 선택된 백성
들이 가야 할 길이며 행해야 될 것임
을 너희들은 알라.
15 모두를 다 바쳐 악의 뿌리를 뽑고 선
함을 행하는 그 길을 나아가라.
16 그렇지 못하면서 나를 원망하는 자는
너희들이 그 죄를 지은 것을 사함 받
는 것을 지금 거부하는 자들과 같음이
니라.
17 고통과 시련이요, 너희들이 겪는 것은
지은 죄의 대가만큼 오늘 그 시련을
겪는 것이니,
18 나 여호와가 너희들에게 어떤 훈련이
요, 시련이요, 그와 같은 것을 내리는
것이 아니라는 것을 나의 법전에 기록
하여 전한 그 내용을 너희들은 알라.
19 나 여호와는 너희들에게 불편부당하
게 공급하며 다스리며 나눠 주고 거둬
들이고 하는 내가 아님이니라.
20 나는 모두 똑같이 너희들에게 내려 주
었음을 알라.
21 다만 너희들의 마음이 청결하며 너 자
신의 악의 뿌리를 뽑아 버리며 선한
생활로써 살아가는 것,
22 그리고 너희들이 그 선한 마음으로써
너희 자신을 그득히 채우는 그와 같은
삶을 어찌 행하느냐에 따라서 너희들
이 나로부터 고통이요, 시련의 길을
가고 안 가는 답이 거기에 있음이니
그리 알라.
23 너희들이 선하게 사는 것, 아름답게
사는 것, 그리하여 천사와 같이 마음
을 비우면 너희 마음에 나 여호와의
성령이 임함이니,
24 성령이 임함으로 인하여 너희들은 못
이루는 축복이 없다는 것을 알아야 될
것이니라.
25 어떠한 형태든 나 여호와가 불편부당
하게 너희들을 다스리지 아니하며, 너
희들이 지은 죄의 대가만큼, 너희가
겪어야 될 만큼 시련과 고통을 겪고
살아가는 것이니,
26 나 여호와가 너희들에게 임의로 그와
같은 훈련과 고통이요, 시련이요, 시
험을 주어 역사하는 것이 아니라는 것
을 너희 스스로 알라.
27 욥이 그와 같은 고통과 시련을 겪은
것은 그를 본보기로 하여 만백성을 깨
우치는 그 길을 보여 주기는 했으나,
28 그 자식의 죽음이요, 그 모든 고통은
그들이 받을 죄요, 그들이 겪어야 될
그와 같은 것이니라.
29 아무리 의인이요, 천사라는 소리를 듣
고 살았다 해도, 그 본심이요, 그가 가
지고 있는 그 죄의 대가는 욥이 겪어
야 되며, 그 자식들이 죽어 가는 것은

그들이 겪어야 되는 그 죄의 대목이
요, 그것이 합당하기에 그와 같은 길
을 갔음이니,
30 이제 나의 아들을 따르는 제자 너희들
은 그와 같은 의미의 깊이를 깨닫는다
면, 오늘의 너희들의 시련과 고통 그
모두가 무엇이겠느냐?
31 너희들이 지은 죄의 대가를 지금 치른
다 생각하고 그리 가라.
32 그것이 너희들의 오늘의 삶의 전부이
니, 회개하고 청결한 마음으로 살아가
는 데 최선을 다하는 그와 같은 삶으
로 변하도록 그리하라.

9,032 번째 하나님 말씀

2003년 12월 31일 11시 53분

1 사랑하는 나의 아들아!
2 "네, 아버님! 말씀하옵소서."
3 너희들이 이 세상을 살아가면서 가장
소중하다는 앞을 보는 눈을 멀게 했다
하면, 너희들의 눈을 멀게 하여 앞을
보지 못하게 만든 사람을 얼마나 원망
하며 저주하겠는가?
4 모든 백성은 평생 동안 살아가면서 그
를 원망하며, 그로 하여금 너희들이
겪는 불이익이요, 고통의 모두를 그를
원망하는 그와 같은 삶으로 살아갈 것
이며, 또한 그와 같은 대가를 치르고
자 하는 그 마음을 가질 것이니라.
5 그러나 나의 선택된 백성들이요, 나의
아들을 따라가는 백성, 또한 나의 아
들딸 너희들이 가지고 있는 그 마음의
자세가 무엇이어야 하는지 알겠느냐?
6 너희들의 눈을 멀게 한 그 사람을 원
망하는 마음이 아니요, 이 세상의 더
럽고 추하고 봐서는 아니 되는 그 세
상 것을 보지 아니하도록 만들어 준
그 사람에게 감사하는 마음으로 돌릴
수 있는 그와 같은 마음을 가져야 될
것이니,
7 과연 너희들이 그와 같은 마음으로 생
각하고 살아갈 수 있겠는가?
8 너희들의 귀를 듣지 못하게 만들면,
세상에 그와 같은 억울하고 분한 일이
어디에 있느냐며 탄식하는 사람이 될
것인가, 그리고 듣지 못하여 답답하고
어리석음으로 인하여 세상에 불이익
을 당하며 살아가는 것을 복수하는 마
음을 갖겠는가?
9 네가 들어서는 안 되는 더러운 말들이
요, 더러운 소리를 안 듣게 해 준 사람
이라 하여 감사할 수 있는 그와 같은
마음을 가지고 살아가는 것이 나의 아
들을 따르는 제자들이요, 나의 법전을
읽은 백성들이요, 또한 나의 아들 네
가 가야 할 길임을 너는 알라.
10 선지자요, 나의 아들인 너는 그와 같
은 것을 어찌 생각하는가?
11 너는 무엇인들 양보하지 못하며 무엇
인들 사랑하지 못하는 것이 없는 너이
니라.
12 그러니 네 눈을 멀게 하고 귀를 멀게
했다 해도, 너는 그와 같은 생각으로
써 그를 사랑하는 마음으로, 그리고
감사하는 마음으로 살아가는 것이 나
의 아들 네가 가야 할 길임을 너는 알
라.
13 네 눈을 멀게 하며 네 귀를 막아 네가
인간으로 생각할 때 불행한 삶을 살아

가게 한 그와 같은 사람을,
14 추하고 더러운 세상을 보지 아니하며
추하고 더러운 소리를 듣지 않게 만든
그에게 감사하다는 마음을 가지고 네
가 살아간다면,
15 이 세상에 무엇인들 양보하지 못하며,
누군들 사랑하지 못하겠는가?
16 그러니 사랑하는 그 자체가 그와 같음
을 너는 알아야 될 것이니라.
17 그러니 너는 이제 살아가면서 모든 백
성들에게, 너의 제자들에게 '내가 너
를 사랑하며 내가 너를 소중히 생각한
다.'는 그와 같은 말과 행동도 해서는
결코 아니 됨이니라.
18 그와 같은 행위를 하는 것은 네가 편
애하는 것이요, 모든 백성을 사랑하는
것이 아니니라.
19 정녕 네가 모든 백성을 사랑한다면,
그 누구의 행동이요, 살아감을 칭찬하
며 다스리는 그와 같은 말을 하지 아
니하는 것이 네가 바로 모든 백성을
똑같이 봄이니라.
20 칭찬하는 것도 네 마음이 흔들림이며,
편애하는 마음이요,
21 미워하는 마음 또한 네가 편애하며 네
마음이 갈라진 것이니,
22 그보다 칭찬하는 마음이 더 갈라지며
더 편애하는 마음이 있다는 것을 알라.
23 마음을 비우지 못한 것이 너이니라.
24 그러니 그와 같은 모두를 다 똑같이
사랑하고 네가 편애하지 않는 마음으
로 바로 섰을 때, 너는 나의 아들로서
거듭남이니, 그리 알도록 하라, 사랑
하는 나의 아들아!

9,033 번째 하나님 말씀

2003년 12월 31일 11시 56분

1 사랑하는 나의 아들아!
2 "네, 아버님! 말씀하옵소서."
3 내가 나의 법전에 일찍이 기록하여 너
에게 전하였음이니라.
4 사과 하나를 도적질한 자, 그 주인에
게 열 개의 사과를 갖다 바치며, 그래
도 그것으로써 너희들이 용서를 받을
수 없다 하였음이니라.
5 그 주인에게 반드시 용서를 빌어 그
죄에 대한 용서를 받아야 하는 것이
너희들이 가야 할 길이며, 그와 같이
해야 한다 하였음이니라.
6 그리했을 때 너희들의 그 모두가 제로
가 된다 하지 아니하였더냐?
7 이 무서운 뜻이 무엇이더냐?
8 너희들은 그저 이것을 하나를 훔쳤을
때 열 배로 갚으면 된다 그리 생각할
것이니, 그와 같이 생각해서는 아니
될 것이니라.
9 너희들은 잘 들어 깨우치라.
10 너희들이 하나의 도적질을 했을 때 열
개를 갚음으로써 열 배로 갚은 것으로
사한다 하였음이니,
11 너희들이 이 세상을 살아가면서 남을
욕하는 것, 그것도 또한 열 배로 받는
다는 것을 알라.
12 너희들이 남을 미워하고 남을 시기한
만큼 그와 같이 열 배로 도로 받게 되
는 것이며, 반드시 받는다는 것을 잊
지 말도록 그리하라.
13 너희들이 남이 살아가는 것을 날카롭
게 비평하는 자, 그리고 남의 흠집을

들추어 말하는 자, 제 흠집의 열 개를
반드시 누군가는 들추어내며 저를 날
카롭게 평가하고 비평한다는 것을 절
대 잊지 말아야 될 것이니라.
14 그러니 네가 그와 같은 이치를 안다면
너의 제자들에게 이를 잘 심어 주고
깨우쳐 줘야 될 것이니,
15 그들이 살과 뼈를 붙여 깨닫는 그와
같은 현명함으로 가라 하였음을 너는
잊지 말라.
16 너희는 열 배의 날카로움으로써 모두
다 되돌려받는다는 것, 그와 같은 의
미를 네가 알아야 될 것이며, 너의 제
자들은 알아야 될 것이니라.
17 그러니 열 배로 받는다는 하늘의 이치
를 이제는 알았다면, 너희들이 말하고
행동하는 데 있어서 조심하며 잘 다스
려 나가야 될 것이니라.
18 열 배로 받는 그 모두를 다 어찌 감당
하며, 너희들이 나에게 와 심판대에
섰을 때 악보다 선이 무거워 밑으로
내려가 나에게 오르는 그와 같은 삶을
어찌 살 수 있다 생각하느냐?
19 하나의 물건을 훔쳤을 때 열 개를 갖
다 주고 용서를 받듯이,
20 너희들이 하나를 욕하고 시기하고 질
투하였을 때, 너희들이 그 대신 열 배
로 그리 받음이니,
21 보이지 않는 그것을 너희들이 받음이
니, 그는 용서를 빌 수도 없는 것이 너
희들의 운명이니,
22 열 개의 사과를 갖다 바치는 것보다,
너희들이 하나의 욕을 하여 열 배로써
그 대가를 받는 것이 더 무섭고 큰 죄
임을 알아야 될 것이니라.

9,034 번째 하나님 말씀

2003년 12월 31일 12시 02분

1 사랑하는 나의 아들아!
2 "네, 아버님! 말씀하옵소서."
3 너희들이 살아가면서 나 여호와의 뜻
이라 하여 인간의 생각으로써 모두를
결정짓고 반영하는 그와 같은 행동을
하지 말라 하였음이니라.
4 이 세상에 수많은 백성들이 나로부터
명받은 자들이라 하며, 내 뜻을 따라
서 내 생각에 의하여 저희들이 역사한
다 함이니,
5 그 인간들이야말로 얼마나 잘못 판단
하며 얼마나 오판의 역사를 이루는가?
6 그리고 나의 피조물 만백성이 하늘에
오르는 참진리의 길을 보지 못하게 하
며, 비진리의 길에서 수없이 지옥으로
떨어지게 하는 그와 같은 형국을 지금
이루는 것이 그들이 아니더냐?
7 사랑하는 나의 아들아, 나 여호와가
너희들의 생각으로써 그 모두를 결정
지으며 행동하지 말라 함이 무엇인 줄
알겠느냐?
8 이제 나의 아들을 따르는 제자 너희들
은 묵상과 기도로써 너희들이 모두를
다 나 여호와의 뜻이라 그리 결정하여
행동하는 행위를 하지 말라.
9 의사라는 사람이 환자를 진단함에 있
어서 그가 오진하여 잘못 평가하여 그
를 잘못 처방했을 때, 그는 생명을 잃
는 그와 같은 일이 부지기수이니,
10 그와 같은 자는 육의 백 년도 안 되는
생명의 삶을 잃게 하는 것이요, 그 자
신도 얼마나 분하고 억울하며 잘못되

었더냐?
11 그러나 너희들은 여기서 알아야 될 것
이니라.
12 인간인 너희들의 생각으로써 판단하
며 결정한 것을 나 여호와의 뜻이라
생각하여 행한다 하면 너희들은 영혼
의 판단을 잘못하게 됨이니라.
13 그러니 영혼의 판단을 잘못하는 것은
무엇이더냐?
14 영원한 생명이요, 너희들이 거듭날 수
있는 그와 같은 은혜와 축복을 모두
잃는 것이니, 그리해서 내가 너희들에
게 인간의 생각으로써 모든 것을 결정
짓는 것을 함부로 나 여호와의 뜻이라
그리하지 말라 함이니라.
15 사랑하는 나의 아들아, 너희들의 생각
으로 판단하기에 틀렸다고 생각하는
것, 그리고 너희들이 지금 보았을 때
전혀 그것은 답이 아니라고 생각하는
것, 인간 세상에서 보는 것이 정답이
아니라 생각하는 것도,
16 나 여호와가 하늘나라에서 본다면 그
것은 정답일 수가 있으며, 내가 역사
하고자 하는 뜻이요, 내가 이루고자
하는 그 길에 들어서 있는 것임을 너
희들은 알아야 될 것이니,
17 그와 같은 것을 알지 못하는 자들이
스스로 평가하지 말아야 될 것이니라.
18 지금의 모든 종교 집단이요, 지도자라
하는 백성들, 그들은 또한 이와 같은
의미를 너무나 잘 알고 있음이니라.
19 그러나 그들은 그를 의식하지 아니하
고 행하지 아니하고 가고 있느니라.
20 그러니 너희들은 네 생각으로 모두를
결정하지 말라 하는 그 뜻을 알았다
면, 앞으로 너희들이 살아가면서 그를
지키고 행해야 될 것이니라.
21 현재 너희들이 보는 답은 틀림없이 틀
렸으니, 이는 정답이 아니라 그리 볼
수 있는 답들이 수없이 있음이니라.
22 그러나 너희들이 틀렸다고 하는 그 답
이 세월이 지난 후에 보면 정답일 수
있으며 그것이 역사하는 것이라는 것
을 알 수 있으며,
23 그리고 그때 그것이 왜 정답인가 하는
그 의미를 너희들은 세월이 흐른 다음
에 알 수 있는 것임을 알아야 될 것이
니라.
24 이 세상에 살아가는 모든 백성들이 겉
으로 보기에는 천사와 같은 마음이요,
아름다운 모습으로 그와 같은 형체를
가지고 살아가는 것이니, 그는 바로
무엇이더냐?
25 그와 같은 자들 속에 사탄이 들어 있
으며 사악한 마음을 가지고 있는 자들
이 부지기수며 수없이 있음이니라.
26 그러니 너희들이 겉만 보고 천사와 같
은 자요, 존경할 자라 하여 그 모두를
맡기고 따라갔을 때, 너희들의 인생은
그것으로써 지옥 불에 들어가는 그와
같은 형국이 됨이니라.
27 그러니 세상사에 인간들이 속이고 사
는 것, 거짓 하고 사는 것, 겉으로는
너희들이 보기에 다시 없는 온유한 사
람인 것 같으나, 속에는 사악한 마음
이 도사리고 있는 것을 알 수 없듯이,
28 너희들이 인간의 마음으로 모두를 결
정하고 역사하도록 그리하지 말라, 사
랑하는 나의 아들딸들아!

9,035 번째 하나님 말씀

2003년 12월 31일 18시 45분

1 사랑하는 나의 아들아!
2 "네, 아버님! 말씀하옵소서."
3 지금 내가 너희들에게 말하여 전하였느니라.
4 너희들이 천금을 세상에 내놓아도 제 이름을 밝힘으로써 나에게 와 상을 받을 것이 없으며 나로부터 은혜를 받을 것이 없다 너희들에게 일찍 그를 깨우쳐 전하였음이니라.
5 그러니 지금의 모든 종파요, 종교 집단의 지도자들이 복음이요, 복음서를 가지고 저희들이 세상 방방곡곡을 다 뛰고 있음이니라.
6 그러니 그들의 마음 자세가 어떠한 것인가?
7 정녕 저희들이 만백성을 구하는 희생과 봉사로써 복음을 전하는 것인가?
8 그렇지 않으며 저희들의 단체요, 저희 조직의 명에 의하여, 저희들의 살아가는 방법과 저희들의 어떠한 이익을 추구하는 속에서 모두를 이끌어 간다면 이것은 정녕 잘못되었다는 것을 알아야 될 것이니라.
9 내가 너희들이 세상에 천금을 내놓고도 제 이름을 밝히는 자, 나에게 올 때 그 공이 없다 하였거늘,
10 너희들이 믿음이요, 하늘에 오르는 길이요, 성서요, 복음이요, 그와 같은 것을 가르치는 종교 집단의 지도자 너희들이 가르치는 데 진정한 희생과 봉사가 아니라,
11 어떠한 대가를 거둬들이기 위해 그리하며 그를 갈취한다면, 이는 정녕 나의 백성이 아니요, 사탄의 자식이라는 말을 알겠느냐?
12 내가 너희들에게 남에게 이유 없이 봉사하는 그것도 자랑해서는 아니 되며, 또한 너희들이 칭찬을 받을 것을 생각해서 천만금을 세상에 내놓아도 아니 된다 하였으며, 하늘에 와 받을 상이 없다 하였거늘,
13 하물며 나의 피조물 만백성을 가르치고 인도한다는 종교 집단이요, 지도자요, 믿음의 길을 가는 자, 그와 같은 자들이 설교요, 강론을 하면서 대가를 받아들이며 무엇인가를 챙긴다 하면,
14 이것이 정녕 너희들이 나의 아들딸로서 봉사하는 자며 내 명을 받아 역사하는 백성이란 말이더냐?
15 너희들이 이방인이라는 모든 백성들에게도 누구든 남을 위해 봉사하고 아름다운 일을 했을 때 자랑하지 말며, 그를 내세우지 말며, 남에게 알리지 말라 했음이니라.
16 그와 같은 자 나에게 받을 상이 없다 하였으니, 더구나 너희들은 그와 같은 것을 실천하고 가야 할 백성들이요, 나로부터 선택된 백성들이라 하니,
17 나로부터 선택된 은혜요, 영광이 얼마나 위대한 것인가 잘 알고 있는 너희들이 설교요, 강론하면서 어떠한 대가를 받고 그를 거둬들인다면, 과연 이것이 어떠한 것이냐?
18 이는 상상할 수 없는 사악한 자들이요, 사악한 중에서도 가장 사악한 자들이 그와 같은 행위를 할 수 있는 것이지, 나의 백성들로서는 절대 할 수

없는 것이니라.
19 그러니 너희들이 세상에 복음을 전하
며 만백성을 구한다 하여도 너희들의
이해관계가 얽힌 그와 같은 마음의 자
세로 역사하는 것은 나와 관계없는 것
이며,
20 내 백성이 하는 것이 아니요, 사탄의
후예들이요, 사탄의 후손이요, 사탄의
자식들이 하고 있는 것이라는 것을 너
희들은 알아야 될 것이니라.

9,036 번째 하나님 말씀

2003년 12월 31일 18시 50분

1 사랑하는 나의 아들아!
2 "네, 아버님! 말씀하옵소서."
3 지금의 종교 집단과 지도자 그들은 나
여호와가 존재함을 잘 알고 있음이니
라.
4 그리고 저희들이 나 여호와의 뜻을 거
역했을 때 나 여호와로부터 두려움이
무엇인가를 그들은 너무나 잘 알고 있
음이니라.
5 그러니 저희들이 살아가면서 죄에 대
한 심판이 무엇인가 그들은 알고 있으
며, 심판의 결과가 얼마나 무섭고 두
려운가를 그들은 잘 알고 있음이니라.
6 그러니 저희들이 몇 시간 동안에 죄를
지으며 몇 시간 동안에 사악한 행동을
하는 것, 그 자체도 죄요, 죄가 얼마나
무서운 것인가 알고 있음이니라.
7 쾌락의 죄에 의하여 저희들이 그와 같
은 몇 시간의 죄를 짓는다 해도 저희
가 영원히 구원받지 못하며 나에게 올
수 없다는 것을 그들은 너무나 잘 알
고 있느니라.
8 그리고 그와 같은 죄가 얼마나 두렵고
무서운 것인가 잘 깨우쳐 알고 있는
것이 지금의 종교 집단이요, 믿음의
길을 가는 백성들이니라.
9 인간으로서 죄를 지으면 저희들이 인
간 세상에서 다 갚지 못했을 때, 다음
의 세상에서 지은 죄의 대가를 치러야
된다는 그와 같은 이치도 너무나 잘
알고 있는 자들이니라.
10 그러나 잘 알면서도 스스로 벗어나는
노력을 하지 아니하는 것이 지금의 종
교 집단이요, 그 백성들이니라.
11 그와 같이 저희들의 죄요, 심판이요,
쾌락의 죄로써 몇 시간의 죄를 짓는다
해도 구원받지 못한다는 무섭고 두려
운 것, 그리고 나로부터 심판을 받아
저희들이 구원받고 구원받지 못하며,
천국과 지옥으로 그와 같이 분류되는
두려움을 알면서도,
12 그들이 어찌하여 그와 같은 노력을 하
지 아니하며 스스로 벗어나려 하지 않
는 것인지 알겠느냐?
13 지금의 종교 집단이요, 지도자들이 잘
못 가르쳤기 때문이니라.
14 인간 세상에서 짓는 어떠한 죄도 너희
들이 그저 손으로 지은 교회요, 성전
에 와서 눈물 콧물 흘리며 회개하고,
저는 예수를 믿으며 주 예수가 구세주
라 그리 말하고 울고불고하며 그를 찾
기만 하면 그 보혈로써 죄 사함을 얻
게 되며,
15 너희들은 깨끗이 표백되어 구원을 받
는 자가 되며, 그리고 영원히 천국의
나의 나라에 갈 수 있다, 그리고 오를

자격이 있는 것이라 그리 가르쳤으니,
16 나의 백성들이 무섭고 두려운 것을 알
면서도 그 모두를 스스로 행하고 역사
하여 다스려 나가지 아니하는 것은 바
로 그들에게 너희들이 잘못 가르친 오
늘의 가르침 때문이니라.
17 그러니 그 죄를 과연 누가 책임질 것
이며 그들이 지옥 불로 떨어지는 것을
누가 그 책임을 감당해야 된단 말이더
냐?
18 나 여호와가 다시 나의 아들을 통하여
너희들에게 전함이니라.
19 너희들은 모든 것을 행한 대로 그 대
가요, 거기에 대해서 벌과 상을 받는
것이니, 모두는 행함이 중요하다는 것
을 절대 잊어서는 아니 될 것이니라.
20 너희들이 구원을 받고 못 받는 것은
너희들의 행함에 따라서 그 심판의 결
과로 역사하는 것이며, 또한 너희들이
나의 아들 예수의 보혈로써 구원을 받
았다 말하기 전에 예수가 살아왔던 그
삶을 그대로 따라가는 것, 그리고 그
대로 행하는 것이 얼마나 중요한 것인
가 너희들은 알아야 될 것이니라.
21 나 여호와는 이와 같은 것을 나의 160
권의 법전 속에 수없이 너희들에게 기
록하여 전하고 전하였음이니,
22 내가 얼마나 더 강조하며 내가 얼마나
더 귀에 듣기 어려울 정도로 기록하여
내려야만 너희들이 깨우칠 수 있단 말
이더냐?
23 너희들은 모두를 다 알고 있는 백성들
이니라.
24 그 모두를 다 알고 있는 백성들이 지
금 스스로 노력하여 벗어나지 아니하
며, 그 죄를 사하려 하지 아니하여, 고
통스럽고 어려운 길을 가지 아니하고,
25 종교 집단의 지도자들이 가르쳐 준 쉽
고 넓은 편안한 길을 가고자 하는 것
이 그들이 가는 길이니,
26 그리하여 그 모두를 다 지옥 불로 인
도하는 것이요, 사탄에게 나의 백성들
을 팔아넘기는 것이 오늘의 종교 집단
이요, 지도자라 함을 너희들은 잊어서
는 아니 될 것이니라.

9,037 번째 하나님 말씀

2003년 12월 31일 18시 54분

1 사랑하는 나의 아들아!
2 "네, 아버님! 말씀하옵소서."
3 나 여호와가 사랑이요, 그 사랑을 실
천하고 행하며 또한 더불어 베푸는 삶
을 사는 것이라 하였음이니, 사랑하며
베푸는 것이 과연 무엇이라 너는 말하
고 있느냐?
4 "네, 아버님! 저는 사랑과 베풂을 그
렇게 생각하옵나이다.
5 저희들이 생활 속에서 버릴 수 없어
몸부림치는 악습이요, 그리고 저희들
의 마음속에 도사리고 있는 욕심의
그 뿌리를 뽑을 수 있는 것이며,
6 저희들이 인색하기에 끝이 없어 사랑
할 줄 모르며 이웃을 볼 줄 모르는 그
마음의 모두를 다스리고 그 마음을 깨
우칠 수 있으며 그를 변화시킬 수 있
는 것이 사랑이며 베풂이라 그리 생
각하옵나이다."
7 그러니라, 사랑하는 나의 아들아!
8 사랑과 베풂이란 그러하니라.

9 너희들이 생활 속에서 버릴 수 없는 추하고 더러운 것들, 그리고 너희들이 용서할 수 없는 것, 그리고 너희 몸에서 용솟음치는 그 욕심이요, 그 마음이요, 그 모두를 다 덮을 수 있는 것이 사랑이니라.
10 그리고 베풂이란 무엇이더냐?
11 너희들의 인색한 마음이요, 모두를 놓을 수 있으며, 어렵고 불쌍한 사람을 도울 수 있는 그 마음을 성장하게 하는 것이 바로 베풂이니라.
12 그러니 사랑이요, 베풂이 너희들이 살아가면서 어떠한 형태든 모두를 이길 수 있으며 역사할 수 있는 것이라 그리하였음이니라.
13 그리고 또한 너희들이 살아가는 그 마음의 자세요, 용서하고 사랑하는 것은 원수를 사랑하는 그와 같은 마음을 갖고 살라 하였음이니라.
14 또한 모두를 다 바쳐 사랑을 하며 너희가 원수를 사랑하는 것보다 더 귀하고 소중한 것이 내가 뭐라 말하였느냐?
15 내가 너의 제자들에게 깨우쳐 전하기를, 너희들이 원수를 사랑하는 것보다 더 위대하고 큰 것을 행하는 것이 무엇이라 말하였느냐?
16 "네, 아버님께서 그리 말씀을 주셨사옵나이다.
17 원수를 사랑하는 것보다 더 위대하고 큰 것은, 저의 제자들과 제가 지키고 나갈 것은, 거짓말을 하지 않는 것, 거짓된 행위를 버리는 것, 그것이 원수를 사랑하는 것보다 더 큰 사랑이라 그리 말씀을 주셨사옵나이다."
18 그러니라, 사랑하는 나의 아들아!
19 거짓된 행위를 하지 않는 것, 거짓된 역사를 하지 않는 것, 그것이 하늘을 향하여 한 점의 부끄럼이 없는 삶이니라.
20 그러니 너희들이 원수를 사랑하는 그 마음보다도 거짓되지 아니한 마음을 가지고 사는 것, 그 마음이 더 소중하고 위대함을 너희는 알라 하였음이니라.
21 그러니 그를 지키고 행하도록 그리하라, 사랑하는 나의 아들딸들아!

9,038 번째 하나님 말씀

2003년 12월 31일 18시 58분

1 사랑하는 나의 아들아!
2 "네, 아버님! 말씀하옵소서."
3 너희들이 살아가면서 몸에 상처가 남이니라.
4 그러나 너희들이 그 상처가 난 것을 치료하지 아니하며 그대로 놔둔다면 너희들의 몸에서 상처는 서서히 그 부위가 넓어지고 커지며, 결국 그 상처는 썩어 가는 그와 같은 형태로 변하지 않더냐?
5 그러니 너희들은 그와 같은 상처가 썩어짐으로써 결국 어떠한 결과가 되는가?
6 그를 다스리고 치료하지 아니한다면 그 썩은 부위는 너희들의 온 몸을 썩게 만들 것이며 너희들의 목숨까지도 앗아 가는 그와 같은 결과를 가져올 것이니라.
7 그러니 사랑하는 나의 아들딸들아! 내가 너희들의 마음속에 있는 악을 뽑

아내며 그 악을 버리며, 너희들이 천
사와 같이 하얀 마음을 가지라 함이
무엇인 줄 알겠느냐?
8 악이라는 것이 그러하니라.
9 악이라는 그 마음이요, 그 악을 뽑아
내고 잘라 버리는 용기가 없다면, 너
희들이 완전히 네 몸에서 제거하지 못
한다면,
10 너희들의 몸과 마음에서 서서히 그 악
의 싹이 자라기 시작함이니라.
11 처음에 자랄 때는 악의 씨앗이 아무것
도 아니요, 별것 아닌 것 같으나, 그
악이 자라고 자라면 결국 어떠한 것이
더냐?
12 너희들의 몸이 썩어서 죽는 것처럼,
부패하여 생명을 잃는 것처럼, 악은
결국 자라서 너희들의 몸과 영혼을 망
가트리며 그 모두를 무너트리는 것이
악의 존재이기 때문에,
13 그를 너희들이 뽑아 버리고 잘라 버리
라는 나 여호와의 뜻이 여기 있음을
너희들은 알아야 될 것이니라.
14 이 악을 다스리는 것은 어떠한 것이던
가?
15 아무것도 그 악을 다스릴 수 없음이니
라.
16 선을 행함이요, 선한 마음으로만 그를
다스릴 수 있으니 그리 알라, 사랑하
는 나의 아들딸들아!
17 악이 얼마나 무서운 줄 알겠느냐?
18 무쇠가 한번 부식되기 시작하면 전체
가 부식되어 쓸 수 없듯이, 아무리 잘
만든 명검이라도 한쪽에 부식이 시작
된다면 그 명검 또한 쓸 수 없고 버려
질 수밖에 없는 것이 부식되고 썩어져
가는 것이니라.
19 그보다 더 무서운 것이 악이 너희들에
게 존재해 그 씨앗이 자라기 시작하여
너희들의 몸과 영혼을 망가트리고 무
너트려, 너희들이 거듭나는 길이요,
나에게 오는 그 길을 막는 것이니,
20 너희들이 이를 잘라 버리는 데 주저해
서는 아니 될 것이니라.
21 그러니 나의 사랑하는 백성 너희들의
마음속에 지금 악의 씨앗이 있음이니,
그것이 자라고 있음이니라.
22 그 자라는 악의 싹을 자르지 못하는
너희들을 보는 내 마음이 어떻겠느냐?
23 그 모두를 뽑아내고 스스로 너희들이
잘라 내야 되는 것이니, 그 누구도 역
사해 줄 수 없는 것임이니 그리 알라,
사랑하는 나의 아들딸들아!

9,039 번째 하나님 말씀

2003년 12월 31일 19시 07분

1 사랑하는 나의 아들아!
2 "네, 아버님! 말씀하옵소서."
3 지금 살아가는 모든 백성들이요, 믿음
의 길을 가는 그 백성들이 나 여호와
의 은혜 속에서 산다 저희들은 말하
며, 그 은혜 속에서 모두가 역사한다
그리 말하느니라.
4 그러나 정녕 그들은 내가 너희들에게
내린 그 은혜요, 그 축복을 모르는 백
성들임이니라.
5 너희들과 그들과의 그 차별화가 무엇
이던가?
6 그들은 나에게 기도하며 뭐라 말하는
가?

7 소원을 말하며 무엇을 이루어 달라 기도하니, 과연 내가 내려 준 은혜가 태산보다 더 크고 높다 하면 내 앞에 저희들이 무릎 꿇고 울고불고하며 무엇을 더 역사해 달라 이루어 달라 기도할 수 있겠는가?

8 그러니 그들은 은혜를 모르고 사는 자들이니라.

9 그러나 지금 나의 아들을 따르는 선택된 제자들이요, 그 백성 너희들은 그래도 나에게 무엇을 달라 이루어 달라 감히 입을 열지 아니하며,

10 '저의 죄를 용서해 주옵소서.' 하고 두 무릎 꿇고 기도 드림이니, 그것이 바로 너희들과 그들의 차이이니라.

11 은혜 속에서 아는 백성과 은혜 속에서 모르고 사는 백성의 한계를 너희들은 이제 구분할 수 있을 것이며 그를 구분해야 될 것이니라.

12 마음속으로 간직하며 마음속으로 구분하며, 너희들은 은혜 속에서 산다 말하면서 은혜를 모르는 백성들의 한계를 벗어나도록 그리하라.

13 지금의 살아가는 모든 백성들이 어찌하더냐?

14 저희들이 죄를 지으면서 저 자신이 죄를 짓는 것을 모르며 죄인 줄 모르고 살아가느니라.

15 그러니 그들이 얼마나 많은 나의 백성들을 모두 다 희생시키면서 저희들이 제왕이요, 높은 자가 되는가?

16 내가 성서에 기록하여 말하기를, 너희들은 대우를 받는 자가 아니요, 대우를 해 주는 백성으로서 만인의 종이 되며,

17 죄 있는 자요, 죄인까지 너희들이 사랑하는 마음으로 살아가는 것이 나 여호와의 뜻이라 하였거늘,

18 과연 그들이 오늘 살아가는 모습이요, 그 형태가 과연 어떠하더냐?

19 그리고 내가 지도자라는 것은 유리로 비춰 봐 한 점의 부끄럼이 없는 삶을 살아야 한다 수십 번 전했으니, 과연 그들이 그리 살아가는가?

20 유리로 비춰 봐서 부끄러움이 보인다면, 제가 그와 같은 속에서 살아가면서도 부끄러운 줄 모르는 자는, 그는 죄를 지으면서 죄인 줄 모르고 살아가는 어리석은 자라는 것이라는 것을 알라.

21 지금의 모든 종교 집단 그들이 가는 길은 무엇이더냐?

22 나를 찾으면서 나의 뜻에 의하여 사는 것이라 말하느니라.

23 그러나 저희들이 하는 행위는 내 뜻대로 살아감이 아니요, 사탄의 지시를 받아 사탄의 역사를 하는 데 살아가는 자들임을 알라.

24 나의 아들을 따르는 제자 너희들이 하나의 잘못된 껍질을 벗기 위하여 얼마나 몸서리치는 고생과 얼마나 거듭나는 고통 속에서 너희들 자신을 하나하나 다스려 나가는가?

25 과연 지금의 백성들이 너희들의 십 분의 일이라도 고통 속에 반성하며 회개하는 마음으로 살아간단 말이더냐?

26 너희들이 그들보다 낫다 하나 너희들도 아직 미숙하니라.

27 그러니 너희들도 더 전진하며, 잘못된 껍질을 하나하나 벗겨 내어 완전한 생

수가 되는 그 길을 가기 위하여 발버
둥치니,
28 그와 같이 하지 못하는 자들이 나를
찾으며 내 뜻대로 살아간다 말함이니,
그들이 과연 내 뜻대로 살아가는 백성
들이더냐?
29 그들은 사탄의 지시를 받고 살아가는
자들이니라.
30 지금 무엇을 이루어 달라, 무엇을 해
달라 애원하는 그와 같은 백성들, 나
는 너희들에게 그를 들어줄 수도 없으
며 들어주지 아니하는 여호와라 하였
음이니,
31 그것을 이루어 준다 하며 이루어 줄
것처럼 나의 백성들을 거짓으로 이끌
어 가는 자들이 바로 사탄이요, 사악
한 자들이 아니더냐?
32 너희들이 이웃을 위하여 형제를 위하
여 나의 법전을 읽고 깨우쳐 너희들이
노력함으로 마음을 깨끗이 다스려 하
늘에 오르는 길을 볼 수는 있으나,
33 어찌하여 너희들이 육의 역사를 이룬
다 하여 그들을 현혹하여 나의 백성들
을 끌고 가는가?
34 이것이 너희들과 그들의 차이점임을
알아야 될 것이니라.
35 내가 수없이 너희들에게 말하였느니
라.
36 너희들의 마음속에 교회요, 성전을 지
으라 하였음이니라.
37 너희들이 천사와 같이 아름답게 변했
을 때 나 여호와의 성령이 거기에 임
하니 그게 바로 나의 성전이요,
38 나의 성전 속에 네가 있으며 네 속에
내가 있다 하는 그 의미를 너희들은
모르느냐?
39 그러한 자들이 지금 내가 헐어 버리라
는 그 교회를 더욱 크게 역사하며, 그
곳에서 구원의 바탕이라 하여 그리 가
르치며,
40 그곳에 오는 자만 구원을 받는다 그리
가르치는 오늘의 그 현실이 과연 나
여호와의 뜻에 의하여 역사하는 것이
라 하는가?
41 그들이 내가 하늘에 존재한다 그리 말
을 하나, 그들의 마음속에 정녕 두려
움과 무서움을 가지고 있는가?
42 그와 같은 마음을 갖지 아니한 자들이
그들임을 너희들은 알아야 될 것이니
라.
43 너희들은 천 년에 걸쳐 하늘에서 이루
어진 것같이 이 땅에서 이루어지는 그
기틀을 잡기 위해서 너희들 자신을 버
리며,
44 너희가 버리기 어렵고 힘든 그 악습을
하나하나 버리며, 만백성에게 본보기
요, 빛이 되고자 피나는 노력을 하고
가고 있음이니,
45 과연 오늘의 믿음의 길을 가는 백성들
이 그러하던가?
46 그들은 말한 자리에서 말을 뒤집으며,
저희들이 천사와 같이 성인인 것처럼
말하나, 그들은 행동함에 한 발짝만
뒤로 돌아서면 언제 그랬냐는 듯이 인
간의 형태보다도 더 사악한 자로 변하
여,
47 제가 군림하고 대우받고 제왕적인 자
세로 가고자 하는 것이 오늘의 종교
집단의 지도자요, 그리고 돈으로 산
더 높은 직급을 가진 자들이요, 그리

고 구원을 받았다는 오만한 그 신도들
의 자세이니,
48 그게 아니라면 나의 법전이 잘못된 것
이며, 이 법전이 세상을 덮을 수 없다
는 것을 너희들은 믿어도 될 것이니라.
49 그렇지 아니하고 나의 법전이 세상을
덮으며 이와 같은 말이 맞다면, 너희
들은 지금이라도 바로 깨우쳐 바로 돌
아서며,
50 너희들의 머릿속에 박혀 있는 고질병
을 고치는 그와 같은 현명함을 얻지
아니하면 너희들이 나에게 올 수 없다
는 것을 알라 전하라.

9,040 번째 하나님 말씀

2003년 12월 31일 19시 13분

1 사랑하는 나의 아들아!
2 "네, 아버님! 말씀하옵소서."
3 너희들이 깨끗하고 청결하여 나의 성
령이 너희들에게 임한다면 과연 그것
이 무엇이더냐?
4 나 여호와의 성령이 너희들에게 임하
는 것은 어떠한 나의 백성이든 깨끗하
고 청결해진 백성이어야만 나의 성령
이 임할 수 있으며,
5 추하고 더러운 곳에 나의 성령이 결코
임할 수 없다 함을 너희들은 알아야
될 것이니라.
6 그러니 그것이 곧 교회요, 성전이니,
하얀 눈처럼 변화되고 깨끗이 씻어진
너희들 자신이 곧 내가 원하는 교회
요, 성전임을 너희들은 알아야 될 것
이니라.
7 사랑하는 나의 아들딸들아! 너희들이
청결해지고 깨끗해진 그곳에 나의 성
령이 임하는 것, 그것이 바로 성전이
요, 교회라는 것을 너희들은 절대 잊
지 말라.
8 성령이 임한 백성은 너희 자신이 나의
성전이요, 나의 성전에 너희가 내 안
에 있다 함을 알아야 될 것이니라.
9 성령이 임한 백성은 너희 자신이 나의
성전이요, 나의 성전 안에 너희들이
있음이니, 이 모두가 다 하나가 되어
이룬다는 것을 너희들은 알아야 될 것
이니라.
10 그리하여 내가 이와 같은 뜻을 성경에
기록하여 전한 것은 오늘의 너희들을
위함이요, 너희들이 역사하는 시대에
너희들에게 힘과 용기를 주기 위하여
기록된 내용임을 알라.
11 수천 년 동안 흘러온 나의 믿음의 길
을 가는 백성들은 정녕 너희들과 같은
마음으로 변할 수 없으며, 너희들 같
은 마음 자세로 역사할 수 없음이니라.
12 곧 너희 자신이 나의 성전이요, 나의
성전이 곧 너희들 안에 있다는 그와
같은 역사를 이룰 수 없음이니라.
13 이 소중한 가르침을 오늘 나의 아들을
따르는 제자들이요, 나의 법전을 읽고
깨우치는 백성 너희들을 위하여 내가
내린 뜻임을 너희들은 알아야 될 것이
니라.
14 그리하여 그와 같은 백성이 복음을 전
파하여 그 백성이 또한 그 마음으로써
그 몸 안에 성령을 심어 주어 너희들
이 성전을 역사하는 그와 같은 역사를
이루는 것이 나의 뜻이니,
15 지금 너희들이 아니고는 그 누구도 그

와 같은 역사를 이룰 수 없음을 너희
들은 알아야 될 것이니라.
16 청결한 마음이요, 깨끗한 마음으로써
너희들의 마음이 임했을 때 나의 성령
이 거기에 임하니,
17 그리하여 그와 같이 성령이 임한 너희
들이 그 백성들에게 전하여 또 그들이
변화될 수 있도록 이루는 것이 내 뜻
이니,
18 너희들이 아니고는 그 누구도 이룰 수
없다는 것을 너희들 스스로 알 수 있
을 것이니라.
19 사랑하는 나의 아들딸들아! 너희들의
마음에 나의 성전이요, 그리고 내가
너희들 안에 있으며 네가 내 안에 있
는 그와 같은 성전을 이루어 가고 있
는 것을 나 여호와는 알고 있음이니,
20 너희들 가슴속에 나의 성전이요, 나의
교회를 역사하는 것이지,
21 지금 믿음의 길을 간다는 그들의 손으
로 역사한 것, 외형적인 성전이요, 교
회의 건물이라는 것, 그 안에는 절대
내가 같이하지 아니하며 내가 같이 있
을 수 없음을 너희들은 알라.
22 내가 너희들에게 나의 성전에 너희가
임하는 그와 같은 역사를 하라는 것이
아니요, 너희들 개인 앞에 나의 성령
이 임하도록 하라 함은 무슨 뜻인 줄
알겠느냐?
23 너희들 자신이 청결해지며 너희 자신
을 흰 눈처럼 깨끗이 쓸어 냈을 때 나
의 성령이 거기에 임함이니라.
24 그러니 너희들이 지금 외형적으로 지
은 건물이요, 성전이요, 성당이요, 법
당이요, 교회라는 곳에 과연 나의 성
령이 그 자체에 임할 수 있겠는가, 그
교회요, 법당이요, 성전이 돌아가는
것을 너희들이 한번 들여다보라.
25 그것을 들여다본 자는 알 수 있을 것
이니, 너희들은 고개를 흔들 것이니라.
26 거기에는 정녕 창조주 나의 성령이 어
느 곳에도 임할 수 없으며, 결코 임할
수 없다는 것을 너희들도 알 것이니,
그렇다면 바로 그러하니라.
27 나 여호와는 절대 그들과 같이하지 아
니하며 거기에 임하지 아니하며 나는
그들과 관계없다는 것을 알라.
28 이제 사랑하는 나의 아들을 따르는 너
희들은 들으라.
29 나의 아들 예수가 목숨을 던져서 지키
며 그 사랑을 실천하였던 마음이요,
곱고 아름다운 마음이요, 그 숭고했던
믿음과 같은 그 길을 가는 그와 같은
백성들에게만 나의 성령이 임함이니,
30 이 모두를 역사하는 것은 지금 나의
아들을 따라 강론을 들으며 나의 법전
을 읽고 깨우치며 하루하루 변해 가는
백성, 너희들의 가슴에만 성령이 임할
수 있으며, 그 누구도 성령을 받아들
이는 자가 없음이니,
31 곧 너희들이 나의 교회요, 내가 너희
들 안에 있으며 너희들이 내 안에 있
는 그와 같은 교회를 역사하게 되며
역사할 것이니 그리 알라.

9,041 번째 하나님 말씀

2003년 12월 31일 19시 18분

1 사랑하는 나의 아들아!
2 "네, 아버님! 말씀하옵소서."

3 너의 제자들의 마음마다 가슴속에 내
성전을 지음이니, 그 성전을 짓는 길
은 무엇이라 말하였느냐?
4 너희들이 알아야 할 것이니, 너희들이
정녕 청결하고 깨끗하며, 너희 마음을
하얀 눈처럼 씻어 내고 씻어 낼 때 나
의 성령이 너희들에게 임하니, 곧 이
게 나의 성전이라 내가 너희들에게 그
리 가르쳐 주었음이니라.
5 그러니 나의 아들을 따르는 제자 너희
들은 그 길을 갈 수 있으며 그를 역사
할 수 있을 것이니라.
6 그러나 지금의 모든 종교 집단이요,
지도자들은 저 자신을 청결하게 씻어
성령이 임하는 그와 같은 믿음의 길을
모르며, 그들은 그리 가려 하지 아니
하느니라.
7 그 길은 좁고 고달프고 힘들기 때문이
니라.
8 그러니 지금의 모든 종교 집단 그들은
어찌 나의 피조물 만백성을 이끌어 하
늘에 오르는 길이요, 구원을 받는 백
성으로 인도한다 하느냐?
9 그들은 아름다운 말로써, 그리고 남들
이 듣기 좋은 말로써, 남을 현혹하는
그와 같은 말로써 나의 피조물 만백성
을 현혹하여 이끌어 가고 있음이니라.
10 그러니 너희들이 아무리 아름답고 고
운 말이요, 그리고 남들이 듣기 좋은
말이요, 칭찬의 말로써 역사한다 해
도, 너희들의 그와 같은 모든 행위가
진실된 것이 아니요, 그 행위가 없는
것은 아무 가치도 없다는 것을 알아야
될 것이니라.
11 그렇게 너희들이 말로써 아름답게, 또
그 누구도 따라갈 수 없는 근엄한 성
인의 자세로 살며 그와 같은 모형으로
써 설교하고 가르친다 해도,
12 그 모두는 너희들이 정녕 행함이 없으
면 아무것도 없으며 무가치한 것이며,
13 행함이 없이 가는 것은 파도가 부닥쳐
나는 그 소리만도 못하다는 것을 너희
들은 알아야 될 것이니라.
14 아무리 아름다운 꽃이라 하여도 그 꽃
이 향기가 없으며 그 꽃이 열매를 맺
지 못한다면 과연 무엇하겠느냐?
15 무가치한 것이며 그는 존재할 수 없지
않더냐?
16 그러니 지금의 믿음의 길을 가는 백성
들이 꽃은 화려하되 향기가 없는 꽃과
같으며, 열매가 없는 그와 같은 꽃임
을 너희들은 알아야 될 것이니라.
17 곡식이 아무리 푸르고 무성하다 해도
가을에 추수할 것이 없다면 무엇하겠
느냐?
18 이파리는 무성하지 않더라도 가을에
추수할 때 알곡식이요, 그 열매를 거
둬들일 수 있는 것이 쓸 수 있는 것이
요, 그것은 모든 백성의 양식이 되지
않더냐?
19 그러니 지금 나의 아들을 따르는 그
제자들이요, 너희 백성들은 이파리가
무성하지 아니하여도, 꽃잎이 화려하
지 아니하여도, 너희들은 열매를 맺으
며 씨를 맺으며 가을에 추수할 수 있
는 그와 같은 너희들로서 살아가는 데
최선을 다하라.
20 지금의 모든 종교 집단이요, 지도자
그들은 꽃은 화려하나 향기가 없으며,
그리고 이파리는 무성하나 결실의 열

매가 없으니, 얻어지는 것이 없으며
결과가 없으며 거둬지는 것이 없음이
니라.
21 나 여호와는 너희들이 살아가는 삶에
서 내가 체벌함이 아니요, 너희들의
열매가 열렸을 때 그 열매의 결실에
따라, 악의 열매냐 또는 선의 열매냐
에 따라서 내가 심판하고 체벌한다 하
지 아니하였더냐?
22 그러니 열매를 이루지 못하는 자들은
바로 내가 하는 심판대에 서지도 못하
며 나를 볼 수도 없는 자들이라는 그
뜻을 너희들은 알아야 될 것이니라.
23 아무 쓸모도 없는 그것이 어찌하여 심
판대에 설 수 있으며 나를 볼 수 있단
말이더냐?
24 그러니 지금의 믿음에서 행하고 있는
그 모두를 다 바로잡고 바로 다스리지
아니하면 아니 됨이니,
25 그 철벽같은 자들에게 아무리 가르치
고 가르쳐도 그리고 기적을 보인다 해
도 그들의 마음을 돌릴 수는 없음이니
라.
26 그러니 하얀 눈이 세상을 덮어 그들이
숨을 쉬지 못할 정도로 나의 법전이
쌓이고 쌓여 전해질 때만 어쩔 수 없
이 그들이 숨통을 트며 거기서 헤어나
기 위하여 나의 법전의 뚜껑을 열게
되어 깨우치는 자가 이루어질 것이니
그리 전하라.

9,042 번째 하나님 말씀

2003년 12월 31일 19시 24분

1 사랑하는 나의 아들아!
2 "네, 아버님! 말씀하옵소서."
3 너희들이 뭐라 말해도, 살아가면서 행
함이 없는 그와 같은 삶은 아무것도
아니라 함을 명심하여 깨달아야 될 것
이니라.
4 말로써 화려하며, 말로써 아름다우며,
말로써 사랑하는 것, 그것은 너희들이
구원을 받을 수 없는 것이니라.
5 그러나 오늘의 종교 집단의 지도자들
이 뭐라 이끌어 가느냐?
6 화려한 말, 아름다운 말로써 너희들의
가슴을 울리는 기도 소리요, 그와 같
이 화려한 것으로써 구원을 받았다 하
여,
7 그 말에 현혹되어 지금 나의 사랑하는
백성들이 정신을 차리지 못하고 지금
끌려가고 있는 것이 아니더냐?
8 너희들이 지금 구원을 받았고 구원을
받을 수 있다는 말에 현혹되어 저 자
신을 들여다보지 못하고 스스로 자신
도 모르게 끌려감이니,
9 그와 같이 끌려가는 자, 지옥문 앞에
서 들어가지 아니하려고 몸부림치는
네 모습을 볼 때가 머지않았음을 너희
들은 알아야 될 것이니라.
10 너희들 말에 그런 말이 있느니라.
11 눈 깜짝할 사이에 모든 것이 지나갔다
는 말이 있으며, 60평생을 살다 죽는
그 순간에도 '내 인생이 어찌 이리 빨
랐는가, 눈 깜짝한 것밖에는 남는 것
이 없다.' 그리 말하지 않더냐?
12 그러니 얼마나 무서운 것인 줄 알겠느
냐?
13 너희들이 오늘 살아 있는 그 삶이 무
엇인 줄 알겠느냐?

14 천재지변에 의하여 일순간에 바다가
육지가 되고 육지가 바다가 되어 그
흔적이 보이지 않고 조용한 것처럼 그
보다도 더 빠르게 흘러가는 것이며 너
희들이 그 시간이 없음이니라.
15 조용한 바다 위에 떠 있는 그 어선을
갑자기 바다가 파도를 이루며 그 어선
을 삼켜 버리고 잠잠히 그 문을 닫아
버린 그보다도 더 빠르게 더 신속하고
허무하게 모두가 무너지는 것이 너희
들임을 알라.
16 일순간에 너희들의 모든 운명이 끝나
는 것이며 모든 운명이 바뀜이니라.
17 그러니 지금 내가 나의 아들을 통하여
법전을 내려, 이를 읽고 깨우쳐 한 계
단 한 계단씩 변해 가는 백성 너희들
이 얼마나 축복되고 영광된 백성인 줄
알겠느냐?
18 이 한 구절을 읽지 못하고 심판대에
오르는, 나의 법전을 접하지 못하는
그 백성들이야말로 제가 어찌 살아가
는지를 모르며, 눈 깜짝할 사이에 제
가 지옥문 앞에 몸부림치거늘, 그것을
너희들은 면하지 아니하였더냐?
19 내가 다시 한 번 전하느니라.
20 이제 믿음의 길을 가는 백성들이요,
구원을 받았다는 백성들, 비진리를 진
리로만 알고 몸부림치는 자들,
21 그리하여 비진리를 진리라 하여 몸부
림치기에 참진리를 내려보내도 그를
받으려 하지 아니하며, 들으려 하지
아니하며, 참진리를 믿으려 하지 아니
하는 백성 너희들은 잘 들으라.
22 너희들의 삶이 과연 얼마나 많이 남았
는가?
23 너희들이 역사할 수 있는 것, 너희들
이 지금까지 지은 죄를 갚을 수 있는
시간이 눈 깜짝할 사이에 지나감이니,
너희들은 이 무서움을 알아야 될 것이
니라.
24 그저 파도가 하나의 어선을 삼켜 버리
고 조용히 지나가는 데 몇 초도 안 되
는 것처럼, 너희들의 인생이 그렇게
깜짝할 사이에 일순간에 모든 운명이
뒤집어지고 바뀜이니, 너희들이 깜짝
할 시간밖에 없는 그 시간을 어찌 살
아야 될 것인가?
25 밤을 새워 나의 법전을 읽고 깨우쳐
정독하며, 너희들의 무릎 앞에 피로써
나의 십계명을 써 놓고 그를 보고 지
키며,
26 너희들이 지키지 않을 때 네 손을 자
르는 그와 같은 아픔이 있더라도 지키
는 삶을 살지 아니하고는, 너희들이
깜짝하는 그 시간 속에 나에게 구원이
요, 나에게 오를 수 있는 길은 없음을
전하라.

9,043 번째 하나님 말씀

2003년 12월 31일 20시 40분

1 사랑하는 나의 아들아!
2 "네, 아버님! 말씀하옵소서."
3 나 여호와가 너희들에게 마음을 뽑어
내며 마음을 비우라 그리 말하였느니
라.
4 그리고 너희들이 그 마음을 비우는 것
이 곧 하늘에 오르는 길이요, 나의 성
령이 너희들에게 임한다 그리하였음
이니라.

5 그러니 너희들이 그 마음의 문을 여는
것은 어떠한 형국인 줄 알겠느냐?
6 너는 들어야 될 것이니라.
7 내가 너희들에게 그 마음의 문을 열라
함이니,
8 너희는 창조주 아버지께서 너희들의
마음의 문을 열어 줘 천사와 같은 마
음만 너희들에게 심어 주면 고통스럽
지 아니하고 힘들이지 아니하고 갈 수
있다 그리 생각하나,
9 나 여호와도 너희들의 그 마음의 문을
열 수가 없는 것임을 너희들은 알아야
될 것이니라.
10 너희들 마음속에 있는 그 문이 어떤
줄 알겠느냐?
11 그 문을 열고 닫는 고리는 밖에서는
열 수가 없으며 오로지 너희들 마음속
안에만 문고리가 달렸음이니, 그 문고
리를 잡고 열 수 있는 것은 너희들 자
신뿐이기 때문이니라.
12 그리하여 너희들에게 열라 하며 너희
들이 열어야 함을 알아야 될 것이니라.
13 그러니 내가 밖에서 열 수 없는 그 문
을 나에게 열어 달라 너희들이 천년만
년 기도를 한들 내가 열 수 없으며 내
권한이 아닌 것을 내가 어찌하겠느냐?
14 그러니 여기서 너희들은 깊이 깨우쳐
야 될 것이니라.
15 모든 종교 집단이요, 지도자들이 이와
같이 내가 열 수 없으며 역사할 수 없
는 것을 열어 달라 이루어 달라 소원
하고 기도한다면 그것이 나와 무슨 관
계가 있겠느냐?
16 그러니 너희들이 만들어서 기도하는
것은 나와는 아무런 관계도 없으며,
그저 개구리가 울부짖는 그 울음소리
만도 못하다 하였으며, 파도 소리만도
못한 것이 너희들의 기도요, 값없는
것이라 그리 말하였으며, 그는 나와는
관계가 없음이니,
17 너희들의 생각대로 중언부언하는 그
와 같은 기도를 하지 말라 함을 너희
들은 알겠느냐?
18 너희들은 이와 같은 이치를 하나하나
들어 이를 깨우쳐, 너희들은 네 마음
대로 중언부언하는 그 기도를 하지 말
라.
19 나 여호와가 역사하지 못함이 있음이
니라.
20 너희들의 마음의 문을 열라, 너희 스
스로 열고 나오라, 그리고 네 마음을
비우라는 것은, 밖에서는 열 수 있는
그 고리가 없으며 안에만 있기 때문임
을 너희들은 알아야 될 것이니라.
21 내가 너희들에게 지옥이요, 천국에 오
르는 길은 무엇이라 하였느냐?
22 너희들이 살며 죄를 지어 죄의 쇠사슬
이 굵어지니, 그 쇠사슬을 쥐고 있는
것은 누구라 말하였느냐?
23 지옥을 관리하는 자요, 지옥을 통제하
는 자가 너희들의 그 죄로 굵어진 그
쇠사슬을 잡고 있는 것이니라.
24 그러니 너희들은 하늘에 오르는 천사
가 잡고 있는 쇠사슬이요, 그리고 지
옥으로 내려가는 쇠사슬의 두 개가 있
음이니, 그중에 어떤 것을 선택하느냐
하는 것은 너희들에게 달렸음이니라.
25 지옥의 지배자가 잡고 있는 그 쇠사슬
을 나 여호와는 결코 끊을 수 없으며
내가 관리할 수 없다 함을 내가 기록

하여 전했으니, 너희들은 또한 그 뜻
을 알겠느냐?
26 너희들은 여기서 알아야 될 것이니라.
27 지옥으로 가는 그 묶여진 쇠사슬을 자
를 수 있는 것은 오로지 너희들이 선
한 마음으로 닦은 선한 톱으로만 자를
수 있음이니라.
28 그러니 너희들이 선한 톱으로써 지옥
으로 가는 그 쇠사슬을 자르는 것 또
한 나 여호와요, 천사가 자르는 것이
아니요,
29 네가 그 선한 톱을 만들어 그 톱을 네
손으로 잡고 그를 잘라야 되는 것이
요, 네가 역사한다는 것을 잊지 말라.
30 그러니 그 또한 내가 할 수 없음이니,
너희들이 지옥 불로 달려가면서 나에
게 울고불고 기도하고 너희들이 아무
리 광란의 짓을 한다 해도, 내가 너희
뜻을 들어줄 수 없으며 네 뜻을 역사
할 수 없는 것이니 그리 알라.
31 지옥으로 가고 안 가는 그 쇠사슬을
자르는 것은 천사가 자름도 아니요,
나 여호와가 너희들을 불쌍히 여겨 자
를 수도 없는 것이요,
32 그 모두는 너 스스로 선한 톱으로써
네 손으로 그를 잘라야 됨을 너희들은
알아야 될 것이니라.
33 그리고 내가 너희들에게 일찍이 깨우
쳐 전하지 아니하였더냐?
34 너희들이 하늘에 오르는 그 길은 두
발자국이 있어서 나에게 오면 절대 나
를 볼 수 없으며 천국의 문에 들어설
수 없다 하였음이니,
35 한 사람이 걸어오되 두 발자국이 나면
안 된다 하였음이니라.
36 그러니 무엇이더냐?
37 하나는 사탄의 사악한 마음의 발자국
이요, 하나는 너희들의 아름다운 그
마음의 발자국이니,
38 한 사람의 발자국이 두 개가 되어 선
과 악의 두 발자국이 그려져 나온다면
절대 나는 이를 받지 않으며 용서하지
아니한다 했음이니,
39 그와 같은 의미를 알았다면 너희들이
함부로 기도하며 마음대로 중언부언
하는 것이 아무것도 아니며 부질없다
는 그 의미를 이제 알았을 것이니라.
40 하늘에 오르는 길을 한 길로 오듯이,
너희들이 선과 악 모두를 자르는 것은
오로지 너희들의 마음이니,
41 선한 톱만 악을 자를 수 있으며, 또한
그 선을 자르는 것도 악의 톱이니라.
42 그러니 너희들이 들고 있는 톱은 양날
이니, 한쪽은 선한 것을 자를 수 있는
톱이요, 한쪽은 악한 것을 자를 수 있
는 톱이니라.
43 그러니 그 톱을 어디를 갈고닦아 그를
역사하느냐 하는 것은 너희들이 살아
오는 삶에 의하여 역사함이니라.
44 이제 너희들은 두 발자국을 내지 아니
하고 한 발자국만 남기라는 하늘의 뜻
을 알며,
45 함부로 기도하는 것은 나와는 관계없
다는 뜻을 알 것이며,
46 마음의 문을 여는 것은 너희들 자신만
안에서 열 수 있는 고리가 있으니, 밖
에서는 절대 열 수 없으며 그 누구도
열어 줄 수 없으니,
47 너희들의 마음을 열어 비운 마음으로
만드는 것은 네 노력이라는 그 의미를

깊이 깨우쳐 너희들이 행하도록 그리
하면,
48 지옥문 앞에 가서 울고불고하는 그와
같은 슬픔은 면하는 너희들이 될 것이
니 그리 알라.

2004년 1월

9,044 번째 하나님 말씀

2004년 1월 1일 0시 03분

1 사랑하는 나의 아들아!
2 "네, 아버님! 말씀하옵소서."
3 그 누구도 역사할 수 없으며 그 누구
도 갈 수 없는 멀고도 긴 길을 네가 잘
역사하여 왔음이니라.
4 나의 성령이요, 나의 뜻을 받아 기록
하는 나의 법전이 이제 7부가 넘으니,
백여 권이 넘어서 이 세상에 빛을 볼
수 있는 역사를 이룬 것은 너의 오늘
의 그 노력함이요, 꾸준히 변함없이
온 길의 결과이니라.
5 그리고 너를 따르는 그 제자들 또한
그 공이 높으며, 그들의 공 또한 나에
게 와 받을 상이 큼을 너희들은 알아
야 될 것이니라.
6 너희들은 이제 백여 권이라는 법전이
나가 세상에 빛을 보는 그와 같은 역
사를 이루었음이니, 너희들은 어떠한
결과요, 어떠한 상태든 그저 기다리고
가면 될 것이니라.
7 지금서부터 모두가 이루어지고 역사
하는 것은 나 여호와의 뜻이요, 내가
이루어 갈 것이니라.
8 너희들은 지금 그 누구도 백 권이라는
법전을 옮겨 쓸 수가 없으며, 이 진리
를 받아 만백성이 기록할 수 있는 그

와 같은 그 역사도 없음이니라.
9 그러니 너희들이 오늘의 이 역사를 이
룬 것이 얼마나 위대한 것이며 얼마나
소중한 것인가 아무도 모를 것이니라.
10 그러나 세월이 지나며 세상이 변화될
때, 너희들은 그 위대함을 알게 될 것
이니라.
11 너희들이 지금까지 오는 그 과정에서
어렵고 힘든 길을 마다하지 아니하였
으며, 너희들이 인내함으로써 지금까
지 왔음이니,
12 오늘의 이 영광이요, 이 축복은 너희
들이 감히 상상할 수 없는 그 상을 받
을 수 있는 것임을 너희들은 알아야
될 것이니라.
13 이제 나의 법전이 세상에 전해지는 그
역사요, 7부라는 것을 했음이니, 이제
몇 부밖에 남지 않았음이니라.
14 그러니 내가 너에게 보여 주었듯이 네
가 지금까지 온 길에서 흐트러짐이 없
이 더 바른 자세로 더 강한 자세로 강
한 모습으로써 역사해야 됨을 잊지 말
라.
15 내가 너에게 한 장의 그림으로 보여
주지 아니하였더냐?
16 어렵고 어려운 등산의 길을 다 역사하
였음이니, 얼마 남지 않은 마지막 마
무리요, 마지막만 다스리면 되는 것이
너희들이 역사하는 길임을 알아야 될
것이니라.
17 지금까지는 너희들이 이 길을 닦고 역
사하는 데 최선을 다했으나, 이제부터
는 나 여호와가 이를 빛을 보며 만백
성을 깨우쳐 바람을 일으키는 그와 같
은 역사가 이루어질 것이니,
18 나의 아들이 지금 생각할 수 없을 만
큼 앞에 가듯이 모두는 내가 거기에
따른 상으로써 너희들에게 내릴 것이
니라.
19 그러니 지금서부터 너희들은 어떠한
변화의 역사가 이는 것을 스스로 체험
할 것이며,
20 그 속에서 너희들이 얼마나 소중하고
귀한 임무를 역사하였는가 알게 될 것
이니 그리 알라.

9,045 번째 하나님 말씀

2004년 1월 1일 0시 16분

1 사랑하는 나의 아들아!
2 "네, 아버님! 말씀하옵소서."
3 너희들의 선함은 선함을 낳으며 악은
악을 낳는다 하였음이니라.
4 선함은 선함의 씨앗을 낳아 계속 그를
뿌림이니, 아름다운 마음은 아름다운
마음을 낳느니라.
5 아름답고 고운 마음으로써 행하는 것
은 그것이 더 고운 마음이요, 아름다
운 마음으로 미래를 발전시키며 그게
더 변해 가는 그와 같은 마음이니,
6 그를 막는 것은 무엇이더냐?
7 위에서 모든 생명들에게 내리는 생수
의 그 물줄기를 막는 것과 무엇이 다
르단 말이더냐?
8 나의 백성들이 살아가는 이 세상이 너
무 황폐해졌으며 그리고 너무나 메말
랐음이니라.
9 이 메마르고 황폐한 땅에 아름다운 마
음이요, 아름다운 생각을 갖고 산다는
것은 얼마나 귀하고 소중한 것이던가?

10 생수보다 더 소중하고 아름다운 마음
이니라.
11 그러니 그 마음을 막으며 그 길을 막
으면 이 세상에 내가 만든 낙원에 아
름다움이라는 꽃은 피울 수가 없음이
니,
12 오늘의 너희들이 나를 기리며 나를 생
각하는 그와 같은 마음에 나의 법전이
역사하는 그와 같은 상을 내리고자 함
이니,
13 너희들이 오늘의 이와 같은 마음을 갖
는 것 또한 무엇이더냐?
14 아름다운 마음이요, 아름다운 생각에
서 모두가 역사함이니, 그와 같은 마
음이요, 그와 같은 생각은 꽃을 피워
나가는 것과 같음이니, 그 피는 꽃을
막아서는 아니 될 것이니라.
15 꽃을 피우고자 하는 것, 시드는 꽃도
살리고자 하며 꽃을 피우도록 노력하
는 것이 인간 너희들의 마음이거늘,
16 피고자 하는 꽃을 피지 못하게 하며
그를 꺾어 자르는 것은 인간의 도리가
아니지 않느냐?
17 피고자 하는 꽃은 아름답게 필 수 있
도록 그 모두를 보호하고 다스려 나가
는 것이 너희들이 가야 할 길이며 너
희들의 마음임을 알라.

9,046 번째 하나님 말씀

2004년 1월 1일 05시 37분

1 사랑하는 나의 아들아!
2 "네, 아버님! 말씀하옵소서."
3 나의 법전이 세상에 내려오니, 이제
만백성이 그를 보고 접하는 시대가 열
림이니,
4 너희들이 산소를 마시지 아니하며 물
을 마시지 아니하면 살 수 없듯이, 나
의 법전을 너희들이 보지 아니하면 살
수 없는 그와 같은 시대가 열리기 시
작함이니라.
5 이제는 너희들이 지금까지 역사하고
노력한 만큼 그 모두를 보고 거둘 수
있는 시대가 열림이니라.
6 아침에 찬란한 태양이 뜨는 것처럼,
그 새로운 태양의 빛은 세상을 비추
며, 만물의 생명이요, 그 모든 존재하
는 생명력이요, 그 모두가 역사할 수
있도록 이루는 것이며, 모두 시작함이
니라.
7 태양의 열이 없으며 태양이 솟지 아니
하면 이 세상에 그 무엇도 존재할 수
가 없으며, 모두는 다 죽음의 세상이
되지 않느냐?
8 그와 마찬가지로 지금 나의 법전이 이
제 이 세상에 태양보다도 더 소중한
것으로써, 태양보다도 더 귀히 여기며
그 누구도 보지 아니하고 접하지 아니
할 수 없는 그와 같은 시대가 열리기
시작함이니,
9 내가 오늘 아침 나의 아들을 통하여
오늘까지 너의 제자들이요, 그리고 이
를 만든 그들의 공과 그들의 노력함에
대하여 나 여호와가 그 기쁨을 다 어
찌 표현할 수 없는 것이니, 내가 그를
만들어 역사한 자들에게 상을 내릴 것
이며,
10 너는 어떠한 것을 원하지 아니하며 네
가 무엇을 생각하지 아니하나, 내가
그들의 고통과 그들의 마음을 다 알고

있음이니, 그들에게 내가 상을 내릴 것이니 그리 알라.
11 이것이 오늘의 너희들의 노력함과 그 수고함이 하늘에 닿음이니 그리 알라.
12 너희들이 인간으로서 나의 법전을 만들어 160권을 역사할 수는 없으며 그 누구도 이와 같은 역사를 할 수 없다는 말을 하듯이,
13 너희들 또한 이를 만들어 세상에 역사하는 그 일은 너희 스스로 봐도 그를 만들며 그를 전할 수 있는 모든 준비가 되지 않은 자들이니라.
14 그러나 너희들의 열배 백배 그 노력함이 가상하여 나 여호와가 너희들이 설 수 있도록 모두를 돕고 이끌어 왔음이니, 그 기쁨이요, 그 상을 내리는 것을 사탄이요, 천사도 감히 말할 수 없을 것이니라.
15 모든 천사요, 사탄도 너희들에게 베풀어 내가 역사한다면 그와 같이 은혜와 공을 받은 자라 말할 수 없다 할 것이나,
16 너희들이 이미 그 공이요, 그 역사함이 크니, 그 노력한 만큼에 대한 내가 상을 내리는 것은 그 누구도 말할 수 없음이니, 너희들은 당연히 그와 같은 은혜와 상을 받을 수 있을 것이니라.
17 각자가 지금 가지고 있는 마음과 각자가 바라는 마음을 말하지 못했으며 감히 나에게 기도하지 못했으며 이루고자 하는 소원을 말하지 못한 너희들이요, 나의 법전을 만드는 너를 따르는 제자들, 그들에 대한 상을 내릴 것이니 그리 알라, 사랑하는 나의 아들아!
18 그리고 나의 법전이 바람과 물처럼 누구나 접할 수 있으며 누구나 마실 수 있으며 대가 없이 받아 갈 수 있는, 대가 없이 읽을 수 있는 그와 같은 세상을 내가 만들어 갈 것이니,
19 오늘에 뜨는 태양처럼 오늘 나의 법전이 이 세상을 비출 것이요, 이 세상에 가장 소중한 존재로서 이제 세상에 빛을 보기 시작할 것이니 그리 알라.
20 이것이 또한 너희들의 오늘의 삶에 대한 내가 내리는 상임이니 그리 알라.

9,047 번째 하나님 말씀

2004년 1월 1일 05시 41분

1 사랑하는 나의 아들아!
2 "네, 아버님! 말씀하옵소서."
3 지금의 모든 종교 집단과 그 신도들, 참진리가 무엇인지 모르며 거짓 진리가 또한 무엇인지 그것 자체도 구분하지 못하고 있는 자들이 오늘의 믿음을 가진 백성이라 울고불고하고 있음이니, 그들의 가련한 모습을 어찌하겠는가?
4 그들의 그 모습은 너희들만 알 것이니라.
5 저희들은 저희들끼리 어떠한 형국인지 그들이 알지 못하고 있음이니, 거짓 진리를 참진리라 알고 지금 그 길을 위하여 달려가고 있는 자,
6 그것을 연구하며 그를 발전시키며 그를 역사하기 위하여 살아가는 그와 같은 것이 오늘의 종교 집단의 지도자들이니라.
7 그들이 그와 같이 가고 있는 것이 참진리가 아니요, 진정한 나 여호와의

뜻이 아니며, 내 뜻을 외면하고 저희
들이 달려가고 있음을 그들은 모르니,
그들을 깨우쳐 주어야 될 것이니라.
8 지금 저희들이 거짓 진리를 진정한 진
리로 알고 있으며, 거짓된 진리만 가
슴속에 안고 있으며, 그리고 머릿속에
그것을 생각하며, 그를 위하여 모두를
다 바쳐 가니,
9 그들에게 아무리 진정한 진리요, 참진
리의 길을 손에 쥐여 주고 들려주려
한들, 그들은 진실을 진실로 듣지 아
니하며 그를 거부하는 것이 오늘의 그
들이 가고 있는 형국이니라.
10 그러니 그들이 얼마나 불쌍하고 어리
석은 백성이더냐?
11 정녕 그들이 진실을 진실로 가르쳐 주
는 것을 그대로 알아듣기만 하며 저희
들이 그대로 행하는 것을 깨닫는다면,
지옥문 앞에서 울고불고하는 그와 같
은 것을 저 자신은 면할 수 있건만,
12 어찌하여 참진리를 내려보내는 것을
진리로 믿지 아니하고 받아들이려 하
지 아니하는가?
13 이것이 너희들의 어리석음이니라.
14 이미 거짓에 젖어 있으며 거짓에 세뇌
되어 있으니, 그 무엇도 저희들이 받
아들이지 못하는 어리석은 백성으로
전락되었음이니, 그들을 깨우치는 것
이 나의 법전밖에 없다 함이니,
15 너희들이 나의 법전을 만들어 역사하
는 것, 오늘에 너희들이 나의 법전을
만들어 역사한 만큼 이제 너희들에게
그 공에 그 은혜의 상을 내리고자 함
이니,
16 나 여호와가 앞에서 끌며 내가 또한
너희들을 밀며 이와 같은 형국으로써
이루어질 것이니,
17 오늘의 태양이 뜨고 너희들이 그 역사
의 변화를 알게 될 것이니라, 사랑하
는 나의 아들딸들아!

9,048 번째 하나님 말씀

2004년 1월 1일 05시 45분

1 사랑하는 나의 아들아!
2 "네, 아버님! 말씀하옵소서."
3 너희들이 가는 길이 잘못되었으면 그
방향을 잡아 다시 가는 것이며,
4 그리고 너희들이 지금까지 살아가는
그 모든 삶이 잘못되었다면 그리고 너
희들이 가서는 안 되는 길이라는 것을
알게 된다면, 포기하고 다시 시작하는
그와 같은 현명함을 얻어야 되는 것이
아니던가?
5 지금의 나의 믿음의 길을 가는 그 신
도라는 광분하는 백성들이 지금의 믿
음으로써는 구원을 받을 수 없으며 하
늘에 오를 수 없으며, 지금의 종교로
써는 아니라는 것을 저희들이 알며 깨
달았더라면,
6 지금쯤 포기하고 새로운 길로 흘러가
는 것이 그들이 행해야 될 것이 아니
던가?
7 지금까지 수천 년 동안 구세주가 올
것이며, 그리고 예수가 재림하여 천사
와 하늘의 군병을 데리고 나팔 불며
너희들을 구원하러 내려오니,
8 그때가 되면 죽은 자까지도 구원받을
자 구원받지 못할 자를 분별하여 구원
을 받는다 하며, 너희들이 그리 기다

릴 만큼 기다리지 아니하는가?
9 그러면서도 과연 너희들은 무엇을 역
사했으며, 그와 같은 것이 있었는가?
10 그러면 지금쯤 그를 다시 한 번 생각
해 보며, 연구해 보며, 포기할 때가 되
었으면 포기를 하고 체념할 때가 되었
으면 체념을 해야 되는 것이 너희들의
오늘의 생각이요, 가야 할 길이 아니
던가?
11 그러나 너희들은 어찌하여 그와 같은
깨달음을 갖지 아니하고 체념할 줄을
모르며, 집착하고 매달려 벗어나지를
못하는 것이던가?
12 지금의 종교 집단의 지도자 너희들의
모든 마음을 내가 알고 있으며 그 속
을 들여다볼 수 있으니,
13 내가 내려다보는 너희들의 마음은 이
럴 수도 없고 저럴 수도 없음이니, 이
왕에 이것도 아니요, 저것도 아닐 바
에는 가던 길을 달려가며,
14 남들 앞에 너희 것이라 주장하며 그것
을 옳다고 말한 것, 그것을 죽을 때까
지 주장하며 지키다 가는 것이 타당할
것이라 생각하는 것이 너희들이 아니
더냐?
15 그러니 이것도 저것도 아닐 바에는 많
은 사람들이 모여드는 곳, 그리고 재
물이 있는 곳, 그리고 힘 있는 곳, 조
직이 방대한 곳, 그곳에 가서 믿음의
길을 가는 그것이 타당하다 하는 것이
며,
16 그것이 그래도 나을 것이라 생각하고
너희들이 오늘의 그 믿음 속에서 벗어
나지 못하고 있으니,
17 그것이 바로 돌이킬 수 없는 길을 가
고 있다는 것을 알아야 될 것이니라.
18 이제 너희들이 그 집착에서 벗어나며
대담하게 변화하는 그와 같은 것을 이
루지 아니하면 너희들은 정녕 거듭나
는 삶의 영광의 그 은혜를 누릴 수 없
으며 받을 수 없다는 그 무서움을 알
도록 그리 전하라, 사랑하는 나의 아
들딸들아!

9,049 번째 하나님 말씀

2004년 1월 1일 21시 20분

1 사랑하는 나의 아들아!
2 "네, 아버님! 말씀하옵소서."
3 동양의 작은 이 나라에 너희들이 새해
를 맞이하여 해돋이라 하여 해 뜨는
것을 관람하러 감이니,
4 그 많은 백성들이 이동하며 또 움직여
들과 산으로 나가 그 아침을 맞으며
너희들의 소원을 빌며 기원함이니라.
5 그러니 내가 하늘에서 내려다보는 너
희들의 그 모습은 무엇이더냐?
6 찬란히 떠오르는 태양을 놓고 거기에
마음을 모아 기도를 하는 자, 너희들
이 거기에서 무엇을 말하는가?
7 너희들은 나 여호와를 찾으며 내 이름
을 찾고 기도를 하며 나의 아들 예수
의 이름을 부르며 기도함이니,
8 떠오르는 찬란한 그 태양을 보며 너희
들이 손을 모아 나를 찾으며 경배하고
기도하는 것이 정녕 나를 찾는 것이며
나의 아들 예수를 경배하는 것이던가,
9 아니면 찬란히 떠오르는 그 태양을 보
고 너희들의 그 소원을 비는 것인가?
10 그러니 오늘의 믿음의 길을 가는 백성

너희들이 우상을 섬기지 아니하며 오
로지 나 여호와만 경배한다는 자들이
그와 같은 행위를 하는 백성은 없는가?
11 너희들은 그와 같은 백성 중에 정녕
하늘에 오르는 길이요, 그리고 구원을
받았다 하여 맹종하고 맹신하는 자,
그리고 다른 종파와 이웃과 상대하지
아니하고 거래하지 아니하는 그와 같
이 속물이 된 백성들이 거기에 없는가
한번 물어보도록 그리하라.
12 내가 바라보기는 그 수가 더 많음이니
라.
13 너희들은 또 무엇을 말하느냐?
14 너희들이 부처를 놓고 부처 앞에 기도
하고 빌고 경배하는 자, 그리고 소원
을 이루기를 원하는 자, 그들 또한 뜨
는 태양을 보고 소원을 비는 것이 아
니던가?
15 또한 잡신이요, 귀신을 섬긴다는 자,
그리고 사탄이라 너희가 부르는 자들,
그와 같은 자도 그 앞에 와서 소원을
빌며 기원함이니,
16 또한 너희들이 이방인이라는 그 백성
들도 거기에 가서 소원하며 그 뜻을
또 기원하고 그들도 기도함이니라.
17 그러니 아침에 뜨는 태양을 보고 너희
들이 소원을 빌며 기도하는 마음이요,
경건한 자세로 모두를 빌고 원한다면,
과연 어떠한 백성이 더 잘못되고 잘된
백성이더냐?
18 이방인이라 하는 자들이 소원을 비는
것이 잘못되고, 귀신이라 하여 잡신을
모신다 하여 무당이라는 자들이 소원
을 비는 것이 더 잘못인가?
19 그리고 너희들이 말하는 부처를 믿고
부처를 따른다는 백성들이 뜨는 태양
을 향하여 자기의 소원을 빌며 소원
성취를 원하는 것이 잘못된 것인가?
20 아니면 나 여호와를 찾으며 나의 아들
예수를 찾으며, 저희는 다른 신을 절
대 두지 아니하며, 창조주 아버지요,
예수의 보혈로써 은혜를 받은 자요,
하늘에 오를 수 있는 자격이 있는 자
라 하며,
21 저희는 우상을 절대 섬기지 아니하며
다른 신을 섬기지 않는다며 나에게 수
천수만 번 평생 동안 살아오면서 믿음
의 길을 가는 동안에 언약하고 또 언
약한 자들이 뜨는 해를 보고 소원을
빌며 거기에 너희들이 모두를 걸고 절
을 함이니,
22 과연 그와 같은 백성이 잘못된 것인가
한번 너희 스스로 평가해 보라.
23 그러니 나를 찾고 경배하는 것이 얼마
나 형식적이요, 다른 신을 가슴에 두
고 사는 백성들인가?
24 여기에 너희들은 두 번 다시 할 말이
없음을 알아야 될 것이니라.

9,050 번째 하나님 말씀

2004년 1월 1일 21시 24분

1 사랑하는 나의 아들아!
2 **"네, 아버님! 말씀하옵소서."**
3 나 여호와를 경배하며 나의 아들 예수
로부터 은혜를 받았으며 구원을 받았
다 하여 수천 년 동안 그 믿음을 오는
백성이요, 그 후손 너희들은 알아야
될 것이니라.
4 너희들이 믿음의 길을 가는 그 길에서

옛 것에 너무 집착하여 옛 것을 놓지
아니하며 옛 것을 깨닫지 못하며,
5 너희들이 새로운 성경이요, 새 시대가
열리는 것을 보지 못하고 지난 것에만
연연하는 그와 같은 삶을 살고 있다면,
6 너희들은 그와 같은 믿음이요, 그와
같은 신앙생활을 하고 갈 때가 아님을
알아야 될 것이니라.
7 지금은 구약과 신약의 시대를 지나 제
3의 시대요, 이 시대를 맞이하여 창조
주 나 여호와가 새로운 일을 역사하며
내 뜻대로 진행하고 있음이니,
8 내가 심판이요, 버릴 자와 구원할 자,
그와 같은 것을 구분할 수 있는 나의
법전을 내려보내어 천 년에 걸쳐서 새
로운 시대를 열고자 하는 이와 같은
역사를 하고 있는 것이니,
9 이를 알지 못하고 지난날에만 연연하
여 집착하고 살아간다면, 너희들은 정
녕 변화되는 그와 같은 길을 볼 수 없
으며 나 여호와에게 올 수 없다는 것
을 알아야 될 것이니라.
10 새로운 시대에 너희들이 해야 할 것,
너희들이 역사할 것, 그와 같은 것이
쌓이고 쌓인 것이 지금 넘고 넘어도
다 넘지 못할 만한 그 많은 대역사를
이루어야 할 너희들이, 어찌하여 그를
바라보지 못하며 지난날의 옛 것이요,
옛 관습에서 벗어나지 못하고 그리 연
연하는가?
11 내가 지금 새로운 시대를 열기 위하여
160권의 새로운 성경을 세상에 내려
보내어,
12 나의 뜻을 간단하고 편안하게 누구나
보고 듣고 읽으면 이해할 수 있도록
내가 나의 뜻을 전하며 나 여호와가
역사하고 이루고자 지금 행하고 있다
는 것을 어찌하여 너희들은 그리도 모
르는가?
13 내가 새로운 시대를 열어 가고 모두를
행하고 있는 지금 이때, 너희들은 과
거의 옛 것에 집착해서 아무것도 보려
하지 아니하며 변화하려 하지 아니하
며,
14 오로지 네 손에 들고 있는 것만 진주
요, 보석이라 그리 울부짖고 있는 자
들, 너희들은 지옥으로 이끌려 가는
그와 같은 삶을 살고 있다는 것을 내
가 말함이니라.
15 너희들이 과거에 집착하여 변해야 될
것을 변화되지 못하며 거듭나야 할 것
을 거듭나지 못하는 오늘의 삶을 살고
있음이니,
16 이것이 바로 너희들을 지옥으로 이끌
어 가는 것이라는 것을 잊지 말라.
17 지난 옛 것에 집착하여 거기에서 벗어
나지 못하고 연연하며, 그저 다람쥐
쳇바퀴 돌듯이 미래를 모르며 변하는
것을 모르고 너희에게 설교하며 가르
치는 자들, 그와 같은 자들로 하여금
너희들이 모두 다 무너진다는 것을 어
찌 모르느냐?
18 나 여호와의 성령은 미래를 향하여 너
희들을 변화시키며, 너희들이 미래 지
향적인 방법으로써 전진하는 삶을 살
지 아니하면 나 여호와가 새로 이루고
자 역사하는 것을 알 수 없음이니,
19 이제 너희들은 미래 지향적인 변화의
삶을 살도록 그리하라.
20 그리고 미래를 향하여 내가 이끌어 가

는 나 여호와의 새로운 법전이요, 새
로운 성경이 세상에 내려감이니,
21 이를 너희들이 접하고 읽고 깨우쳐 변
하는 모습이요, 하늘의 뜻을 모르거든
너희들이 이를 버리고 떠나도 말하지
아니할 것이니라.
22 그러나 너희들이 나의 법전을 정독하
고 읽을 때, 나 여호와가 이루고자 하
는 것이 무엇이며 내가 역사하고자 하
는 것이 무엇이며,
23 너희들이 어찌 살아가야 될 것이며 어
찌 행하여야 될 것인지 거기서 상세히
깨달을 것이니,
24 거기서 너희들은 신비함을 얻을 것이
며 하늘의 이치를 볼 수 있음을 알라.

9,051 번째 하나님 말씀

2004년 1월 1일 21시 32분

1 사랑하는 나의 아들아!
2 "네, 아버님! 말씀하옵소서."
3 하늘에 오르는 길이요, 지옥으로 가는
길, 그 모두는 너희들이 스스로 다 알
고 있으면서도, 죄를 짓고 살아가며
그를 행하는 것이 오늘의 너희들의 삶
이 아니더냐?
4 너희들은 처음에 이 세상에 살아가면
서 어린 시절에 죄를 지음이니, 그때
는 죄가 무엇인지 알지 못하며 죄를
지었음이니라.
5 그리하여 너희들이 스스로 죄인지 죄
가 아닌지 구분하지 못하고 살아가는
그와 같은 어린 시절이 있음이니, 그
와 같은 성장 과정을 지나면서 너희들
은 어찌하는가?
6 이제 너희가 나이 들어 살아가면서도
본의 아니게 실수라는 것으로 인하여
길을 모르기에 죄를 짓고 살아가는 그
와 같은 인생의 삶을 사는 것이 너희
들이 아니더냐?
7 그러면서 너희들이 좀 더 성장하고 또
성장하여 사회인이 되다 보니, 너희들
은 이때부터 어떠한 형태로 죄를 짓는
가?
8 너희들은 인간 세상에 살아가면서 육
의 삶에 의한 이해관계 때문에, 죄라
는 것을 알면서도 스스로 모르는 체
눈을 감고 죄를 지음이니, 이것이 너
희들이 살아가는 과정이 아니더냐?
9 그리하여 너희들이 나이가 점점 먹어
사회에 경험이 쌓이고 쌓일수록 그와
같은 인간관계의 삶에 의하여 너희 자
신의 이성을 잃어버리며 너희들의 본
성을 잊게 됨이니라.
10 그와 같은 과정을 거치면서 너희들은
어찌하는가?
11 알면서 죄를 짓기 시작한다면 너희들
은 이미 그 과정이 지난 다음에 벌써
죄를 짓는 습관에 젖어 있으며, 너희
자신도 모르게 습관적으로 죄를 지으
며 의도적으로 죄를 지으며 계획적으
로 죄를 지으며,
12 남에게 해를 끼치고 피해를 입혔더라
도 제가 금화와 은화 한 닢을 더 챙길
수 있다면 절대 용서치 않는 그와 같
은 형국으로 변화되는 것이 오늘의 삶
이 아니더냐?
13 그리하여 너희들이 죄를 지으면서도
그때부터 죄가 무엇인지 모르며 죄를
의식하지 못하며 그를 깨닫지 못하는

그와 같은 삶으로 살아가는 것이 오늘
의 살아가는 백성 너희들이 아니더냐?
14 그러니 지금의 모든 종교 집단이요,
믿음의 길을 가는 백성 너희들이 한
인간으로서 살아가면서 너희들이 모
르고 짓는 죄, 그리고 알면서 짓는 죄,
습관적으로 짓는 죄를 죄인 줄 모르고
가는 그 백성들처럼,
15 오늘의 너희들이 몇천 년 동안 흘러오
면서 그 믿음의 길을 가며 구원을 받
았다는 백성, 그리고 나의 아들의 보
혈로써 은혜 받으며, 나의 아들을 구
세주라 부르며, 나 여호와의 뜻에 의
해 살아간다는 그 백성들, 그리고 성
서에 의하여 살아간다는 자, 그리고
계명대로 살아간다는 그 백성들, 너희
들이 바로 그와 같은 백성들과 똑같은
형국으로 살아감이니라.
16 서서히 자라면서 변하고 또 변화되어
야 되는 것을, 변하는 것을 너희들은
변하지 못하며 제자리 걸음을 하고 있
으며,
17 또한 너희들이 살아가면서 죄가 무엇
인지 알고 또 죄를 지은 것을 잘 알고
있음이니라.
18 그러나 너희들은 살아가면서 지금의
믿음의 형국에서 타성에 젖어 지금과
같이 흘러온 그 믿음이 옳고 그른 것
을 생각하지 아니하니,
19 그를 생각하지 아니하는 그 자체가 너
희 자신이 거듭나는 것, 새로운 생명
으로 태어나고 못 태어나는 그와 같은
결정적인 무섭고 두려운 것임을 너희
들이 모르고 있음이니라.
20 그러기에 너희들이 지금의 종교 집단
이요, 지도자가 잘못 가고 있음을 알
고 있으며, 너희들을 구원할 수 있는
길이 아니며, 정녕 이는 아니라고 고
개를 흔들면서도 거기서 벗어나려 하
지 아니하며 거기서 뛰쳐나오려 하지
아니하며,
21 거기서 뛰쳐나와 만백성에게 지금의
가는 믿음의 길이 진정한 길이 아니
니, 거듭나는 길이요, 새로 태어나는
길을 위해서 너희들은 참진리를 찾아
야 될 것이며 새로운 길을 찾아야 될
것이라 부르짖으며 만백성을 깨우쳐
하늘에 오르고자 하는 백성이 하나도
없음이니라.
22 거듭나는 그와 같은 길을 가야 한다면
서도, 너희들이 지금 가는 것이 거듭
나는 길이 아니기에 불안하고 초조하
며 공포에 떨며,
23 정녕 구원이냐 아니냐 하는 그 갈림길
에서, 아무리 생각해도 진정한 믿음의
길이 아니라는 것을 알면서도,
24 너희들이 거기서 벗어나려 하지 아니
하며 탈피하려 하지 아니하는 것이 오
늘의 믿음의 길을 가는 백성 너희들의
현주소이니라.
25 결국 너희들은 나의 아들딸로서 거듭
나는 그 모두를 다 포기하게 되어 있
으며,
26 너희들은 나의 아들딸로서 거듭나는
길이 무엇이며 너희들이 거듭나기 위
해서 어떠한 역사의 삶을 살아야 되는
지, 그 모두의 어렵고 힘든 것을 들으
려 하지 아니하고 보려고도 하지 아니
하며,
27 지금 의도적으로 습관적으로 죄를 짓

고 살아가는 자들이니라.
28 그리하여 너희들은 나의 아들딸로서
하늘에 오르는 그 길을 달려옴이 아니
요, 사탄의 종이 되고 바로 악마의 길
잡이가 되며 앞잡이가 되어 지금 나의
피조물 만백성을 지옥으로 끌고 가는
그와 같은 행위를 하느니라.
29 그러니 사랑하는 나의 아들딸이요, 그
리고 믿음의 길을 가는 백성 너희들은
이제 네 자리에 서서 네가 과연 어디
쯤 왔으며 어떠한 길을 가고 있는가
너희 스스로 판단하고 깨우쳐,
30 너희들이 그 길에서 돌아서서 하늘을
향하여 '하나님! 말씀하옵소서.' '하늘
에 오르는 길'이라는 나의 법전을 읽
고 깨우쳐 거듭나는 은혜를 입지 아니
하고는 정녕 너희들은 나를 볼 수 없
다는 그 무서운 사실을 내가 나의 법
전에 수천 번 수만 번 기록하여 전함
이니, 너희들은 이와 같은 두려움을
알라.
31 나의 아들을 통하여 듣는 그 강론이
요, 나의 법전에 전하여 깨우친 그것
을 수천수만 번 내가 너희들의 귀가
따갑도록 명하고 또 명하며, 그리 행
하고 살라 명하지 않더냐?
32 그러니 그것이 얼마나 귀하고 소중한
것인가 너희들은 알아야 될 것이니라.

9,052 번째 하나님 말씀

2004년 1월 1일 21시 38분

1 사랑하는 나의 아들아!
2 **"네, 아버님! 말씀하옵소서."**
3 모든 백성들이 그저 편안한 대로, 너
희들이 말하는 대로 대충대충 인생을
즐기며 살아가느니라.
4 너희들 말대로 인간이 한 오백 년 사
는 것도 아니요, 천년만년 사는 것도
아니니, 그 세월을 너희들이 남들처럼
편안하고 즐겁게 향락을 위해 살아가
는 그와 같은 삶을 살아가는 것이 인
간의 즐거움이요, 행복이라 그리 말할
수 있거늘,
5 어찌하여 나 여호와가 너희들은 그와
같은 길을 가서는 아니 되며, 그 반대
의 길로써 좁고 어렵고 힘든 길을 가
라 하며,
6 그리고 인간에게 내가 내린 본성의 심
성을 찾아 그 길을 찾는 데 너희들이
완벽한 백성으로 변화되는 그와 같은
길을 가라 하며, 내가 너희들에게 이
리 고달프고 힘든 길을 가라 하는지
알겠느냐?
7 또한 나도 그러하니라.
8 나의 아들이 힘들고 어렵게 160권의
법전을 만들어 내며, 그가 고통스러워
하는 그 길을 가는 것, 저 자신이 변하
기 힘들고 어려울 때마다 그가 눈물의
기도를 드리는 것,
9 그 모두를 내가 들어주지 아니하며 그
를 보지 아니하며, 왜 완벽하고 완벽
한 길을 가라 하여 너희들에게 이와
같이 어렵고 힘든 훈련의 길을 내가
역사하는 줄 알겠느냐?
10 사랑하는 아들딸, 너희들은 알아야 될
것이니라.
11 그와 같이 완벽하지 아니하면 너희들
은 절대 견디지 못하며, 너희들은 내
뜻을 따라 역사할 수도 없으며,

12 너희들이 천 년에 걸쳐 새로운 지상의
역사를 이루며, 하늘과 같이 지상에
이루고자 하는 그와 같은 기초를 다질
수도 없으며, 그 길잡이가 될 수도 없
으며, 터전을 닦는 백성이 될 수 없기
때문임을 너희들은 알라.
13 사랑하는 너희들은 들어야 될 것이니
라.
14 너희들이 생수를 담음이니, 그 생수를
담는 그릇에 작은 금이라도 가 있다
면, 너희들이 아무리 생수를 붓고 붓
는다 해도 결국 그 그릇에 생수를 담
아 그대로 지탱할 수 있겠느냐?
15 절대 지탱하지 못함이 아니더냐?
16 작은 금으로 그 생수가 샌다면, 그 생
수를 아무리 담아 놓고 붓고 또 붓는
다 해도 결국 그 그릇은 제 직분을 다
하지 못할 것이며, 그는 버티지 못할
것이며,
17 결국 조그만 틈새로 새기 시작하는 그
그릇은 점점 벌어지기 시작함이니, 그
는 결국 무너지고 깨지고 말 것이니라.
18 그러니 그들은 어떠한 직분도 다할 수
없으며, 그릇으로서 제 소임을 다하지
못하고 산산조각이 나 깨지는 그와 같
은 형국이 되지 않겠느냐?
19 그러니 너희들이 오늘의 가는 그 믿음
이 바로 무엇인 줄 알겠느냐?
20 물을 담은 그릇이 작은 틈새가 있음으
로 벌어지고 또 벌어져 그 모두를 다
지탱할 수 없듯이,
21 악이라는 것이 마음속에서 실과 같이
가느다랗게 자리를 잡기 시작한다면,
그 악의 유혹이 너희들을 집요하게 물
고 늘어짐이니,
22 결국 그들에게 버티다 견디지 못하며
그저 힘없이 무너지는 것이 나의 아들
딸 너희들이기 때문이니라.
23 그리하여 너희들에게 완벽한 백성이
되라 함이니, 완벽한 백성만이 어떠한
유혹에도 넘어지지 아니하며, 사탄이
유혹한다 해도 결코 넘어지지 아니하
느니라.
24 그리하여 사랑하는 나의 아들딸에게
어렵고 힘든 길을 가도록 내가 강도
높은 훈련을 시키고 있음을 알라.
25 나 여호와가 사랑하는 아들딸이 어렵
고 힘든 것을, 너희들이 말하는 그저
되는 대로 인생을 살며 그저 대충대충
즐기고 향락을 즐기며 살아가도록 하
고 싶은 마음이 내가 왜 없겠는가?
26 그리하여 너희들이 나에게 오를 수 있
고 구원을 받을 수 있다면 나 여호와
는 천번 만번 너희들이 인간 세상에서
향락을 즐기며 살아갈 수 있도록 그를
허락할 것이니라.
27 그러나 결코 그와 같은 것으로써는 너
희들이 나에게 오를 수 없으며, 또한
너희들이 오르는 것은 다음 문제요,
만백성을 구하는 그와 같은 역사를 할
수 없기 때문에,
28 지금 나의 아들과 너희들에게 그 어렵
고 힘든 길이요, 그리고 그 험악한 훈
련의 과정을 강하게 행하도록 내가 그
리 명하고 있음을 알라.
29 그리고 그와 같은 훈련을 마친 자에게
내가 다시 역사할 것이며, 너희들이
나의 전사로서, 내가 명한 선생으로서
거듭날 수 있으며, 지도자로 설 수 있
기 때문이라는 것을 절대 잊지 말라.

30 너희들 말대로 되는 대로 살 수가 없
는 것이 지금 선택된 백성들이요,
31 너희들 말대로 인생 한 오백 년도 살
지 못하는 것을 그저 대충대충 웃고
즐기며 이웃과 더불어 향락을 즐기며
살아가면 될 것이거늘,
32 어찌하여 너희 자신을 다스리며 정도
요, 바른길이요, 하늘의 진리의 길을
간다 하여 이리 어렵고 힘든 길을 가
도록 하는가 그와 같은 이치를 너희
들은 깨달아야 될 것이니라.
33 너희들은 만백성을 구하며 모두를 인
도하지 아니하면 아니 되는 선택된 나
의 아들딸이요, 대명을 받은 자이기
때문에,
34 너희들부터 완벽하지 아니하면 모두
가 역사할 수 없으며, 너희들이 완벽
하지 아니하면 모든 백성들이 완벽한
길을 갈 수 없으며, 그리 변할 수가 없
기 때문임을 너희들은 명심하고 또 명
심하도록 그리하라.

9,053 번째 하나님 말씀

2004년 1월 1일 21시 43분

1 사랑하는 나의 아들아!
2 "네, 아버님! 말씀하옵소서."
3 내가 지금 너희들에게 내리는 법전이
요, 새로운 성경이라 하여 160권의 이
법전을 만들어 세상에 내려보내는 것
이 무엇인 줄 알겠느냐?
4 너희들이 하늘에 오르는 길이요, 나에
게 오르는 것은 행함이거늘,
5 지금 수천 년 동안 흘러오는 믿음의
길을 가는 그 백성들이 바로 행하지
아니하고 말로써 모두를 다 역사하고
이루어 오는 그와 같은 행위를 하여,
나의 피조물 만백성을 구원의 길로 인
도하지 못하는 자들이 이 세상을 지배
하기에, 내가 이와 같은 역사를 하고
있음을 너희들은 알아야 될 것이니라.
6 내가 너희들에게 다시 전함이니라.
7 나의 성경이요, 나의 율법이요, 십계
명이요, 지금 내가 나의 아들을 통하
여 내리는 제3의 시대의 법전이요, 새
로운 성경, 이 모두는 너희들이 이를
아무리 읽고 읽어 천 번 만 번 읽어 이
를 다 암송하며, 몇 장 몇 구절에 무엇
이 있는지까지 다 알고, 너희들이 그
를 가지고 만백성 앞에 행하고 설교하
고 역사하며 지도자로서 가르침을 간
다 해도,
8 그와 같이 아무리 암송하고 또 암송을
하며 하나의 토씨도 틀리지 않도록 암
송한다 해도,
9 행함이 없는 것은 다 죽은 믿음이요,
아무런 의미가 없으며, 암송할 가치가
없는 것임을 알라.
10 암송하며 그 모두를 알면서도 행하지
아니하는 자가 모르고 행하지 아니하
는 자보다 더 무거운 체벌이 있음을
알아야 될 것이니라.
11 나 여호와가 성경에 기록하여 일찍이
나의 아들 예수를 통하여 너희들에게
전하지 아니하였더냐?
12 나에게 오르는 믿음이라는 것은 행함
이 없는 믿음은 죽은 믿음이기에 너희
들은 행함을 우선으로 하라,
13 그리하여 행함 속에서 깨우치고 너희
들이 사는 그 모든 삶으로써 거기에

모두를 다 바쳐 행함에 중점을 두고
살아가라 내가 그리 가르쳤거늘,
14 어찌하여 이와 같은 뜻을 그리 귀하고
소중히 알아듣지 아니하며 너희들의
임의대로 그리 생각하는가?
15 지금 믿음의 길을 가는 자, 그와 같은
생각으로써 가는 백성 너희들이 어떠
한 자인 줄 알겠느냐?
16 봄에 씨앗을 뿌려 농부가 피땀 흘려
잘 가꾸고 다스렸을 때, 추수할 때 그
곡식을 거둘 수 있는 것이니라.
17 땀 흘려 일한 그 백성들이 추수 때가
되어 추수를 함이니,
18 씨를 뿌리지도 아니하였으며 가꾸지
도 아니한 그 백성들이 남의 밭에 가
서 추수 때가 되어 추수한다 하여, 들
판에 노랗게 고개 숙인 농작물이요,
그 곡식들을 가꾸지도 아니했으면서
땀 흘려 가꾼 그 사람들 것을 제 것인
줄 착각하고 추수하고자 대드는 자,
19 그를 추수하여 제 곡간에 쌓아 놓아
제가 편히 먹고살 수 있는 것이라 그
와 같이 착각하는 정신병자들이 바로
지금의 믿음의 길을 가는 너희들이라
면 과연 믿겠느냐?
20 그러니 그들과 조금의 다름이 없는 것
이 행함이 없는 너희들의 믿음이요,
행함이 없는 너희들이 말로써만 모두
를 역사하는 것이며,
21 말로써 나의 피조물 만백성을 현혹하
며 행함을 가르치지 아니하며 행함은
소중한 것이 아니라 하여,
22 그들이 행함으로써 나에게 구원을 받
을 수 있는 길마저 막고 있는 것이 너
희들이라는 것을 절대 잊지 말라.
23 그러니 너희들이 하늘의 무서움을 알
며, 두려움을 알며, 나 여호와가 존재
함을 알며, 나로 하여금 심판을 받아
천국과 지옥으로써 반드시 분류된다
는 것을 알면서, 어찌하여 너희들이
오늘의 삶을 그리 사는가?
24 너희들 자신을 돌아다보고 너희들 자
신을 다시 한 번 분석하며, 제삼자의
입장에서 해부하고 따지고 또 분류하
고 점검해 보도록 그리하지 아니하면
아니 될 것이니 그리 알라.

9,054 번째 하나님 말씀

2004년 1월 2일 08시 26분

1 사랑하는 나의 아들아!
2 모두는 너희들이 사랑을 베풀면 베푸
는 만큼 그들은 그를 알며 그를 받아
들인다 하였음이니라.
3 너희들이 기르는 모든 동물이요, 그
모두가 다 너희들과 대화하지 못하며
의사소통을 제대로 하지 못한다 해도,
그들은 너희들이 사랑하는 것, 그리고
아끼는 것을 다 알고 있음이니,
4 사랑하고 아끼는 마음이 진실일 때,
그들은 또한 너희들에게 모두를 다 그
리 줌이니라.
5 그러니 주는 자, 받는 자의 기쁨과 행
복함이 있음이니, 이 세상에 너희들이
살아가면서 인간과 인간의 그 사이에
이루어지는 것이 무엇인들 너희들이
사랑으로 다스릴 수 없는 것이 없지
않겠느냐?
6 그리하여 원수를 사랑하라는 것이 나
여호와의 뜻이니,

7 너희들이 인간 세상에서 생각하며 세
속의 육을 가지고 있는 사람이 생각한
다면, 원수를 사랑하는 것은 너희들이
그 원수를 사랑할 수도 없는 것이지만,
8 또한 원수를 사랑하는 것이, 너희들이
그를 용서하고 사랑하는 것이 어떻게
보면 복수하지 못하며 억울하게 당한
사람에 대한 한풀이를 하지 못하는 것
이니, 그 모두를 다 초월하며 벗어나
야 되는 것이니,
9 인간 세상에 살아가는 계산법으로써,
인간들이 살아가는 그 얽히고설킨 곳
에서 너희들은 하늘의 뜻을 알 수 없
으며 행할 수 없는 것이니라.
10 그러니 내가 너희들이 용서할 수 없는
것, 꼭 복수를 해야 되며 그 대가를 치
러야 되는 그와 같은 인간 세상의 그
마음까지도 다 버릴 수 있는 것은,
11 진실한 사랑이 무엇이며 인간이 인간
으로 대하는 것이 얼마나 소중한 것인
가 이와 같은 것보다도,
12 아무리 원수라 해도 그보다 더 귀하고
소중한 것이 없기에 너희들은 원수를
사랑하라 하며 그를 용서하라 함이니
라.
13 그리고 또 그리 가야 되는 것이며, 그
리 갈 수 있는 것이기에 나 여호와가
너희들에게 그리 행하라 함이니,
14 너의 제자들은 이와 같은 나 여호와의
깊은 뜻이요, 하늘의 뜻을 알아야 될
것이니라.
15 인간 세상에 사는 백성이 60점의 한
계를 벗어나는 것이 바로 무엇이더냐?
16 인간 세상에서 거래하고 이루어지는
그 역사를 가지고 그대로 다스리고 나
간다면 너희들은 60점이라는 그 점수
를 넘을 수가 없음이니라.
17 그러나 인간을 초월하여 인간으로서
할 수 없는 것, 그것이 하늘의 뜻이고
하늘의 역사이니,
18 그리하여 너희들이 그와 같은 삶을 살
았을 때, 60점이요, 70점이요, 80점이
라는 그 점수를 넘을 수 있는 것이니
그리 알도록 하라, 사랑하는 나의 아
들딸들아!
19 무엇보다도 귀중하고 소중한 것이 인
간이거늘,
20 너희들이 그 인간을 기만하며, 인간
앞에 두마음을 먹으며, 너희들이 인간
의 마음을 아프게 하며 가슴을 울리
며, 제가 이루고자 취하고자 하는 것
을 위하여 수단과 방법을 가지지 아니
하고 산다면,
21 정녕 너희들은 사랑을 준 만큼 베푸는
짐승만도 못하다는 것이 여기에 있음
이니,
22 너희들은 결코 짐승만도 못한 나의 아
들딸이 되어서는 아니 될 것이니라.
23 인간이 베푸는 만큼 또한 인간도 받아
들이며 감사함을 아느니라.
24 그러니 짐승보다도 더 베푸는 것을 감
사하며 은혜를 느낄 수 있는 것이 또
한 인간이니,
25 너희들은 이를 주저하지 말며, 이를
의심치 말며, 그와 같이 사랑하며, 진
심으로 사랑하는 마음, 그리고 인간의
소중함을 알고 살라.
26 그리하면 용서하지 못할 것이 없으며
덮지 못할 것이 없음이니,
27 가장 소중한 것은 인간과 인간을 상대

해서 너희들이 인간의 소중함은 물론
이요, 진실된 마음으로써 대화하고 문
을 열 때 그 모두는 역사함이니라.
28 너희들의 문을 열 수 있는 그 고리는
네 마음 안에만 있으며 밖에는 없다
하였으니, 안에 있는 고리를 잡고 있
는 너희들이 문을 열어야 됨이니라.
29 그러하니 인간을 기만하지 말며, 인간
을 속이지 말며, 인간을 속과 겉이 다
른 마음으로 상대하지 말라.
30 속과 겉이 다른 인간이 얼마나 불행하
고 비참한 것인지 너희들은 알겠느냐?

9,055 번째 하나님 말씀

2004년 1월 2일 08시 33분

1 사랑하는 나의 아들아!
2 **"네, 아버님! 말씀하옵소서."**
3 성서에 기록하여 너희들을 깨우치기
를, 내일 먹을 것, 내일 입을 것, 잠잘
것을 생각하지 말며, 내일에 역사할
것을 생각하지 말라 그리하였음이니
라.
4 그리하여 단순히 쌓아 놓지 않는 것,
쌓아 놓고자 하는 욕심이 없는 것이
인간의 아름다운 마음이라 너희들은
그리 생각하나, 그 또한 그러하니라.
5 쌓아 놓고 내일을 준비하지 아니한다
면 너희들이 오늘은 너그러운 마음이
요, 편안한 마음으로 모두를 대할 수
있다는 그 뜻도 또한 거기에 있음이니
라.
6 그러나 너희들은 알아야 될 것이니라.
7 너희들이 오늘에 충실하지 아니하고
오늘에 모두를 충실치 못한 삶을 살면
서 내일을 생각하고 내일을 걱정한다
면 과연 어떠하겠느냐?
8 모두가 질서가 없으며 너희들은 이루
어지는 것이 없음이니라.
9 그러니 너희들은 머릿속으로 생각하
지 말라는 뜻이니라.
10 너희들이 무엇을 집착하여 머릿속으
로 너무 생각하고 생각하는 것은 육으
로 행하는 것보다 더 나쁜 것이기에,
내일에 대한 어떠한 생각이요, 설계를
함부로 하지 말도록 그리 내가 말한
것이니라.
11 너희들이 잠자기 전에, 또는 일어나기
전에 인간 세상에 너희들이 생각하는
마음이요, 그 고민이요, 걱정거리를
털지 못하고 잠자리에 든다면 그게 병
이 될 것이요,
12 또한 그를 털지 못하고 일어나 하루
일과를 생각한다면 너희들의 마음 또
한 편하지 아니할 것이니라.
13 더욱이 너희들이 잠자기 전에 생각하
는 것이 사악한 생각이요, 인간이 행
동하는 것보다도 더 무서운 것이 마음
의 생각이라 했으니, 마음으로 나쁜
생각이요, 못된 생각을 한다면, 그 모
두가 다 너희들에게 크나큰 병이 됨을
모르느니라.
14 그래서 너희들은 필요 없는 것, 불필
요한 생각을 많이 하지 말라 함이니라.
15 인간이 누워서 생각하는 것, 일어나기
전에 생각하는 것, 그것이 아름답고
곱지 못하다면,
16 너희들의 머릿속으로 계산하는 것, 생
각하는 것, 행하지 아니하고 누워서
온갖 생각을 다 하며 머리를 굴린다면,

17 그것이 너희들이 아름다운 쪽이 아닐
때, 아름답지 못하고 너희들이 무엇인
가 풀기 위하여 수단과 방법을 가리지
않는 그와 같은 생각을 할 때,
18 너희들은 그것이 생각으로써 그친다
하나, 그것이 너희들의 마음을 무너트
리며 육신을 병들게 하는 그와 같은
원인이 되느니라.
19 그리하여 너희들이 행하는 것보다도
생각이 더 나쁠 수 있으며 그 죄가 무
섭다 하여, 머리를 굴리고 굴리는 그
와 같은 생각을 하지 말라 하였음이니
라.
20 그러니 아름답고 좋은 쪽으로 모두를
생각하는 것은 너희들에게 득이 되나,
너희들이 사악한 생각으로 잠시나마
마음을 가지면 네 마음이 고달프며 육
이 고달프니, 심신이 고달픔이니라.
21 그리하여 너희들이 병마를 얻게 되며
그리하여 또 쓰러짐이니라.
22 그리하여 너희들이 잠들 때 잠을 자며
일을 할 때 일을 하며,
23 불필요한 생각과 고민 속에 빠져 내일
을 걱정하지 말라는 것이 여기 있음이
니라.
24 오늘을 충실히 살기도 바쁜 너희들이
내일을 걱정하고 또 모레를 걱정하며
평생을 걱정하면서, 너희들이 행하지
는 아니하고 생각만으로써 온갖 생각
을 다 한다면, 그 생각이 너희들의 마
음을 무너트리고 몸을 무너트림이니,
25 오늘에 충실하며 또한 내일은 내일대
로 충실한 삶을 살라 하는 것은, 쓸데
없는 나쁜 생각으로 연구하지 말며 너
희들의 머리를 그리 쓰지 말라 함이니
라.
26 그것이 너희들에게 해가 되고 독이 되
어, 너희들의 육이 무너지며 정신이
무너지며, 이해관계 없는 육의 행함보
다 더 무서운 큰 죄를 너희들이 계속
지으니,
27 죄를 짓는 행위를 하지 말라 하는 나
여호와의 뜻의 가르침이 거기에 있음
을 알라.

9,056 번째 하나님 말씀

2004년 1월 2일 08시 38분

1 사랑하는 나의 아들아!
2 "네, 아버님! 말씀하옵소서."
3 너의 제자들에게 전하라.
4 너희들은 영원히 사는 세상이 있으며
거듭나는 그와 같은 세상이 있음이니
라.
5 너희들이 영원히 사는 세상의 나에게
오르며 거듭나는 생명의 은혜를 얻을
것인가, 그렇지 않으면 지옥 불로 가
그 고통과 시련을 겪을 것인가?
6 그것 하나만 생각하고 그것 하나만 믿
는다 해도, 정녕 너희들은 영원히 사
는 세상이요, 거듭나는 생명을 얻고자
한다면, 너희들이 과연 오늘 어떠한
마음을 가지고 살겠느냐?
7 내가 너희들에게 말하여 나 여호와의
진리가 '하늘을 두루마리 삼고 바다를
잉크 삼아 쓰고 또 써도 그 진리를 다
못 쓴다.' 함은 무엇이더냐?
8 그는 곧 사랑이니, 너희들이 살아가면
서 베풀고 베풀 수 있는 그 사랑은 끝
이 없음이니라.

9 끝이 없는 그와 같은 사랑의 베풂이
요, 그게 하늘의 뜻이요, 하늘에서 가
지고 있는 사랑이니,
10 너희들이 백 년을 살든 60년을 살든
과연 그것을 얼마나 베풀고 행하고 산
다 할 수 있겠느냐?
11 너희들은 기억이 없을 만큼 행하지 못
하고 사는 것이니라.
12 그러니 잠깐 켜졌다 꺼지는 불빛만도
못한 것이 너희들의 인생의 삶이며,
지구에 비하여 개인의 역사가 그러하
다 하지 않더냐?
13 그와 같이 짧은 속에서 사랑을 베풀며
아름다움을 베풀고 행하고 살기도 바
쁘고 끝이 없고 갈 길이 멀거늘,
14 어찌하여 너희들이 악한 생각이요, 추
한 생각을 감히 할 수가 있으며 더욱
이 그를 행동으로 옮길 수 있단 말이
더냐?
15 너희들은 말하기를 인생이 지구의 역
사에 비하면 잠깐 켜졌다 꺼지는 촛불
만도 못하며, 불빛 만큼도 못한 인생
이라 하면서,
16 사랑이요, 아름다움은 끝이 없는 그
세상이거늘, 그 끝을 조금 더 행하고
실천하는 것이 얼마나 된다고, 너희들
이 살아가면서 그와 같이 악하고 죄짓
는 짓이요, 험악한 생활을 하고 살 수
있는가?
17 그 어리석음에서 벗어나라는 것이 나
의 법전이니, 이와 같은 뜻을 너의 제
자들에게 깨우쳐 주라, 사랑하는 나의
아들아!

9,057 번째 하나님 말씀

2004년 1월 2일 08시 44분

1 사랑하는 나의 아들아!
2 "네, 아버님! 말씀하옵소서."
3 너를 따르는 너의 제자들이 정녕 마음
을 비울 수 없으며 모두를 놓을 수 없
다 그리 말하며, 모든 종교 집단이요,
신도들이요, 그 백성들 또한 저희들이
나의 계명대로 살 수 없으며 마음을
비울 수 없다 그리 말하거든, 그들에
게 전하라.
4 너희들이 이 세상에서 태어난 것, 그
하나만 귀하게 생각하며 그것을 감사
하게 생각한다면,
5 너희들이 범사에 감사하듯이, 목숨을
다하고 뜻을 다하고 모두를 다 바쳐
너희들이 생명을 얻어 세상에 나온 것
을 나 여호와에게 감사하는 마음을 갖
는다면,
6 정녕 마음을 비울 수 없다 말할 수 없
으며, 십계명을 지킬 수 없다 말할 수
없으며, 지금 나의 아들을 통하여 내
리는 새로운 성경을 너희들이 감히 지
킬 수 없다 말할 수 없음이니라.
7 생명이 세상에 태어난 것을 진심으로
모두를 다 바쳐 감사하고, 너희들이
성한 몸으로써 아름다운 모습으로써
세상에 태어난 것 또한 목숨을 다하여
마음을 다하여 감사하는 마음을 갖는
다면,
8 그리고 너희들이 중병에 걸려 허덕이
는 사람이 되어 있지 않다는 것만 가
지고도 모두를 감사하고 너희들이 나
에게 은혜를 보답하고자 하는 그와 같

은 마음을 갖는다면,
9 정녕 그러고도 너희들이 이를 지키고
살 수 없으며 마음을 비울 수 없다 말
할 수 있는가?
10 너희들은 말로만 '범사에 감사한다.'
하면서 그것이 말뿐이요, 행함이 없기
때문에, 애절한 마음이 없기 때문에,
몸과 마음을 다 바쳐 그와 같은 감사
함을 모르기 때문에,
11 너희들이 감히 십계명이요, 내가 직접
써 내린 그를 지킬 수 없다 하며, 율법
대로 살 수 없다 하며, 내가 내리는 법
전대로 살 수 없다 함이니,
12 그리고 마음을 비울 수 없다 하며, 인
간은 죄를 짓지 아니하고 살 수 없다
는 그와 같은 넋두리를 하니,
13 너희들이 얼마나 오만하며 교만한 자
요, 노력하지 아니하고 게으른 백성인
줄 알겠느냐?
14 감사하는 마음으로 너희가 생각하고
살아간다면 오늘의 삶에 감사와 만족
함을 얻을 수 있을 것이며,
15 그러니 오늘의 삶에 목숨과 마음과 모
두를 다하여 감사하는 마음을 갖고 산
다면 너희들은 오늘에 처해 있는 그
생활에 만족할 수 있는 것이니,
16 그 만족한 마음을 얻고 살아갈 때, 너
희들도 모르게 스스로 너희들 마음이
비워져 있으며, 나에게 가까이 오고
있다는 것을 어느 날 알게 될 것이니,
17 모든 것에 진심으로 감사하는 마음을
가지라.
18 무엇을 감사하는 것인지, 무엇을 범사
에 감사하는 것인지 그것도 모르며 살
아가기에, 너희들이 나의 뜻을 역사할
수 없으며 오늘과 같이 비운 마음으로
살 수 없다 감히 그리 말하는 것이니,
그리 알도록 전하라.

9,058 번째 하나님 말씀

2004년 1월 2일 11시 39분

1 사랑하는 나의 아들아!
2 **"네, 아버님! 말씀하옵소서."**
3 너의 제자들이 변하고 변한다 하여 이
세상에 너희들처럼 귀한 자가 없다 하
였으며,
4 나의 법전이 세상을 하얀 눈이 덮듯이
덮어 그 모두를 역사하는 대명을 받은
자가 너의 제자들이요, 너를 따르는
그들이요, 그리고 또 나의 법전을 읽
고 깨우친 나를 따르는 만백성이요,
내가 기억하고 사랑하는 그들에게 변
화되는 삶을 살라 그리하였음이니라.
5 그러나 너희들이 변하지 못하며 역사
하지 못함이니, 그 모두는 다 무엇이
던가?
6 마음속에 시기함이 있으며 질투함이
있음이니, 시기함과 질투함이 있는 그
것이 무엇이더냐?
7 욕심이라는 뿌리요, 그 마음을 버리지
못한 너의 제자들이기 때문에 그와 같
음이니,
8 너희들이 스스로 가슴에 손을 얹고 각
자 생각하는 것, 행동하는 것을 돌이
켜 보라 하라.
9 나의 법전을 읽고 깨우치며 강론을 들
은 제자 너희들이 과연 일반 백성들보
다 무엇을 깨우쳤으며,
10 믿음의 길을 가는 백성들과 참진리를

모르며 비진리 속에서 살아가며 밤길
을 허덕이는 그와 같은 자들도 너희들
이 가지고 있는 마음만큼 변하지 않은
자가 어디에 있으며 깨닫지 못한 자가
어디에 있는가?
11 돼지머리 놓고 절하고 고사 지낸다는
자들도 악함을 하지 말라 하니, 그 말
을 듣고 손을 모아 절하고 또 축복을
빌고 소원을 비는 자들의 마음도 너희
들 마음과 그 차이가 없다 하면, 너희
들은 과연 어찌하겠는가?
12 그러니 너희 스스로 깨우쳐야 될 것이
니라.
13 욕심이요, 시기 질투함이 얼마나 두렵
고 무서운 것인지 알겠느냐?
14 성서에 또한 그와 같은 대목이 일찍이
기록되었음이니라.
15 너희들이 말하기를, 고달프고 어려운
예수의 그 발을 마리아라는 여자가 향
유로써 씻어 주었음이니,
16 그것도 제 긴 머리카락에 향유를 발라
그를 씻어 준 그 정성이 얼마나 갸륵
하며, 그가 얼마나 예수가 하는 그 역
사를 제가 따르고자 했으면 그와 같은
일을 했겠는가?
17 그러나 그 제자가 뭐라 말하였느냐?
18 그 향유라는 것을 팔아 돈으로 만들면
저희 제자들과 많은 백성들이 배불리
먹고 지낼 수 있는 것을, 어찌하여 그
것을 갖다 예수의 발을 씻을 수 있느
냐 하는 그와 같은 말을 한 자가 있으
니, 그것이 바로 무엇이더냐?
19 그가 그 재물이 아까워서 그리 말했다
생각하는가, 그리고 정녕 그것을 팔아
서 재물로 만들어 떡을 먹기 위한 마
음에서 그리했겠는가?
20 그것이 바로 시기와 질투에서 일어난
마음임을 너희들은 알라.
21 지금의 너의 제자들도 그를 벗어난 자
가 하나도 없다 함을 알라.
22 그가 제 머리에 향유를 발라 그를 씻
으니, 머리에 향유를 발라 씻는 정성
의 마음은 예수의 고달프고 힘든 길을
위하여 그에게 감사의 표시요, 고마운
표시요, 그에게 희망과 노력할 수 있
는 자신감을 심어 주고 위로하는 마음
으로, 사랑으로 그와 같이 했으니, 저
희들은 그리하지 못하는 자가 바로 무
엇이더냐?
23 그게 시기와 질투이며, 시기와 질투
속에서 그들은 그와 같이 그를 팔아
양식으로 샀을 때 많은 사람이 한동안
먹을 수 있는 것을 그리 함부로 쓴다
말하였음이니, 그게 무엇인 줄 알겠느
냐?
24 그가 그리하는 마음의 깊이를 모르며
그 사랑을 모름이니, 너희들은 그를
어찌 가르치고 어찌 배우는가?
25 그러나 그건 바로 질투와 시기로 그와
같은 말을 했음이니라.
26 그 당시 예수를 따르는 제자들도 남이
앞에 가는 것, 남이 더하는 것을 시기
하고 질투하며, 그리하여 예수의 흠집
이요, 예수의 잘못된 점이요, 그 제자
들이 서로 잘 가고 잘못 가는 것을 시
시비비하고 있었음이니,
27 그것이 오늘의 나의 아들을 따르는 제
자 너희들이 행동하는 것과 무엇이 다
르던가?
28 너희들의 마음이 곧 향유를 갖다가 씻

어 준다고 책망한 자들의 마음과 똑같음이니, 너희들은 부끄러운 줄 알며,

29 너희들 자신이 변하는 삶을 살지 아니해서는 아니 될 것이니라.

30 모든 종교 집단의 지도자들이 어찌 가르치든, 그 대목에서 시기요, 질투하는 마음이요, 그가 욕심을 버리지 못한 마음에서, 머리에 향유를 발라 어렵고 힘든 예수의 발을 씻어 주는 그를 그리하여 책망했음이니,

31 이것이 바로 2천 년 전에 예수를 따랐던 그 제자들의 마음이니, 오늘 너를 따르는 그 제자들의 마음과 다른 것이 무엇이 있는가?

32 모두 제 앞에 있는 욕심이요, 시기와 질투의 마음을 버리지 못하여 너희들이 말을 함부로 하며 행동을 함부로 함이니라.

33 나의 아들이 법전을 쓰는 고통이요, 그 길을 위해서, 그리고 이게 만백성에게 전해졌을 때 어떠한 역사를 이루며 이 길이 어떠한 길인가 너희들이 생각한다면,

34 그 머리에 향유를 적셔 예수의 발을 씻어 주는 그 마음은 무엇이던가?

35 지금 그와 같은 마음의 자세로써 나의 아들이 160권의 법전을 만들어 이 세상의 만백성을 구하는 그 역사에 너희들이 향유를 머리에 발라 그 발을 씻어 줄 수 있는 마음을 가지고 있는 자가 몇 명이나 있는가?

36 그와 같이 역사하는 자의 그 마음이요, 그 행함이 갸륵하고 너희들이 따라가지 못하며 본보기로 할 수 없음이니,

37 그가 더 사랑을 받으며, 그가 더 귀여움을 받으며, 그가 더 신뢰를 받으며, 그리고 그의 충성이요, 그가 예수를 따르는 것이요, 나의 아들에게 그리하는 자의 사랑함을 따를 수 없기에, 너희들이 시기 질투하는 마음에서 그리 말할 것이니라.

38 그러니 바로 오늘의 제자들이나 그 당시 예수를 따르던 제자들이 다 시기 질투하는 마음이 똑같음이니, 그는 다 제 욕심이니라.

39 나의 아들이 잘못 가고 잘 가는 것을 시시비비하는 것도 따지고 보면 너희들이 다 제 욕심을 버리지 못한 것이며,

40 제 욕심이 충족되지 아니하며 제 시기와 질투에 충족되지 못하기 때문에 너희들이 함부로 말을 하며 시시비비를 하는 것이니,

41 그때의 제자들이나 너희들이 무엇이 다르단 말이더냐?

42 성서에 기록된 내용에 비싼 향유를 가지고 예수의 발을 씻어 주었다 하는 그와 같은 의미를 너희가 어찌 생각하든, 그것은 내가 너희들에게 질투와 시기하는 것을 보여 줌이요,

43 2천 년 전에 나의 아들 예수를 따르면서 행한 제자들의 시기 질투요, 그 욕심이요, 그 행동을 보여 줌이니,

44 그때 향유에 머리를 적셔 그와 같이 정성을 바친 여자의 모습이 너희들은 누구를 위해서 역사한 줄 알겠느냐?

45 오늘의 나의 아들을 따르는 제자 너희들을 위해서 그때 그 역사가 이루어졌음이니라.

46 2천 년 전에 나의 아들 예수가 왔으나
그 예수 앞에 그 제자들이 행한 것을
보여 줌은, 2천 년 동안 나의 아들이
세상에 내려온 자가 없으며 대신 온
자가 없음이니, 2천 년 후에 내가 나
의 아들을 세상에 내려보내어 지금 너
희들이 감히 상상할 수 없는 만백성을
구하는 법전을 세상에 내리는 대역사
를 이룸이니,
47 이제 나의 아들을 따르는 제자들을 바
로 가르치고 바로잡고자 하며, 너희들
이 시기 질투하지 아니하며 욕심 부리
지 아니하며 음해하지 않도록 너희들
을 가르치기 위하여 그 내용이 기록되
었음을 알라.
48 너희들은 구약은 신약을 받쳐 주기 위
하여 역사하며, 신약은 지금의 제3의
시대에 나의 법전이 세상에 나와 역사
하는 것을 미리 알리는 것이며,
49 그때 간 제자들이 다 너희들이 역사하
는 것을 바로 가르치고 바로잡기 위하
여 그 모두가 준비된 단계이니라.
50 너희들이 말하는 계주로써 4번 주자
요, 마지막 주자가 너희들이라는 그
뜻을 알라.
51 3번 주자가 역사하고 질주하여 달리
는 것은 4번 주자에게 우승으로 넘겨
줘 그 4번 주자가 영예요, 영광을 찾
도록 하는 것과 똑같은 그 이치가 여
기 있음이니라.
52 향유를 머리에 적시어 그 여인이 힘들
고 고달픈 나의 아들 예수의 발을 닦
아 주었던 것을, 그것을 하지도 못하
는 자들이 욕심이요, 시기 질투요, 그
것 때문에 시시비비를 함이니,
53 그리하여 지금 너희들이 그와 같이 가
서는 아니 될 것이며, 그와 같은 자는
나의 성전에 와서 공부할 자격이 없으
며 깨우칠 자격이 없으며 변화될 수
없는 백성이라는 것을 너희들이 스스
로 알아 처신하고 깨닫게 하기 위하여,
54 오늘의 나의 아들을 따르는 제자 너희
들을 가르치기 위한 그 거울로써 2천
년 전에 그와 같은 역사가 이루어졌음
이니 그리 알라 전하라.

9,059 번째 하나님 말씀

2004년 1월 2일 11시 44분

1 사랑하는 나의 아들아!
2 "네, 아버님! 말씀하옵소서."
3 성서에 기록된 것이 무엇인 줄 알겠느
냐?
4 3번 주자가 가지고 달려 4번 주자에
게 바통을 넘겨줌이니, 그들은 구원이
요, 하늘에 오르는 그 답이 아님이니
라.
5 4번 주자가 질주하여 우승을 차지할
때 우승의 영광을 얻음이니, 바로 4번
주자가 농사를 지어 마지막 추수 시대
에 그 열매를 여는 자가 아니더냐?
6 그러니 지금 나의 아들을 따르는 제자
너희들이 바로 그와 같은 자들이니,
너희들이 그 자격이 있으며 그와 같은
자질이 있는가?
7 그리고 너희들이 준비된 자들인가, 다
시 한 번 생각해 봐야 될 것이니라.
8 그렇지 아니하는 자 영원히 나의 아들
과 더불어 마지막 주자로서 달려갈 수
없음을 너희들은 알아야 될 것이니라.

9 그러니 3번 주자가 뛰는 것은 4번 주
자가 마지막 열매의 결실을 거두기 위
해서 하듯이,
10 모든 성서는 오늘의 제3의 시대요, 마
지막 시대에 나의 법전이 내려오는 것
을 입증하는 것이며, 나의 법전을 따
르는 그 제자들이 행하고 지키고 가야
할 내용이 여기 있음을 알라.
11 이제 그것이 성서의 비밀이요, 성서에
봉해진 문을 여는 것이니라.
12 너희들이 2천 년 동안 이를 가지고 깨
우쳐 배우고 연구하여 하늘에 오른다
는 것이 다 부질없는 것이요, 너희들
이 참진리요, 성서의 뜻을 모르고 살
아왔다는 의미가 여기에 있음을 너희
들은 알라.
13 이제 내가 나의 아들을 통하여 전함이
니, 구약의 시대는 출발의 시대로서
예수에게 바통을 넘겨주는 시대요,
14 그 바통을 받아 예수는 충실히 그 모
두를 실행함이니, 그가 그 시대를 망
가트리는 것이 아니요, 그를 완성하며
역사하고자 하였음이니,
15 1번 주자가 출발하여 뛰어서 달려온
것을 그대로 충실히 받아 자기 직분을
다한다는 뜻이며 다 역사하고 간다는
뜻이니라.
16 그러하니 신약에 기록되어 있는 것은
오늘 나의 아들을 따르는 제자들이요,
나의 법전을 읽고 깨우친 만백성 너희
들을 위하여 준비된 것이며,
17 너희들이 가야 할 길이며, 너희들이
행하여야 할 길이며, 너희들이 역사할
것이 거기에 준비되어 있음이니라.
18 그러니 3번 주자로서 최선을 다하여
역사를 이루고 나의 아들은 갔음이니
라.
19 그리하여 그 직분을 다하였기에 나에
게 오른 자요, 직분을 다하지 아니하
였을 때 나에게 오를 수 없음이니라.
20 그러니 4번 주자로서 뛰는 너희들은
과연 어떠한 자들이더냐?
21 구약은 신약을 위해 뛰었고 신약은 마
지막 주자를 위하여 모두 역사했으니,
구약 또한 너희들을 위해 준비되고 뛰
어온 자들이 아니더냐?
22 그러니 그들의 노고에 보답할 수 있는
길은, 그들이 겪고 시행하려 했으나
하지 못했던 그 모두를 너희들이 역사
하고 지켜 거둬들이는 것이니라.
23 이와 같은 의미를 너희들이 안다면,
오늘의 너희들이 어떠한 백성인가, 너
희들이 무엇을 위해서 살아가는 자들
인가를 깨우치고 반성하여 거듭나는
삶을 살지 아니하면 너희들은 나의 성
전에 올 수 없으며, 여기 와서 강론을
들을 수 없다 한 나의 그 뜻이 무엇인
지 알겠느냐?
24 너희들이 천사와 같이 변하지 아니하
고, 인간을 시기하고 질투하는 마음,
저 자신을 위해 욕심을 가지고 항상
살아가며 대화하고 행동하는 자, 너희
들은 결코 용서받을 수 없음이니라.
25 너희들이 어떠한 역사를 이루었든, 내
가 너희들을 버렸을 때 너희들은 나를
원망하지 말라.
26 그 모두는 스스로 버림을 받은 것이니
라.
27 너희들이 나에게 오는 100리 길에서
95리를 와서 5리의 길이요, 몇 킬로미

터만 오면 역사를 이루는 것을,
28 거기에서 떨어진다 해도 너희들이 그
만큼 수고했으며 노력하였거늘, 어찌
하여 버리는 인정이 없는 하나님이요,
사랑이 없는 하나님이요,
29 죽기 아니면 살기로 너희 모두를 바쳐
여기까지 왔거늘, 여기에서 버리느냐
그리할 것이니라.
30 너희들은 그 5퍼센트 때문에 들어올
수 없으며 역사할 수 없음이니, 나는
너희들을 모른다 하며, 가차 없이 내
가 너희들의 손을 놓는 것이 하늘의
뜻임을 알라.
31 최선을 다하여 달리고 또 달리는 그와
같은 삶이 너희들이 오르는 길임을 알
라.
32 이는 너희들이 모든 욕심이요, 시기
요, 질투하는 마음을 버리는 것, 그리
고 완벽한 사람이 되는 것이니,
33 너희들이 그 5퍼센트요, 10퍼센트를
놓지 못하고 버림을 받을 것인가, 그
리고 그 모두를 다 물거품이 되도록
집어던질 것인가?
34 끝까지 나에게 와 그 5퍼센트, 10퍼센
트 버리지 못한 것을 과감히 던져 버
리고 나에게 구원을 받아 그동안 노력
한 그 대가의 값을 찾을 것인가?
35 그것은 너희들이 생각하고 판단해서
행동하라.
36 이제 나는 거둘 자만 거둘 것이며,
37 거두지 못할 자, 영원히 같이 가지 못
할 자, 시기 질투의 마음을 버리지 못
하는 자, 욕심을 버리지 못하는 자, 저
를 먼저 생각하는 자, 나는 이제 그들
을 다 버리고 선별할 것이니 그리 알
라.

9,060 번째 하나님 말씀

2004년 1월 2일 11시 48분

1 사랑하는 나의 아들아!
2 "네, 아버님! 말씀하옵소서."
3 너희들의 가장 소중하고 귀한 것이 무
엇이며, 바라고 갈구하는 것이 무엇이
냐, 그리고 너희들의 가장 큰 행복이
요, 기쁨이 무엇이냐 너희들에게 묻는
다면,
4 모든 백성들은 지금의 삶을 잘 마쳐
사후의 세계에서 구원을 받아 나에게
오르는 것이라 누구나 다 그리 말할
것이며, 영원히 사는 그 세상에 거듭
나는 것이라 그리 말할 것이니라.
5 그러나 너희들은 알아야 될 것이니라.
6 그 모두는 다 내가 너희들에게 이루어
주는 것이 아니요, 스스로 너희들이
역사하고 이루어 가야 됨이니, 너희들
이 스스로 변화되는 삶을 살아야 함이
니라.
7 그렇지 아니하면 너희들은 절대 나에
게 오를 수 없다는 것을 알아야 될 것
이니라.
8 이제 나의 아들을 따르는 백성이요,
나의 법전을 읽은 만백성 너희들은 알
라.
9 스스로 너희들이 변화되는 그 삶 속에
서 너희 자신이 변화되는 모습을 볼
수 있을 때, 그리고 너희 자신이 그것
을 느끼고 있을 때, 이는 네가 하늘에
오르는 길에 들어선 것이니,
10 너희들은 그것으로써 곧 구원의 길에

들어섬이라는 것을 알아야 될 것이니
라.
11 스스로 자신이 변하고 역사하는 것을
느끼지 못하는 백성, 그리고 제가 불
안과 공허함에 살아가는 자, 그는 결
코 지금 나에게 오르는 그 길에 들어
선 자가 아님이니,
12 너희들의 마음의 상태요, 마음 자세를
돌이켜 봐도 알 것이니라.
13 어제보다 오늘이 아름다우며 천사와
같은 마음으로 변화되는 그와 같은 삶
을 사는 백성은 공허함이나 두려움이
나 무서움이 없을 것이며, 스스로 편
안함을 얻을 것이니라.
14 너희들의 마음이 편안함을 얻는 것,
그리고 너희들이 스스로 변화되는 것
을 느끼고 볼 수 있는 것, 그것이 나에
게 오르는 길임을 너희들은 알라.
15 참진리의 길을 가는 백성은 바로 그와
같이 변화되는 백성이니라.
16 그와 같은 변화를 모르는 백성은 스스
로 자신을 다스릴 수가 없음이니, 스
스로 제 고통을 이길 수 있는 백성이
못 됨이니라.
17 저 자신을 스스로 다스려 제가 고통에
서 벗어나 변하는 삶을 살며 그 변화
됨을 느끼지 못하는 백성들은 결코 나
에게 오를 수 없는 백성이라는 것을
알아야 될 것이니,
18 이미 너희들이 심판을 하는 것이며,
너희들이 먼저 재판을 하는 것이며,
19 너희들이 나에게 오르는 것인지 한 번
가면 영원히 나오지 못하는 지옥 불로
가는 것인지 지금 너희들이 다 재판하
고 심판할 수 있음이니,
20 스스로 냉정하게 제삼자의 입장에서
평가해 보라.
21 너희들이 오늘과 내일에 변하는 그 모
습을 볼 수 없으며, 변하는 삶이요, 아
름다움을 보지 못하면 너희들은 곧 죽
음의 길을 역사함이니 그리 알라.

9,061 번째 하나님 말씀

2004년 1월 2일 11시 57분

1 사랑하는 나의 아들아!
2 "네, 아버님! 말씀하옵소서."
3 너를 따르는 제자들과 너 자신, 그리
고 나의 법전을 읽고 깨우친 만백성
너희들은 눈과 같이 하얀 자로 변화되
고 거듭나지 아니하면 절대 아니 됨이
니라.
4 그러한 마음이니, 너희들이 시기와 질
투요, 욕심의 마음을 감히 생각할 수
있단 말이던가?
5 너희들 마음속에는 시기와 질투요, 그
욕심의 생각은 뿌리조차도 있어서는
아니 되며, 그와 같은 흔적이 너희들
마음에 지나간 자국이 있어도 아니 됨
을 알아야 될 것이니라.
6 그저 개미가 걸어가는 그 자국이 있어
도 아니 되는 것이며, 너희들 마음속
에는 하얀 마음 외에 다른 생각이 있
어서는 아니 되는 것이니라.
7 왜 그와 같은 훈련이요, 그와 같은 마
음을 갖지 아니하면 아니 되는 줄 아
는가?
8 너희들은 태초에 나 여호와가 죄 없는
백성으로 세상에 내보냈으며 너희들
을 태어나게 했음이니라.

9 그러니 그와 같은 상태로 된 자만 나
에게 오를 수 있음이니,
10 만백성을 이제 내가 구원하며 새로운
역사를 이루는 이 시점에서, 그 모든
대명을 이루어야 할 너희들은 악하고
사악한 마음이 있어서는 아니 되며,
그와 같은 마음은 개미가 지나간 자국
도 남아서는 아니 되며,
11 하얀 눈과 같이 오로지 선함으로써 그
득히 차 있어야 되는 것이 너희들이니
라.
12 그러니 태초에 내가 너희들에게 보냈
던 천사와 같은 아름다운 그 마음을
원상태로 돌아갈 수 있도록 너희들 자
신을 태워야 하며, 지켜야 되며, 그리
가지 아니하면 만백성을 이끌어 가는
지도자로 설 수가 없기 때문이니라.
13 지금의 모든 백성들이요, 믿음의 길을
가는 자든 믿음의 길을 가지 아니하는
자든, 너희들이 말하는 이방인이요,
잡신을 모시든 귀신을 따르든 모두는
다 나의 아들딸들이니,
14 그들이 다 똑같은 마음이니, 지금 인
간 세상이 얼마나 험악해졌고 사악해
졌는지 너희들은 아느냐?
15 그 죄 속에서 사는 나의 백성 그들을
구원하는 것은 너희들뿐이니, 너희들
의 마음이 어찌 되어야 나에게 오를
수 있다 하였느냐?
16 태초에 내가 너희들을 세상에 내보냈
던 아름다운 천사와 같은 마음으로 그
들이 돌아와야 되며, 그와 같은 삶을
살지 아니하면 아니 된다 하였음이니,
17 그들을 가르치는 선생이요, 그들을 이
끄는 자들이 그와 같은 자가 아니 된
다면 어찌 이끌어 가겠느냐?
18 나는 나의 법전 160권을 세상에 내보
냄이니,
19 나의 아들을 따르는 제자 너희들이
160권의 법전을 읽고 깨우쳤을 때, 너
희들이 천사와 같은 마음이요, 또한
태초의 너희 마음과 같이 되지 아니하
면 너희들이 선생이요, 전사로서 만백
성을 가르치고 이끌 수가 없으니, 나
의 법전이 세상에 나간들 무엇하겠는
가?
20 나의 아들은 밤과 낮을 가리지 아니하
고 나의 명에 따라 160권의 법전을 만
들어 가는 것이 이제 눈에 보이며, 손
을 뻗치면 딸 수 있는 과일의 높이 만
큼 지금 와 있거늘,
21 그를 따르는 제자들의 마음은 한 발짝
도 세상에서 올라가지 못하며, 올라갔
다 내려가며 내려갔다 올라오는 이와
같은 시이소와 같은 짓만 하고 있음이
니, 이를 어찌한단 말이더냐?
22 160권이 세상에 나왔으며 너희들이
그 내용을 다 들었어도 시이소에 올라
탄 자처럼 올라갔다 내려갔다 하는 그
와 같은 행동을 한다면 나의 백성들을
어찌 구원하고 구제할 수 있단 말이더
냐?
23 이제 너희들은 나의 아들이 가는 길을
말하기 전에, 너희들 자신이 태초의
마음으로 먼저 변해 하얀 마음으로 변
하라.
24 그렇지 아니하고 너희들이 그와 같은
선생이요, 그와 같은 자가 되지 못하
면 나의 피조물 만백성을 구하고 이끌
지 못하니,

25 법전이 나간들 무엇하며 법전이 세상
을 덮은들 무엇하는가?
26 그들은 책을 읽고 깨우치고 듣는 것보
다 행하는 것, 몸소 실천하는 것, 그것
을 보는 것을 원하며, 그것이 산 교육
이라는 말이 있지 않으냐?
27 산 교육으로써 표본이 되어야 할 너희
들이 더럽고 추하며, 일반 백성들처럼
죄짓고 사악한 마음이요, 험악한 마음
을 버리지 못하면서 너희들이 법전을
들고 '나를 따르라!' 한다면 그들이 따
르겠느냐?
28 그러니 내가 너희들에게 지금 명함이
니라.
29 그리하여 너희들에게 이와 같이 엄한
훈련을 시키며, 하얀 눈과 같이 너희
들 마음이 변해야 되니,
30 내가 태초에 인간의 그 본성의 아름다
운 마음으로 세상에 내보냈듯이, 그와
같은 모습으로 너희들이 변하지 아니
하면 아니 됨이니라.
31 너희들을 세상에 내보냈을 때의 그 아
름다운 마음처럼 그리 변하라 함이 여
기 있음이니 그리 알라, 사랑하는 나
의 아들딸들아!
32 너희들은 가야 되고 그 길을 넘어야
될 것이니라.
33 그렇지 아니한 자, 내가 손을 놓고 내
가 너희들을 모른다 할 때, 너희들은
영원히 지옥 불에서 두 번 다시 나를
찾을 수도 없으며, 볼 수도 없으며,
34 오늘의 너희들이 나의 아들을 따르는
이와 같은 영광이요, 그 축복 또한 너
희들이 감히 상상할 수 없을 것이니라.
35 너희들이 오늘 나의 아들을 따르며,
나의 아들을 통해서 내리는 강론이요,
나의 법전을 읽고 깨우칠 수 있는 눈
이 떠 있으며 귀가 떠 있으며,
36 육신이 살아 있어 너희들의 죄를 사할
수 있으며, 죄를 짓지 아니하며 천사
와 같은 마음으로 살고 남에게 모범을
보일 수 있는 그와 같은 삶을 살 수 있
는 오늘의 너희들이 얼마나 영광된 것
이요, 축복된 것인지, 너희들이 죽어
내 앞에 와서 보면 알 것이며,
37 더욱이 지옥 불로 불려가 내가 모른다
하여 손을 놓은 백성은 스스로 살을
찢고 뼈를 갈아 통곡하는 그 아픔보다
더 진한 아픔으로써 오늘의 이와 같은
영광을 얻고자 해도 볼 수도 없으며
얻을 수도 없으며 쳐다볼 수 없는 것
이 너희들의 운명이라는 것을 잊지 말
라, 나의 사랑하는 아들딸들아!

9,062 번째 하나님 말씀

2004년 1월 2일 12시 02분

1 사랑하는 나의 아들아!
2 "네, 아버님! 말씀하옵소서."
3 너의 제자들이요, 그리고 나의 법전을
읽고 깨우친 백성, 네 강론을 듣는 백
성들에게, 너희들은 나를 보려 하지
말며, 내 음성을 들으려 하지 말며, 나
를 만지고자 하는 그와 같은 생각을
다 지우라 그리하라.
4 그리고 기적을 이루는 것을 보려 하지
말며, 기적의 역사를 이루는 것을 보
려 하지 말라 그리 가르치고 깨우치라.
5 너희들의 믿음은 이를 위한 신앙이니
라.

6 그러나 그와 같은 믿음을 갖고 그와
같은 생각을 가지고 너희들이 그와 같
은 뜻을 가지고 간다면, 그것이 오늘
의 처해 있는 믿음이요, 너희들의 신
앙의 근본이니,
7 과연 그것이 어디에서 이루어지는 믿
음이며 어디에서 나를 경배하는 마음
인가 그를 알라.
8 그와 같은 마음을 가지고 너희들이 나
를 따르며 나의 법전을 읽고 깨우친다
면, 너희들이 잘못된 자들이요, 잘못
가는 자들이라는 것을 너희들은 알라
그리 전하라.
9 너를 따르는 제자들은 절대 나로부터
은혜와 상을 받으려 하지 말라 그리
말하라.
10 또한 지금 하늘에 오르는 길이요, 구
원을 받았다 하며 저희들이 축복받았
다는 그 백성들의 울부짖는 기도 소리
는 내가 뭐라 했느냐?
11 파도 소리만도 못하며, 개구리 울음
소리만큼도 나에게 관계없으며, 개 짖
는 소리만도 못한 것이 그들의 기도라
하였음이니,
12 이제는 그들이 기도라 하여 저희들이
중언부언하여 나에게 올리는, 세상을
오염시키며 하늘을 오염시키는 그와
같은 행위를 하지 못하도록 중단하라
나의 법전에 기록하여 전하며, 그들을
깨우치라.
13 나의 은혜와 상을 받을 수 있는 것은
바로 너희들이 나에게 축복과 사랑과
영광을 받을 수 있도록 저 자신을 다
스려 가는 것, 그리고 자신의 마음을
순화시키는 것, 저희들이 정서적으로
그와 같은 마음으로 먼저 변하는 것,
그것이 나에게 오를 수 있는 길이며
모두를 역사할 수 있는 길이라 그리
가르치라.
14 너희들 자신이 내가 은혜를 내리고 상
을 내릴 수 있도록, 그리고 또 내가 내
렸을 때 당당히 받을 수 있도록 너희
들 마음이 다스려지며 너희들이 변화
되며 순화되는 그와 같은 삶이 급선무
며,
15 그 길을 가는 것 외에는 아무것도 얻
고 이룰 것이 없으며, 구할 것이 없으
며, 또한 너희들이 나에게 오를 수 있
는 길이 없으니, 너희들은 모두가 잘
못되는 길만 달려간다는 것을 그리 전
하도록 하라.
16 그러니 너희들이 기도로써 중언부언
하는 그와 같은 짓을 하지 말며, 나로
부터 상을 받을 수 있는 너 자신으로
순화시키는 데 최선을 다하라.
17 그와 같은 길을 가야 되는 것이 너희
들의 최대의 임무요, 나에게 올 수 있
는 기본이요, 근본이라는 것을 너의
제자들에게 꼭 가르쳐 그들에게 심어
주라.
18 그리하여 나를 보려 하는 것, 내 음성
을 들으려 하는 것, 나를 만지려 하는
것, 기적의 역사가 이루어지기를 바라
는 것, 그와 같은 신앙의 믿음에서 다
벗어나도록 하며,
19 다만 너희들에게 내가 상을 내릴 때
무조건 받을 수 있는 그 그릇이 되도
록 갈고 깎고 씻고 순화시키는 데 모
두를 다 바치는 삶을 살라 그리 전하
라.

20 그것이 곧 나를 볼 수 있는 길이요, 나
를 만질 수 있는 길이요, 나에게 올 수
있는 길이라 그리 전하라.
21 그리고 어떠한 기적보다 더 위대한 기
적이요, 그 어떤 기적과도 바꿀 수 없
음이니라.
22 남들이 눈으로 보이는 기적이요, 역사
하는 것이 너희들과 무엇이 관계가 있
느냐?
23 남들이 다 농사를 지어 놓은 곳에 추
수하려고 대드니, 그 주인이 놔두지
않아 추수할 자리가 없는, 정신병자만
하는 그와 같은 행위를 해서는 아니
된다는 나의 가르침을 명심하고 또 깊
이 깨우쳐, 그러한 어리석은 백성이
되지 않도록 그리하라.

9,063 번째 하나님 말씀

2004년 1월 2일 12시 13분

1 사랑하는 나의 아들아!
2 "네, 아버님! 말씀하옵소서."
3 너를 따르는 그 제자들, 그리고 나의
법전을 읽고 깨우친 사랑하는 백성 너
희들은 이 세상에 존재하는 어떤 생명
을 가진 것이든, 그 생명을 죽여 피로
써 또는 그 생명의 고깃덩어리로써 어
떠한 것이든지 제물을 만들어 나에게
제를 지내는 그와 같은 짓을 하지 말
라.
4 나 여호와에게 너희들이 생명을 죽여
제물로 바쳐 제사를 지내는 것을 나
여호와는 절대 받지 아니하며 그를 용
납하지 아니함을 너희들은 알라.
5 나에게 그와 같은 행위를 하는 것이
어떠한 의도에서 이루어진 것인가?
6 구약의 시대에 그들이 행한 것은 왜
그리 이루어 졌는가 나의 법전에 기록
하여 너희들에게 전했음이니,
7 이제 나의 아들을 따르는 사랑하는 그
백성이요, 나의 법전을 읽고 깨우친
선택된 너희들은 어떠한 것이든 생명
을 죽여 그로 하여금 나에게 제물로
바치는 제를 드리지 말라.
8 그 모두는 나 여호와가 그들 각자에게
내려 준 귀중한 생명이니 그들이 그를
누리고 살 자격이 있는 것이 아니더냐?
9 어찌하여 내가 그들에게 내려 준 그
생명을 그리 죽여 그 피와 살로써 나
에게 제물을 드리며 제사를 지내는 행
위를 할 수 있던가?
10 그들의 생명은 그들이 살아갈 권리이
며 자격이니라.
11 더욱이 너희들이 사람으로 하여금 나
에게 제물로 하여 사람을 바치고 제사
를 지내며 나에게 은혜요, 축복을 받
는다는 말을 할 수 있는가?
12 너희들은 알아야 될 것이니라, 그러니
나의 아들 예수를 가지고 속죄물이요,
제물로 생각하는 그와 같은 사악한 일
을 하지 말라.
13 그 말을 들을 때마다 나 여호와의 가
슴이 떨리며 그 오열함을 아는가?
14 짐승을 죽여서 그 피를 가지고 나에게
제사를 지내지 말며, 그 살로써 제사
를 지내는 행위를 하지 말라 내가 나
의 아들을 통하여 이제 가르침이니라.
15 그들은 모두 다 자기가 살아갈 권리가
있으며, 나에게 받은 은혜요, 축복이
거늘,

16 어찌하여 너희들이 자신을 위한다 하
여 그 생명을 끊고 그 생명을 죽여 나
에게 제물로 바치는 그와 같은 사악한
행위를 하는가?
17 나 여호와는 너희들 자신을 위하여 그
모두를 다 내려 준 것이니 그리 알라.
18 모든 생명을 가지고 있는 것은, 미생
물이요, 또 식물까지도 내가 사랑하는
너희들을 위하여 너희들을 지키기 위
하여 너희들을 존재하게 하기 위하여
내가 내려 준 것이거늘, 나 여호와가
제물로 받고자 준 것이 아니라는 것을
알라.
19 내가 생명을 준 것은 내가 너희들에게
그를 관리하고 다스려 너희들이 스스
로 살아갈 수 있는 그 길을 열어 준 것
이요,
20 그 생명을 끊어 나에게 제물로 바쳐
제사를 지내라 하여 내려 준 것이 아
니라는 이 뜻을 너희들은 알아야 될
것이니,
21 내가 내려 준 대로 순종하며 내가 내
려 준 대로 쓰고 입고 잠자고 살면 되
는 것이니, 그 이상의 짓을 하지 말라
함이니라.
22 모든 종교 집단이요, 지도자요, 믿음
의 길을 가는 자들이 저희들이 내가
명한 대로 순순히 가면 될 것을, 과잉
충성을 하다 보니 가서는 안 되는 길
을 가며 해서는 아니 되는 짓을 함이
니,
23 그 모두가 나를 욕되게 하며 나에게
죄를 짓는 짓만 하고 있는 것이 오늘
의 종교 집단이요, 믿음이라는 것을,
이 아픈 마음을 그들에게 깨우쳐 주도
록 그리하라.
24 너희들을 위하여 내려 준 것이니, 너
희가 잘 가꾸고 다스리면 될 것이요,
그것이 나의 은혜에 보답하는 길이요,
나를 기쁘게 하는 것이니라.
25 그를 갖고 나에게 제물을 바치는 행위
를 하지 말라.
26 모든 재물 또한 내가 너희들에게 내려
준 것이라 하지 아니하였더냐?
27 이제 내가 나의 법전에 기록함이니,
모든 생명을 죽여 나에게 제물로 바쳐
제사를 지내는 행위를 해서는 안 되는
그 의미를 알았는가?
28 내가 너희들에게 잘 다스리고 관리하
여 너희들이 쓰도록 내려 준 것이지,
그 모두를 나에게 제물로 바쳐 그 생
명을 죽여 가면서 나에게 올리라는 것
이 아니라는 것을, 그 간단한 이치를
깨우치고 넘어가도록 그리하라, 사랑
하는 나의 아들딸들아!
29 모든 재물은 인간 세상에서 너희들을
위하여 내려 준 것이니, 내가 그를 거
둬들이지 아니하며 내가 그를 받지 아
니함이니, 너희들은 나에게 바치지 말
라 내가 그리 말하지 아니하였느냐?
30 그러니 너희들이 재물로써 구원을 받
으며 재물로써 영광을 받으며 하늘에
오를 수 있는 그와 같은 행위를 하지
말라 하는 것을 너희들은 알라.
31 이제 내가 재물을 바쳐 너희들이 구원
을 받을 수 없다 한 것을 알지 않는가?
32 너희들은 재물로써 구원을 받는 것이
아니니,
33 마음의 자세요, 사랑하는 마음을 바치
는 것, 그것이 나에게 위대한 기쁨이

요, 나에게 바치는 재물이라 하지 아
니하였느냐?
34 그러니 사람을 죽여서 그 사람의 피로
써 너희 죄를 대속받으며 그를 제물로
바쳐 내가 너희들의 죄를 용서해 준다
는 것은 꿈에도 생각할 수 없는 이 얼
마나 잔인하고 무서운 말을 너희들이
함부로 하는 것인가?
35 나 여호와의 뜻을 너희들에게 전함이
니라.
36 너희들은 어떠한 생명도 내가 준 것을
죽이고 그리하여 나에게 제를 지내려
하지 말라 함이니라.
37 내가 제물을 받지 아니하며, 바치라
명한 적이 없으며, 너희들이 관리하고
다스려 나가는 그 범주를 벗어나지 말
라 함이니, 이 무서운 사실을 알라.
38 너희들은 말하기를, 나의 아들 예수를
보내어 그가 죽음으로써 그 피로써 너
희들의 죄를 용서해 주는 그와 같은
일을 했다 함이니,
39 너희들이 뒤집어 생각하면 나 여호와
가 얼마나 잔인무도한 살인자이며 용
서받지 못할 자인가?
40 그와 같은 내가 어찌 사랑으로 이루어
졌다 말할 수 있느냐?
41 너희들이 남을 위하여 너희 자식을 죽
이는 그와 같은 사랑이 없는 사악한
짓을 할 수 있다 생각하는가?
42 그것이 정녕 위대한 사랑이요, 위대한
것이던가?
43 너희들이 네 자식을 칼로 난도질하여
남을 구하고 역사하는 것이라 하여 그
리한다면, 그것이 인간적인 면에서 사
랑이더냐?
44 그는 잔학하며 살인자의 근성이 남아
있기에, 감히 제 자식이요, 남의 살에
칼을 댈 수 있으며 죽일 수 있는 것이
요, 피를 뺄 수 있는 것이니라.
45 그러니 그와 같은 이치를 너희들이 깨
닫는다면, 오늘에 하고 있는 짓이 얼
마나 나의 가슴을 떨리게 하며 치를
떨게 하며 나를 욕되게 하는 것인가
알겠느냐?
46 이제 이와 같은 뜻에서 전함을 알아들
을 수 있는 나의 아들이요, 그 제자들
이기에 내가 하늘의 뜻을 가르침이니,
47 이 분노하고 치떨리는 내 마음을 알겠
느냐?
48 재물도 너희들은 바쳐서는 안 된다는
그 뜻을 이제 알겠느냐?
49 너희들에게 쓰고 다스리라 주었으면
그것으로써 그리 쓰고 다스리면 될 것
이지,
50 어찌하여 그 재물을 거둬들이고 나에
게 제사를 지내 하늘에 올려 바치는
것이 나로부터 축복을 받으며 영광을
받는다 하느냐?
51 그것이 너희들이 가라는 길은 가지 아
니하고 엉뚱한 짓을 하는 것이며, 과
잉 충성을 하는 것이요,
52 분에 넘치는 짓을 하여 너희들이 상사
를 욕되게 하며 윗사람을 욕되게 하는
사악한 자요, 간악한 자이니,
53 그는 제가 그와 같은 짓을 함으로 제
앞에 떨어지는 것이 있으며 제가 얻는
것이 있으며 구할 것이 있을 것이라
생각하는 사악한 자이니라.
54 나에게 물건을 바쳐 구원을 받는다는
그와 같은 소리를 듣지 말며, 그와 같

은 마음을 거둬들이며,
55 그와 같은 뜻이 나 여호와의 뜻이 아
니라는 것을 너희들은 알도록 그리 전
하고 깨우치라.
56 나의 아들을 죽이도록 하여 내가 너희
들에게 죄를 용서해 주었으며 너희들
의 모두를 거둬들였다 하면, 너희들이
생각할 때에는 큰 사랑이요, 축복이라
생각하나,
57 작게 생각하면 자식을 죽일 수 있는
나요, 그리고 용서받지 못할 나라며
욕하고 있는 것을 너희들이 모름이니
라.
58 다만 그가 행하고 역사하는 것을 보고
너희들을 깨우치도록 하기 위하여 그
길을 오는 것을 내가 눈감은 것이니,
59 내가 너희들의 죄를 대속해 주기 위하
여 그리 던져 주지 아니했다는 것을
알라.

9,064 번째 하나님 말씀

2004년 1월 2일 12시 16분

1 사랑하는 나의 아들아!
2 **"네, 아버님! 말씀하옵소서."**
3 오늘의 나의 아들을 따르는, 선택되어
축복과 영광 속에 살아가는 너희들,
그리고 모든 종교 집단과 지도자, 그
리고 구원을 받았다 하는 광신도들,
그리고 맹종 맹신하는 그들과 이방인,
모든 백성 너희들은 들으라.
4 나의 아들의 제자요, 그리고 이 법전
을 읽고 깨우친 백성 너희들은 특히
가슴에 명심하여 이를 행하고 지키고
나가야 될 것이며, 나의 아들을 따르
는 제자 너희들은 이를 명심하고 또
명심하여 가슴에 깊이 새겨 너희들이
살아가는 지표로 삼도록 그리하라.
5 너희 자신이 속임을 당하지 않으려
하거든 너희들은 남을 속이지 말며,
남을 속이려 들지 않는 그와 같은 삶
을 살라 그리 전하라.
6 너희들이 남으로부터 시시비비하지
아니하며 도마 위에 오르지 아니하고
자 하거든 남을 시시비비하지 않는 그
와 같은 삶을 살도록 그리하라.
7 그러니 너희들이 남에게 속지 아니하
려거든 남을 속이려 들지 말라는 나
여호와의 가르침을, 나의 아들을 따르
는 제자 너희들은 그를 지키고 행해야
될 것이며, 만백성 너희들도 이를 읽
고 깨우치는 자 그리 행하고 살라.
8 그리해야만 너희들이 나에게 오를 수
있는 그 길을 볼 수 있음이니라.
9 지금의 믿음의 길을 가는 백성 너희가
남을 지금 속이고 있음이니라.
10 모든 종교 집단의 지도자들이 남을
속여 재물을 거둬들이며 갈취하고 있
는 그것을, 너희들에게 속아 주는 것
이 어리석은 백성들이라 그리 말하나,
11 그들은 너희들이 재물을 거둬들이는
그 말장난에 속고 또 속아 넘어가나,
너희 자신이 남을 속임으로써 얼마나
두렵고 무서운 대가를 받는 줄 알겠는
가?
12 너희들 자신이 독사가 우글거리는 그
속에 가 거기서 헤어나지 못하고 그들
의 밥이 되는 것보다도 더 잔혹한 대
가를 치르는 것이 오늘에 남을 속이고
있는 종교 집단이요, 지도자이니라.

13 내가 성령을 속이는 자, 성령을 방해
하는 자, 성령을 기만하는 자, 용서하
지 못한다 하였음이니,
14 바로 너희들이야말로 그 모두를 역사
하며 나의 피조물 만백성을 속이고
있으며, 성령을 속이며 믿음을 속이며
나의 이름을 속이는 자들이니라.
15 그러니 너희들이 얼마나 무서운 것을
속이고 있는지 알 것이니, 너희들이
죽어 와 독사가 우글거리는 것보다도
더 무섭고 험난한 벌을 받음이니,
16 너희들이 지금 속이고 있는 것에 속
임을 당하는 백성들을 어리석다 생각
하나,
17 그들보다 더 어리석고 불쌍하게 속임
을 당하는 것이 너희들이라는 것을 잊
지 말도록 전하라.

9,065 번째 하나님 말씀

2004년 1월 2일 12시 22분

1 사랑하는 나의 아들아!
2 "네, 아버님! 말씀하옵소서."
3 네가 너의 제자에게 말하였느니라.
4 창조주 나 여호와가 사랑하는 나의 아
들 너에게 하나하나 제재하는 것, 바
르게 살라, 그리고 고쳐 가며 살라는
그와 같은 말씀을 내려 주지 아니하고
살도록 하면 네가 얼마나 행복하며 즐
겁게 살 수 있는 것인가, 네가 그런 말
을 네 제자에게 했음이니, 과연 그게
네가 할 소리던가?
5 네가 하는 말은 이 세상에서 영원히
없어지지 아니하며, 살아 움직이며,
그것이 떠돈다 하였거늘, 어찌하여 네
가 그리 말을 함부로 하는가?
6 네가 모든 나의 규제요, 내가 내리는
것을 다스리지 아니하면 네가 그 굴레
를 벗어나고자 하는 것이니라.
7 농부가 소를 가지고 밭을 갊이니, 그
소가 멍에를 벗어나고자 하며 주인의
회초리를 맞기를 두려워한다면, 그 밭
이랑은 누가 갈며 거기에 씨앗은 누가
뿌려 곡식을 얻어 만백성의 생명을 지
탱하는 역사를 하겠느냐?
8 네가 멍에를 메고 밭을 갊이니, 어찌
하여 그것이 힘들다 하여 그를 벗어던
지고 자유천지에 마음대로 살아가고
자 하는가?
9 너 하나가 그 밭을 갈고 멍에를 짊어
지고 묵묵히 감으로 인하여 모든 씨앗
을 뿌려 만백성을 구하는 그와 같은
역사를 이룸이니,
10 사랑하는 나의 아들아, 너는 너의 제
자 앞에서 그와 같은 말을 해서는 아
니 될 것이니라.
11 너의 제자들의 마음이 어떠한 줄 알겠
느냐?
12 수시로 천 갈래 만 갈래로 그 마음도
그리 변화되며,
13 모두를 다 저버리고 인간의 상태로 인
간의 마음대로 그럭저럭 되는 대로 살
다가, 그저 남들보다 죄를 덜 지으며,
더 나쁜 짓을 하지 아니하고 살면 남
들이 가는 지옥이요, 남들이 견디는
곳보다는 좀 나은 곳에 가지 아니할까
하는 그와 같은 생각을 할 것이니라.
14 나의 법전을 깨달은 만큼 지키고 살아
도 남들만큼은 죄를 짓지 아니하고 살
것이니, 그들도 성전을 뛰쳐나가며,

네가 말하는 것처럼 어렵고 힘든 것을
듣지 아니하고 배우지 아니하고, 모두
귀를 막고 눈을 감고 그저 흥겨운 인
생을 살아가고 싶은 것이 그들의 마음
이요, 그 마음이 하루에도 수천 번씩
들거늘,
15 어찌하여 네가 그와 같은 마음에 성냥
불을 그어 대며 거기에 기름을 붓는
말을 할 수 있다는 말이더냐?
16 네 말은 이 세상에서 지워지지 아니하
며 없어지지 아니한다 하였음이니라.
17 사랑하는 나의 아들아! 그와 같이 너
의 제자들이 다 무너진다면 만백성을
누가 구한다는 말이더냐?
18 그리고 길고도 긴 저 밭은 누가 갈아
거기에 씨앗을 뿌리며 곡식을 가꾸어
씨앗을 내리고,
19 그것으로 또 만백성을 먹이며, 하나가
천 개 만 개를 열어 그것이 또 퍼져 나
가 만백성을 구하는 그와 같은 일은
누가 한다는 말이더냐?
20 사랑하는 나의 아들아, 너는 나로부터
다스림을 받으며 깨우침을 받으며 제
재함을 받으며, 그 속에서 행복이요,
기쁨을 아는 삶으로 살아가야 되는 것
이니,
21 두 번 다시 네가 어떠한 장소에서든,
너의 제자 앞이든 누구 앞에서든 그와
같은 말을 하지 말라, 사랑하는 나의
아들아!
22 그와 같은 말을 하는 너를 바라다보는
나 여호와의 마음이 분노하기 전에 내
마음이 또한 아픔을 너는 알아야 될
것이니라.
23 인간 누구를 통해서도 네가 지금 역사
하고 가는 길을 가지 못하기 때문에,
마지막으로 나의 아들 너를 보내어 내
가 그 길을 가고자 함이니,
24 나 여호와가 가르치고 전하는 것이 그
리도 사악하고 몽매하며 그리도 어렵
고 힘든 것이며, 인간이 갈 수 없는 그
길에 무거운 짐만 얹어 주는 것이더냐?
25 너희들이 한 가마의 쌀을 지고 바작바
작 걸어감이니, 쓰러질 듯 쓰러질 듯
걸어가는 그 위에 또 한 가마를 더 얹
는 나 여호와가 아님을 너희들은 알아
야 될 것이니,
26 네가 그와 같은 말을 하는 것은 나 여
호와가 잘못된 자요, 진리가 아니요,
그리고 넘어지는 자를 보살피는 나 여
호와가 아니요, 넘어지려는 자를 넘어
지게 하는 아버지라 하는 것과 같음이
니,
27 그리고 네가 힘들고 어려워 가지 못하
는 그 마음을 듣는 나 여호와의 마음
이 얼마나 아프겠는가?
28 무너지고 또 쓰러질까 봐, 또 네가 잘
못되고 떨어질까 봐 불안한 그와 같은
마음을 가지고 있는 나 여호와의 마음
에 고달픈 말을 하지 말라.
29 내가 사랑하며, 너는 갈 수 있느니라,
사랑하는 나의 아들아!
30 네가 조금만 하늘을 보고 걸으면 너의
제자들도 따라올 것이며, 그들도 무섭
게 변하는 계기의 역사가 있을 것이
니, 그리 가라, 사랑하는 나의 아들아!
31 두 번 다시 그와 같은 말을 하지 말라.

9,066 번째 하나님 말씀

2004년 1월 2일 12시 24분

1 사랑하는 나의 아들아, 내가 너를 어찌 다스려 가야 되겠는가?
2 너희들의 인간사에 '곡'이라는 것을 하며 그 곡의 울음소리가 있으니,
3 그는 사랑하는 사람이요, 존경하는 사람이요, 제 혈족이요, 가족이요, 가까운 사람이 죽었을 때 곡을 하고 눈물을 흘리거늘,
4 네가 나의 성전이요, 나의 성령을 받아들여 만백성을 구하는 법전을 만드는 이 방에 앉아 네 입으로 곡소리를 흘려 냄이니, 이게 어찌 가당하며 이게 있을 수 있는 일이더냐?
5 네가 얼마만큼 나로부터 제재를 받으며 얼마나 다스림을 받아야 되겠느냐?
6 사랑하는 나의 아들아, 네가 하는 한 마디도 이 세상에서 지워지지 아니한다 하였거늘,
7 나의 성전에서 네가 어렵고 힘들다 하여 곡소리의 그 탄성을 지른다면, 이 세상에 누가 바로 갈 수 있으며 누가 그 길을 역사할 수 있다 하겠느냐?
8 어머니보다도 더 자상한 마음이요, 그저 갓 태어난 아이를 안고 있는 그 조마조마한 마음으로, 그가 잘 자랄까, 잘 성장할까, 그가 사회에 필요한 사람이 될까, 밤낮을 가리지 않고 걱정하며 고민하는 어머니의 마음보다도 천배 만배 더 불안한 마음을 내가 갖지 않도록 하라.
9 내가 기쁜 마음으로 기다릴 수 있는 그와 같은 나의 아들이 될 수는 없겠는가?
10 네가 나의 성전에서 나의 성령을 받아 기록하면서 내가 너를 그리 꾸짖었거늘, 어찌하여 네 입에서 곡소리의 탄성이 또 나온단 말이더냐?
11 사랑하는 나의 아들아, 모두를 지우고 가라.
12 그리고 내가 너를 사랑함을 생각하라.
13 만백성을 구하고자 하여 달래는 나 여호와의 이 마음을 어찌하여 네가 기쁘게 하지 못하고 그리 가느냐?

9,067 번째 하나님 말씀

2004년 1월 2일 12시 28분

1 사랑하는 나의 아들아!
2 "네, 아버님! 말씀하옵소서.
3 아버님, 이제는 제가 '아버님! 말씀하옵소서.' 하는 그 말 자체도 할 수 없는 것 같사옵나이다."
4 사랑하는 나의 아들아, 너는 두려워하지 말라.
5 다만 네가 나에게 와서 변호하고 변명하지 않는 삶을 살도록 그리하라.
6 지금서부터 네가 변하는 그와 같은 삶을 살아, 네가 나에게 왔을 때 변호할 것이 없으며 변호할 기회를 가지려 하지 않는 나의 아들이 되도록 그리하라.
7 너의 제자들 또한 그리 오기를 바라며 그와 같이 깨우쳐 주기를 바람이니, 모두는 네 가슴에서 달래고 삭이고 가야 됨을 알라.
8 모든 백성들이 살다 죽음이라는 그 고개를 넘지 않는 자가 없으며, 그들은 모두 나에게 와 심판을 받게 됨이며

심판대에 서게 됨이니라.
9 그러니 그때 와서 너희들이 변호하고,
또 변호사라 하여 너희들을 대변할 자
를 찾고 구하는 그와 같은 일이 없도
록 그리하라.
10 하늘나라에는 변호사도 없으며 변호
할 자도 없으며 변호할 기회도 없다는
것을 너는 너의 제자들에게 깨우쳐 주
어,
11 너의 제자들은 그와 같은 자를 찾지
말도록 하며, 그와 같은 기회를 찾지
도 못하는 하늘의 뜻을 가르쳐 주도록
그리하라.
12 너희들이 육의 세상에서 죄를 지으며
잘못했을 때는 변호할 수 있는 것이
며, 변호할 자를 돈으로 댈 수 있으나,
하늘의 법도는 그러하지 아니함이니,
13 너와 너의 제자들은 나에게 와 변호사
를 찾으며 변호할 자를 찾아 두리번거
리는 어리석은 삶을 살지 말라 그리
전하라.
14 너희들이 변호할 수 있고 변명할 수
있고 바로 서고 못 서는 것은 오로지
육의 세상에 살아 있는 지금 이때뿐이
니, 오늘의 삶을 사는 것이 얼마나 중
요한 것인지 알라 그리 전하라.
15 그러니 무엇보다도 오늘의 삶이 귀하
고 소중하니, 너희들이 그와 같은 것
을 함부로 보내며 함부로 쓰지 말라
그리 전하라.
16 너희들이 죽어 나에게 왔을 때는 이미
때가 늦으니, 어떠한 기회도 너희들에
게는 두 번 다시 없으며 얻을 수 없다
는 것을 그들의 가슴에 심어 주도록
그리하라, 사랑하는 나의 아들아!
17 거짓된 자들에게 이제 그만 이용당하
라 그리 전하라.
18 그리고 너희들이 지금 가는 그 믿음이
요, 그 모두가 다 너희들이 변호해야
하는 그와 같은 짓만 하고 있다 그들
에게 전하라.
19 그러니 지금의 믿음이요, 오늘의 그
믿음이요, 신앙 가지고는 너희들은 나
에게 오기 전에 두렵고 무서워 변호사
요, 변호할 사람을 찾고 부르나,
20 너희들을 그리 가르치고 인도한다는
종교 집단이요, 지도자요, 목회자들이
변호사로 서 있는 자도 아니요, 너희
들을 변호할 자격도 없으니, 그들은
더 험악한 곳에서 흔적도 없이 벌을
받을 것이니라.
21 그러니 너희들이 거짓된 자들에게 더
이상 속지 말며 더 이상 이용당하지
말라 그리하라.
22 모든 동식물도 내가 너희들에게 주었
음이니, 사악한 방법으로 이용하지 말
며, 이용당하지 아니하도록 그리 살라
는 것이 나의 법도요, 내가 그 모두를
다 내려보냈으니,
23 너희들이 살면서 인간을 사악한 방법
으로 그리 이용하는 자 용서하지 아니
하지만,
24 알면서도 이용당하는 인간이 있다면
그 죄 또한 얼마나 무서운 것인지 알
게 될 것이니,
25 잘못된 인간이요, 사악한 자들에게 이
용당하는 삶에서 이제 너희들이 눈을
떠 구원을 얻는 길을 가도록 그리 전
하라.

9,068 번째 하나님 말씀

2004년 1월 2일 12시 35분

1 사랑하는 나의 아들아!
2 "네, 아버님! 말씀하옵소서."
3 갓 세상에 태어난 동물들도 앞이 보이
지 않으며 듣지 못하는 그 순간에도
제 어미의 품을 알며, 그 어미의 품을
찾아들며, 또 젖을 찾아 빨고 그걸 먹
으며 성장하는 것이 그들이 아니더냐?
4 내가 가장 현명하고 가장 지혜를 높
게 만든 나의 백성 너희들은 눈을 뜨
고 귀가 열려 듣고 행동할 수 있으며
마음대로 자제할 수 있거늘,
5 어찌하여 너희들만 제 아버지를 모르
며 제가 돌아가야 할 길을 모르며 가
야 할 그 품을 모른단 말이더냐?
6 너희들이 갈 곳은 참진리요, 나에게
오르는 것이거늘, 어찌하여 인간 너희
들만 갓 태어난 짐승만도 못한 그와
같은 어리석은 삶을 살며, 하늘의 법
도를 어기며 나의 뜻을 거역하는 그
와 같은 삶을 살아가느냐?
7 그러니 정녕 갓 태어난 짐승만도 못
한 것이 나의 아들딸이란 말이더냐?
8 이제 어리석은 너희들을 깨우칠 수가
없어, 내가 마지막이라 하지 아니하였
더냐?
9 마지막으로 내가 지금 나의 아들을 통
하여 160권이라는 대장정의 법전을
세상에 내림이니,
10 너희들이 이를 보고 깨우치지 못하여,
갓 태어나 앞도 보지 못하며 듣지 못
하는 짐승이 어미의 품을 따라 젖을
찾는 그와 같은 현명함만큼도 깨닫지
못하면 너희들은 짐승만도 못한 자라
한들 무슨 말을 하겠느냐?
11 그와 같이 깨닫지 못하는 자들이 참진
리요, 나 여호와의 뜻을 따라 내 품에
오고자 하는 삶을 살고자 한다면 나의
법전을 읽고 깨우쳐 가면 되거늘,
12 이와 같은 것을 짓밟고 욕하며, 너희
들은 다른 신을 숭배하는 데만 모두를
다 바치고 있음이니, 이를 어찌해야
바로 다스릴 수 있단 말이더냐?
13 그러니 다른 신을 숭배하지 말라 했거
늘 너희들이 지금 다른 신을 숭배하며
살아가는 그와 같은 삶을 바로잡을 수
가 없어, 지금 내가 이와 같은 역사를
이루고 있음이니라.
14 너희가 지키지 못할 것, 그리고 너희
들이 행하지 못할 것을 내가 내려보낸
것이 없거늘,
15 너희들은 지킬 수 없다, 행할 수 없다
그리 생각하고 살아가는 것이니라.
16 사랑하는 나의 아들딸, 너희들은 들으
라.
17 너희들은 뜨고 지는 태양을 보면서 무
엇을 생각하는가?
18 너희들은 그 웅대함에 경배하며 거기
에 기도하며 소원을 비는 자들이 있음
이니, 그 태양 또한 무엇인 줄 알겠느
냐?
19 그 태양이 떠서 따뜻하게 세상을 비춰
모두가 존재하도록 하는 것은 너희들
을 존재하게 하며 너희들을 위해서 내
가 그 모두를 역사하여 이루어진 것이
라는 것을 알라.
20 그러니 태양이 그 빛을 가림은 또 무
엇이더냐?

21 너희들은 따뜻한 태양의 열기가 내리
쬘 때 역사하고 움직이며, 그 열기가
식었을 때는 나의 사랑하는 아들딸 너
희들이 휴식을 취하도록 하여 내가 태
양이 뜨고 지는 이와 같은 것을 만들
었으니,
22 너희들을 위하여 만든 그 태양마저도
숭배하고 경배하며 거기에 기도하고
소원을 비는 어리석은 것도 너희들이
해서는 안 된다 하였거늘,
23 지금 살아가는 나의 백성들이 천 가지
만 가지 얼마나 많은 것들에, 너희들
발 앞에 와서 너희들의 지시를 따르며
너희들의 명에 따라 살아가야 될 것들
에 경배를 하며, 거기에 숭배하며, 우
상으로 섬기고 절하고 울고불고하는
그와 같은 짓을 하느냐?
24 그것이 바로 너희들이 다른 신을 모시
고 있는 것이니라.
25 그러니 나의 피조물 만백성 너희들은
들으라.
26 오늘 아침에 해가 뜨고 내일 뜨는 그
것이 무엇을 위하여 누구를 위하여 존
재하는 것인가?
27 따뜻할 때는 너희들이 모두 생동하며
움직이게 하며, 움직이고 역사하여 피
로한 너희들이 휴식하게 하기 위해 내
가 어둠으로써 가려 줌이니, 이것도
다 내 뜻이요, 너희들을 위해 역사한
다는 것을 깊이 깨우쳐,
28 너희들이 세상에 다른 신을 마음에 둘
수도 없는 것이라는 것을 이제 깨우치
도록 그리하라, 사랑하는 나의 아들딸
들아!

9,069 번째 하나님 말씀

2004년 1월 2일 17시 25분

1 사랑하는 나의 아들아!
2 "네, 아버님! 말씀하옵소서."
3 사랑하는 나의 아들과 모든 백성과의
차이점이며, 너의 제자들이 또한 너를
따를 수 없는 것이 무엇인 줄 알겠느
냐?
4 너의 제자들이 법전을 열 번을 읽고
읽어도 그들이 깨닫는 것은 그 한계가
있으며, 성서를 그들이 읽고 또 읽는
다 해도 그들의 깨달음에 한계가 있음
이니라.
5 인간 세상에서 써낸 책을 그 제자요,
백성들이 읽고 또 읽어도 그들은 거기
서 얻고 깨달음에 한계가 있음이니라.
6 그러나 나의 아들 너는 네가 성서를
한 번을 폈다 보고 덮는다 해도 거기
서 깨달음이 그들이 생각할 수 없는
경지에 오르게 되어 있으며,
7 네가 법전을 한 번 폈다 접는다 해도,
한 줄을 읽고 깨우친다 해도, 네가 거
기서 얻고 얻는 것이 수없이 넓고 높
음이니라.
8 또한 너희들이 읽어서 깨닫지 못한 인
간이 쓴 책을 한 줄을 네가 읽는다 해
도 거기서 깨달으며 생각하는 것이 또
다르며 누구도 따라올 수 없음이니,
그것이 바로 다른 점임을 너는 알아야
될 것이니라.
9 그리하여 너는 법전을 읽으며, 때로는
성서를 읽으며, 모두를 읽고 깨우쳐야
될 것이니라.
10 그리했을 때 네가 거기서 체험을 얻으

며 그 속에 있는 것을 알게 될 것이니
라.
11 그러나 너는 한 장을 읽든 한 줄을 읽
든, 10년을 공부해도 인간이 깨닫지
못한 것을 한 번 보고 지나가면서 너
는 깨달을 수 있으며 얻을 수 있으며
거기서 원하는 의미가 무엇인지 알 수
있는 것이니, 그것이 모든 백성들과
너와의 차이점임을 알라, 사랑하는 나
의 아들아!
12 그와 같이 역사하기에 너는 보고 듣는
것을 남들보다 백 분의 일이요, 천 분
의 일을 해도 그들보다 천 배 만 배 더
깨달으며 더 의미를 알 수 있는 것이
니라.
13 그것이 나의 아들과 일반 백성들이요,
또 너를 따르는 제자들과의 그 모든
차이점임을 알라.
14 그러니 너는 보고 듣고 깨우쳐 그것을
네 것으로 만들어, 만백성을 돕고 인
도하고 깨우치는 데 또한 네가 그들이
모르는 것을 알고 또 분석하고 해석해
서 깨우쳐 줘야 될 것이니라.
15 성서를 천 번을 읽어 그를 다 외운다
해도 그는 인간으로서 깨닫는 한계가
있으며 알고 넘어가는 그 한계가 있음
이니라.
16 그러나 너는 단 한 번을 읽어도 그들
이 천 번을 읽고도 깨우치지 못한 것
을, 10년을 공부해도 깨우치지 못한
것을, 너는 1초요, 1분만에 모든 내 뜻
을 알 수 있음이니,
17 그것이 나의 아들로서 선택된 것이요,
네가 가는 것에 역사함이니,
18 너는 그를 만백성에게 깨우쳐 주어,
어둠에서 허덕이는 그들에게 내가 원
하는 참뜻을 가르쳐 줘야 될 것이니
그리 알라, 사랑하는 나의 아들아!

9,070 번째 하나님 말씀

2004년 1월 2일 17시 28분

1 사랑하는 나의 아들아!
2 **"네, 아버님! 말씀하옵소서."**
3 지금 세상에 살아가며 믿음의 길을 가
는 자, 그리고 하늘을 향하여 나의 피
조물 만백성을 구한다는 그 신도들이
요, 광분하는 그 신도요, 맹종 맹신하
는 자,
4 그들 앞에 군림하며 온갖 행위를 다
저지르는 그와 같은 백성들과 너희들
이 가야 할 길이 무엇이 다른 줄 알겠
느냐?
5 그들은 제 가족이요, 제 아들딸 앞에
서만 아버지요, 어머니로서, 또 제 부
모에게만 아들이요, 며느리로서 딸로
서 살아가고 행사하는 것이니라.
6 그러나 이제 나의 아들을 따르는 제자
너희들은 모두의 어머니요, 아버지가
되어야 함을 알아야 될 것이니라.
7 너희들이 육에서 낳아서 기른 아들과
딸에게만 너희들이 어머니요, 아버지
가 아니라,
8 너희들이 난 한 포기를 기름에 있어서
그 난이 너희들을 어머니요, 아버지와
같이 생각하도록, 그들을 네 자식이라
생각하는 그와 같은 마음을 가지고 세
상을 보고 살아가야 됨이니 너희들은
그리 알라.
9 너희들이 씨앗을 뿌리고 곡식을 가꿈

이니, 그 곡식을 그저 너희들이 먹고
취하기 위해서 심는 것이 아니라,
10 그 모두가 너희들의 아들이요, 딸이라
생각하여, 너희가 어머니요, 아버지와
같은 마음의 역할로써 모두를 다 관리
하고 다스리는 그와 같은 마음으로 살
아가야 되는 것이 너희들임을 알아야
될 것이니라.
11 너희들이 기르는 모든 애완동물이요,
네 주변의 아래위에 역사하는 그 모든
것, 생명체가 있는 것, 너희들과 관계
있는 것, 그 모두에 대하여 너희들이
어머니요, 아버지가 되는 그와 같은
마음으로 살아야 될 것이니 그리 알라.
12 인간 세상에서 평화를 상징하며 아름
다움을 상징하며 날아다니는 비둘기
요, 그 모두도 너희들이 관리하고 기
른다면, 그들을 그저 동물 비둘기와
인간 너희가 아니라,
13 네가 아버지요, 어머니의 역할을 할
수 있도록 모든 정성을 다 쏟는 마음
으로 그들의 어머니요, 아버지가 되는
것이 나의 아들을 따르는 제자들이요,
지금 법전을 읽고 깨우친 백성들이 가
야 하는 길이니라.
14 그러니 너희들이 얼마나 많이 마음을
비워야 되며, 얼마나 너그럽고 인자하
며 부드러운 마음으로 가야 하는가?
15 지금의 모든 종교 집단이요, 지도자들
은 저희들의 직계 가족만이 저희들의
아들딸이요, 부모요, 어머니 아버지라
생각하고 살아가느니라.
16 그러니 너희들이 지금 가야 할 길과
그들이 가야 할 길이 과연 어떠한 것
인가?
17 이것으로써 너희들이 살아갈 때 그들
과 차별화가 되며, 모든 백성들이 어
느 것이 진리의 길인지 알게 될 것이
니라.
18 너희들이 한 포기의 꽃을 가꿈이니,
그 꽃을 꽃이라 생각하지 말고, 꽃이
너희들의 아들딸이요, 또한 너희들이
어머니요, 아버지의 역할을 한다는 그
와 같은 생각을 하고 살아가며, 모두
를 그리 접하며 그리 사랑하고 대하
라, 사랑하는 나의 아들아!
19 너의 제자들도 그리 가는 것이 그들
의 갈 길이니 그리 전하라.

9,071 번째 하나님 말씀

2004년 1월 2일 17시 34분

1 사랑하는 나의 아들아!
2 **"네, 아버님! 말씀하옵소서."**
3 네가 수없이 암송하고 암기하는 그 십
계명 속에 '나 외에 다른 신을 너희들
에게 있게 하지 말라.' 한 그와 같은
구절이 있으며,
4 또한 '너를 위하여 새긴 우상을 만들
지 말며, 또 위로 하늘에 있는 것이나
아래로 땅에 있는 것이나 땅 아래 물
속에 있는 것의 어떠한 형상이든지 만
들지 말며 그것들에게 절하지 말며 그
들을 섬기지 말라.' 한 구절이 있으니,
그 뜻이 무엇이더냐?
5 너희들은 우상을 섬기는 것만 생각할
것이니라.
6 그러나 이제 너의 제자들이요, 너희들
은 알라.
7 내가 그와 같은 내용을 너희들에게 내

린 것은 무엇이더냐?
8 하늘 위에 떠 있는 것이든 땅 위에 있
는 것이든 땅 아래 물 속에 있는 것이
든 그 모두는 다 너희들을 지키기 위
하여 너희들이 존재하기 위하여, 너희
들이 지탱하기 위하여 나 여호와가 너
희들을 위하여 내린 것이니,
9 거기에 절하지 말며 그들을 숭배하지
말라는 그 뜻이 들어 있음을 너희들은
깨닫고 알아야 될 것이니라.
10 그리하여 내가 너희들이 지탱하며 살
아가기 위하여 모두를 내려 주었다 하
지 아니하였느냐?
11 떴다 지는 그 태양도 무어라 하였느냐?
12 뜰 때는 너희들에게 따뜻함을 주어 생
명을 유지하며, 그가 질 때는 너희들
에게 안식이요, 휴식을 주기 위하여
내가 그와 같이 만든 것이니, 그것을
보고 숭배하고 기도하며 광분하는 짓
을 하지 말라 하였느니라.
13 태양을 위하여 너희들이 기도하는 것
도 아니 되거늘, 태양이 너희들이 존
재하기 위해서 존재하듯이 하늘 위에
떠 있는 것, 땅 위에 존재하는 것, 그
리고 바닷속에 있는 것, 물 속에 있는
것이 어떤 것이든지 그 모두는 다 너
희들이 존재하기 위하여 내가 세상에
내려보낸 것이니라.
14 너희보다도 위대하고 강한 것이 없으
며 소중한 것이 없거늘, 너희들이 그
것들에게 다른 신처럼 기도하고 경배
하며 소원을 비니, 얼마나 어리석은
백성들이냐?
15 그리하여 내가 너희들에게 하지 말라
한 뜻이 여기 있음이니 그를 알라.
16 '나 외에 다른 신을 너희들에게 있게
하지 말라.' 그리고 '또 위로 하늘에
있는 것이나 아래로 땅에 있는 것이나
땅 아래 물 속에 있는 어떤 것이든지
만들지 말며 너희들이 거기다 절하지
말며 받들지 말라.' 한 나의 그 뜻을
깊이 깨달았으면,
17 너희들은 어떠한 것도 만들어서 아니
된다는 것을 만백성에게 가르쳐 주도
록 그리하라, 사랑하는 나의 아들아!
18 이 모두는 다 너희들이 소유하며 다스
리며 관리하도록 하기 위해서 내가 내
려 준 것이니 그리 알라.
19 나 여호와가 내려 준 것에 대고 너희
들이 어찌하여 그리 숭배하고 섬기며
그리하는가?
20 이제 두 번 다시 그러한 행위를 하지
말라.
21 하늘과 땅 사이에 존재하는 모든 것은
너희들이 지탱하며 존재하도록 너희
들을 위해 내가 내린 것이니, 그 이상
그 이하도 생각하지 말라.
22 너희들이 지금 내가 주고 명한 것을
그대로 따르면 될 것을, 너희들이 과
잉 충성하고 있음이니라.
23 저 자신을 모르고, 어찌 가는 것이 나
여호와를 경배하는 것인지, 내 뜻을
따르는 것인지, 나를 기쁘게 하는 것
인지도 모르는 자들이 지금 가서는 안
되는 길을 가고, 하지 말아야 할 것을
하고 있으니,
24 내가 너희들에게 닷 말의 떡을 하여
먹으라 했으면 그대로 하면 될 것을,
다섯 가마니의 떡을 하는 것이 종교
집단이요, 지도자 너희들이니, 그것이

잘못되었다는 것을 알도록 그리 전하
라.

9,072 번째 하나님 말씀

2004년 1월 2일 17시 40분

1 사랑하는 나의 아들아!
2 "네, 아버님! 말씀하옵소서."
3 내가 너희 자신도 너희 것이 아니니,
너희 자식이요, 더욱이 재물은 함부로
할 수 없다 하지 아니하였느냐?
4 이 세상에 모든 것은 너희 자신이 스
스로 움직이는 것이 없으며, 너희들
스스로 역사해서 가는 것이 하나도 없
음을 먼저 알아야 될 것이니라.
5 모두는 내가 역사한 그 바탕 위에서
내가 내려 준 것에서 내가 베푼 그 은
혜 속에서 움직임이니,
6 너희들이 너희 뜻대로 움직일 수 없다
는 것, 절대 너희 뜻대로 움직이며 너
희 마음대로 역사할 수 없다는 것을
먼저 알라.
7 너희들이 움직이고 행하는 모든 것은
창조주 나 여호와의 의지대로 모두 행
하여지고 있는 것을 먼저 알며, 그 두
려움과 무서움을 알라.
8 내가 나의 의지대로 너희들에게 60점
의 그 점수 속에서 모든 역사를 하도
록 준 것, 그것도 다 너희들 뜻대로 움
직이는 것이 아니요, 나의 의지의 역
사요, 내 계획에 의하여 너희들이 움
직인다는 것을 알아야 될 것이니라.
9 지금 너희들은 살아가면서 행함이 중
요하지 아니하다 하며 악과 선을 두려
워하지 아니함이니라.
10 너희들이 살아가면서 선을 행하며 아
름답게 살아가라 내가 그리 말하며,
너희들은 악한 행위를 해서는 절대로
안 되는 것이라 내가 그리하지 않느냐?
11 나 여호와의 자식이요, 나의 아들딸이
면 너희들이 나 여호와요, 아버지를
닮아 살아가는 것이 당연한 자세요,
내가 가지고 있는 그 심성을 그대로
따라오는 것이 아니더냐?
12 창조주 나 여호와요, 너희 아버지인
나는 악과 선의 두마음이 있는 것이
아님을 너희들은 알라.
13 나 여호와는 절대 악과 선의 두마음을
가지고 있지 아니함이니, 오로지 나에
게는 선함뿐이요, 작은 악의 씨앗도
내 마음속에는 있을 수 없음이니라.
14 나는 사랑과 선의 마음으로 모두를 가
지고 있으며, 내 마음속에는 너희들이
그 악의 뿌리를 찾으려 해도 찾을 수
가 없음이니라.
15 너희들의 아버지요, 창조주 나는 선함
그 자체요, 그것밖에 없으며, 사랑밖
에 없으며, 악이라는 것은 내 몸에서
찾아볼 수 없으며 내 마음에서 찾아볼
수 없는 것이 나 여호와이니라.
16 그리하여 진리라 말하지 않느냐?
17 그러니 너희들이 나의 아들딸이라면,
나를 닮은 자식이라면, 어찌하여 나의
아들이요, 나의 딸들인 너희들이 너희
아버지를 닮으려 하지 않는가?
18 그러니 너희들이 나를 닮기 위해서는
하나의 부끄럼이 없는 삶이요, 죄악을
행해서는 아니 됨이니, 그렇지 않으면
내 자식이 될 수 없다 함이니라.
19 너희들이 나를 아버지라 부르며 나의

아들딸이라면 너희들은 나의 본체요,
나를 그대로 닮고 살아와야 되는 것이
니,
20 나 여호와의 마음속에는 악과 선의 두
마음이 없음이니, 너희들은 이를 알라.
21 그러니 너희들이 나의 아들딸로서 거
듭나며 하늘에 오르고자 한다면, 너희
들은 나와 똑같이 너희들 마음속에 악
이라는 것은 찾아볼 수도 없으며 생각
할 수도 없으며, 선을 베풀고 살아가
는 사랑만이 존재하는 그와 같은 너희
들이 되지 아니하면 아니 되거늘,
22 인간이 살아가면서 죄를 짓는 것, 육
을 가지고 행하는 것, 그 모두는 구원
과 관계도 없다 그리 말함이니,
23 과연 너희들의 그 마음에서 가지고 있
는 그것이 악이더냐, 선이더냐?
24 이제 모든 종교 집단의 지도자 너희들
은 알아야 될 것이며, 그리고 모든 나
의 아들을 따르는 제자들이요, 법전을
읽고 깨우친 만백성 너희들은 알라.
25 너희들이 나를 아버지라 부르면 나와
똑같아야 될 것이며, 너희들은 나를
닮아야 될 것이며, 나의 심성을 그대
로 내려보냈으니 그대로 가지고 사는
것이 너희들이 나에게 오르는 길이요,
하늘에 오르는 길이니라.
26 나는 너희들에게 명하여 이제 내가 나
의 뜻을 가르쳐 주었으며 하늘의 법도
를 나의 아들을 통하여 내렸음이니라.
27 나 여호와요, 내 마음에는 선과 악의
두 줄이 있는 것이 아니요, 악은 있을
수도 없으며 오로지 선만 존재함이니,
28 너희들이 나의 아들딸로서 나에게 오
고자 한다면 너희들은 악이라는 것은
생각해서도 안 되며, 그 그림자를 봐
서도 안 되고 그 존재를 의식해서도
아니 되며 생각해서도 아니 되는 것이
너희들이 가야 할 길이거늘,
29 어찌하여 너희들이 육에서 살아가면
서 죄를 짓고 범죄하는 것은 하늘에
와 구원받는 것과 관계없다 그리 가르
치고 있는가?
30 그 악의 그림자만 봐도 너희들은 내
자식이요, 딸이 아니라 내가 그리 말
하였으니,
31 나는 악의 그림자를 보지도 아니하며
생각지도 아니하며 감히 상상하지도
아니하며, 오로지 선이요, 사랑하는
마음만 가지고 있음이니,
32 너희들이 나의 자식으로서 거듭나 나
에게 오고자 한다면 그대로 가라, 그
자체가 곧 나이니라.
33 그러니 그리하지 아니하면 결코 아니
됨이니, 선을 행하고 행하지 않는 것
으로 구원을 받고 못 받는다 시시비비
를 하지 말라.
34 악은 아예 생각도 하지 말아야 될 것
이며, 그림자도 보지 말아야 될 것이
며, 감히 어떠한 형상이든지 생각해서
도 아니 되는 것이 너희들이 너희 아
버지를 닮아 오는 길이라는 것을 명심
하고 또 명심하라.

9,073 번째 하나님 말씀

2004년 1월 2일 17시 45분

1 사랑하는 나의 아들아!
2 "네, 아버님! 말씀하옵소서."
3 내가 너를 사랑함이니, 네가 너를 따

르는 그 제자들이요, 나의 법전을 읽
고 깨우친 만백성을 사랑한다면 그들
을 잘 가르치고 다스리라.
4 그들은 악과 선을 의식해서도 아니 되
며, 악과 선을 논하지도 말라 그리 전
하라.
5 너희들은 악과 선을 논하는 것도 아니
되는 백성으로 가야 됨이니라.
6 너희들이 감히 남에게 질투하고 시기
하는 마음으로 남의 이름을 부르는
것, 남의 이름 앞에 부끄러운 말을 하
는 것, 이 모두가 너희들은 해서는 아
니 되는 것임을 알아야 될 것이니라.
7 너희들이 그와 같은 마음을 가지고 살
지 아니하면 아니 될 것이니라.
8 너희들은 악이라는 것을 느껴서도 아
니 되며, 그를 의식해서도 아니 되며,
논하는 그 자체도 해서는 아니 되는
것이니라.
9 너희들이 그와 같은 행위를 하고 마음
을 그리 다스려 가지 아니한다면, 너
희는 나의 자식으로서 거듭나는 자격
이 없으며, 너희들은 다시 태어날 수
있는 그 영광이요, 그 모두를 얻지 못
하며, 나를 아버지라 부를 수 없음을
알아야 될 것이니라.
10 사랑하는 나의 아들아, 너 또한 그러
하니라.
11 너희들은 선을 의식하고 사는 것, 그
외에는 악을 의식해서도 아니 되며,
논해서도 아니 되며, 그 그림자 같은
것을 생각해서도 아니 되며, 어떠한
상황에서도 그와 같은 말을 해서도 아
니 됨이니,
12 너희들 입에서 그와 같은 말이 나와서
는 너희들은 나의 아들딸로서 자격을
상실한다는 것을 그들에게 깨우쳐 주
도록 하라.
13 오로지 너희들은 회개하고 변화되어
지은 죄를 씻어 가는 그 길밖에는 어
떠한 것을 생각해서도 아니 됨이니,
있을 수도 없는 것이니라.
14 선만 생각하고 사는 나의 백성으로서
거듭나라.
15 그 백성이 나의 아들로서, 나의 아들
을 따르는 제자들로서, 만백성을 이끌
어 가는 지도자요, 너희들이 가야 할
길이니라.
16 그러니 너희들이 이루는 길이 그 길이
니, 너희들은 이 길에 돌입하는 훈련
을 너희 스스로 깨우쳐 가도록 그리하
라.
17 악은 절대 어떠한 것도 용서할 수 없
음이니라.
18 나의 아들딸로서 너희들이 거듭나는
영광이요, 천국에 오려면 내가 무어라
했느냐?
19 천사와 같은 자가 올 수 있다 하였으
며, 그러니 너희들은 내가 되지 아니
하면 아니 되니,
20 나 여호와요, 너희 아버지는 악이라는
것은 근접하지도 않고 그림자도 없으
며 생각할 수도 없는 것이 나의 마음
이니라.
21 너희가 선택됨이 무엇이던가?
22 너희들이 나의 법전을 읽고 깨우쳐 조
금씩 변하는 그것으로써 너희들이 나
에게 올 수 있고 선택되었다 말하느냐?
23 절대 아니 됨이니라.
24 너희들은 내 마음과 같이 악이라는 것

은 너희들 옆에 감히 근접할 수도 없
도록 생각도 하지 말며 말도 하지 말
며 너희들이 시시비비도 하지 말며 절
대 논하지도 말라.
25 악이라는 그 자체를 그림자까지도 보
고 기억하는 그와 같은 행위를 해서는
절대로 아니 됨이니라.
26 오로지 너희들은 선 외에는 아무것도
생각해서는 아니 되며, 오로지 선만
생각하는 그 자체가 너희들이 되어야
됨이니라.
27 이것이 너희들이 가야 할 길이니, 감
히 너희들이 남을 시시비비하며 남의
이름 앞에 욕된 말을 할 수 있는가?
28 그렇지 아니하면 너희들은 나에게 올
수 없다는 것을 알라.
29 이것을 아는 백성이요, 이를 깨닫는
백성은 나의 아들을 따르는 제자 너희
들밖에 없으니, 아는 자는 행하고 가
야 될 것이니 그리 알라.

9,074 번째 하나님 말씀

2004년 1월 2일 17시 51분

1 사랑하는 나의 아들아!
2 "네, 아버님! 말씀하옵소서."
3 너의 제자들에게 전하라.
4 너희들이 진정한 참진리요, 나 여호와
의 사랑을 실천하고 행하며 살고자 한
다면, 너희들의 굳어진 마음을 먼저
열지 아니하면 절대 아니 됨이라 그리
전하라.
5 너희들의 마음의 문을 여는 것은 내가
무어라 하였느냐?
6 너희들 자신이 그 문을 열어야 될 것
이며, 그 누구도 그 문을 열 수가 없다
그리 가르치지 아니하였느냐?
7 그리하여 너희들이 그 문을 여는 순간
에 너희들의 가슴속에 아무것도 담아
놓아서는 아니 되며 숨겨 놓아서도 아
니 됨이니라.
8 그 모두를 세상에 다 털어 버리고, 하
얀 마음만 너희들 가슴을 지배할 수
있도록 그리해야 될 것이니라.
9 순수한 마음으로 모든 걸 행하고 역사
하는 그와 같은 변화를 이루지 아니하
면 너희들은 아니 될 것이니라.
10 너희들이 지금 가고 역사하는 삶이 무
엇인 줄 알겠느냐?
11 수천 년 동안 믿음이요, 지금까지 온
백성들이 그저 말로써 찾기만 하면 구
원을 받을 것이라 하며,
12 지금까지 행함에 있어서 거짓이나 또
는 계산된 행동이요, 이와 같은 것을
주저 없이 행해 왔으며, 기도하고 용
서받으면 그것이 지워질 것이라 생각
하는 것이 오늘까지 너희들이 온 믿음
의 근본이니라.
13 그러니 그와 같은 자의 마음이 과연
어떠한 것이냐?
14 거짓된 행위요, 계산된 행동을 하는
것은 이해관계에 따라서, 너희들에게
떨어지는 금화와 은화의 크고 작은 것
에 따라서, 인간의 도리를 떠나고 하
늘의 법도를 벗어나서라도 너희들이
이해관계에 좌우되는 그와 같은 행동
을 하고 사는 것이 아니더냐?
15 그러니 너희들이 이해관계에 따라서
마음이 좌우되며 뿌리도 없는 백성들
이 오늘의 믿음의 길을 가는 자들이니

라.
16 그러니 너희들이 그와 같은 마음으로 구원의 길을 볼 수 있다 생각하는가?
17 절대 너희들은 볼 수 없는 것이니라.
18 내가 나의 아들을 통하여 법전에 하늘의 법도를 명확히 기록하여 전하지 아니하였던가?
19 너희들이 이해관계에 좌우되는 행동을 한다면 너희들은 절대 구원의 길을 올 수 없다는 것은 무엇이라 말하였느냐?
20 천만금을 갖다 세상에 뿌려도, 너희들이 무엇인가를 얻고자 하는 작은 이해관계가 있다면 하늘에 와 너희들이 받을 복이 없다 하였음이니라.
21 그러니 너희들이 계산된 생활과 이해관계에 좌우되는 세상이 지금 되어 버렸음이니라.
22 그러니 이와 같은 세상이 어떤 결과를 낳느냐?
23 도적이 들끓는 세상이요, 인간이 인간을 신뢰할 수 없으며, 인간이 인간을 가장 두려워하며, 모두가 적으로 간주하며 도적으로 간주하는 그와 같은 오늘의 세상이 되었음이니,
24 이것이 곧 말세요, 종말의 시대가 되었다 지금 종교 집단이요, 지도자 너희들이 말하는 것이 아니더냐?
25 그러니 이 모두는 다 무엇이더냐?
26 나의 사랑하는 백성들을 이해관계에 좌우되는 그와 같은 범죄자를 만들어, 하늘에 오르는 길을 볼 수 없으며, 나의 뜻을 알지 못하여 그들이 하늘의 구원의 길을 올 수 없도록 한 것이니,
27 지금의 잘못된 종교 집단과 지도자요, 광신하는 신도들이 오늘과 같은 험악한 세상을 만든 장본인이요, 범죄자라는 것을 너희들은 잊지 말아야 될 것이니라.
28 그 범죄자를 따라가는 자, 그리고 거기서 헤어나지 못하는 자, 지금도 '옳소! 맞습니다!' 소리 지르는 자,
29 나의 법전을 보지 아니하며 내용을 정독하지 아니하고 사탄이요, 이단이라며 찢어 버리고 태우는 그와 같은 자, 절대 너희들은 구원의 길을 볼 수도 없으며 '구' 자도 너희들 입에서 부르지 말라.
30 정녕 나는 너희들을 나는 모른다 하니, 너희들이 심판받을 때, 나 여호와가 천국의 문을 열고 안 여는 것은 나의 고유의 권한이요, 나만 할 수 있으니,
31 그 문을 열 생각이 없는 내 앞에 와서 너희들이 그 문을 들어온다 장담하지 말라.
32 내 천국의 문 앞에서 눈이 부시고 네 몸이 녹아 근접하지도 못하는 것이 죄 지은 자요, 오늘에 이와 같이 사악하게 끌고 가는 자요, 모든 백성을 범죄자로 만드는 잘못된 종교 집단이요, 지도자요, 맹종 맹신하는 불쌍한 어리석은 백성들임을 알라.

9,075 번째 하나님 말씀

2004년 1월 2일 17시 59분

1 사랑하는 나의 아들아!
2 "네, 아버님! 말씀하옵소서."
3 네가 인간이 기르는 애완동물과 같은

길을 가겠는가, 그렇지 아니하면 사람으로서 가는 그 길을 가겠느냐, 그렇지 않으면 창조주 나의 아들로서 네가 가겠는가, 이를 네가 확실히 해야 될 것이니 그리 알라.

4 내가 너를 사랑하면 애완동물처럼 네 마음이 누그러지며, 내가 매를 들면 네가 긴장하여 정신을 차리는 그와 같은 마음의 자세로 가서는 아니 될 것이니라.

5 이제 네가 법전을 백 권이 넘게 썼으니, 네가 성년으로서 바로 서야 될 것이니, 이를 너는 명심하여 행하도록 하며,

6 그 누구도 너를 따를 수 없으며, 네가 역사하는 것을 알 수 없으며, 내가 너에게 그때그때 명해 주는 그 답을 할 수 있는 사람이 없거늘,

7 네가 어찌하여 지금도 내가 너를 예뻐하며 너를 사랑하면 네 마음이 아이처럼 누그러지며, 내가 무서운 매를 들 때 너는 또 긴장하여 바로 서는 그와 같은 삶을 살고자 하느냐?

8 이제 너는 성년이니 그리 알라.

9 그와 같은 일이 있어서는 아니 될 것이니라, 사랑하는 나의 아들아!

10 어찌하겠는가? 네가 인간으로 가겠느냐, 아니면 애완동물처럼 가겠느냐, 그렇지 않으면 나의 아들로서 만백성을 구하는 지도자로서 우뚝 서서 그 길을 가겠는가?

11 "아버님! 이 말씀을 듣기에 제가 감히 고개를 들 수가 없사옵나이다.

12 이와 같은 저 자신은 저도 모르는 사이에 이리 흘러왔으며, 저 자신도 깨닫지 못했던 이와 같은 저 자신의 삶이었사옵나이다.

13 그저 아버님께서 사랑으로 베푸시며 은혜를 주시면 마음이 누그러져 어린아이처럼 되며,

14 그리고 아버님께서 매를 드실 때는 또 겁이나 제가 종아리를 걷어 올리고 그 맞는 매에 따라서 제가 울고불고하는 이와 같은 삶을 지금까지 살아왔사옵나이다.

15 아버님께서 오늘에 내리시는 그 말씀, 그 뜻을 이제 제가 깨달았사오며, 제가 굳건히 성년으로서 바로 서는 삶을 살도록 노력하겠사옵나이다.

16 아버님, 저에게 매만 내려 주옵소서.

17 아버님께서 사랑을 내리시고 은혜를 내리심이니, 그 은혜와 사랑에 제가 그를 어찌할 줄 몰라 오늘과 같이 어린아이로 또 무너지는 이와 같은 삶을 살아온 죄를 용서하여 주옵시며,

18 오로지 매로써 다스려 주옵소서.

19 아버님의 매를 맞고 다스려 제가 바로 설 수 있다는 것은 하늘에 오를 수 있는 길이요, 그 영광된 길이오니,

20 제가 마지막 천국의 문을 들어서지 못하고 낭떠러지로 떨어지는 그 길을 결코 갈 수 없사오며, 그리 역사할 수는 없다 생각하옵나이다.

21 아버님, 저에게 사랑을 주시기 전에 무서운 매로써, 제가 마지막 천국의 문을 들어설 때 거기서 낭떠러지로 떨어지지 아니하며 그 문으로 들어갈 수 있도록 그리 저를 매로써 다스려 주옵소서."

22 사랑하는 나의 아들아, 성년으로서 성

년다운 삶을 살면 될 것이니라.
23 네가 100권을 만들고 120권이요, 150
권이요, 이와 같이 네가 나의 법전을
전할 때마다 네가 성장해 감이니,
24 160권을 세상에 만들었을 때 너는 완
벽히 변한 자가 되어야 될 것이니, 이
것은 네가 가야 될 것이며, 항상 너는
어린아이와 같은 생각을 하지 말라.
25 그렇지 않으면 세파에 견디고 살아갈
수 없는 것을 알지 않느냐?
26 너는 그리 가라, 사랑하는 나의 아들
아!

9,076 번째 하나님 말씀

2004년 1월 2일 18시 04분

1 사랑하는 나의 아들아!
2 너희들의 인생의 삶이 과연 무엇이더
냐?
3 너희들이 지금 살아가는 그 삶은 미래
에 거듭나는 그와 같은 삶을 살아야
하거늘,
4 믿음의 길을 간다는 모든 백성들도 사
후의 세상을 생각하고 살아가는 백성
이 없으며, 이방인도 마찬가지며, 나
의 아들을 따르는 너희들도 그러하며,
5 법전을 읽고 깨우친 너희들도 이제 조
금 무엇인가를 알고 있으나, 아직 인
생의 삶이 무엇인지 깨닫지 못하고 있
지 않으냐?
6 너희들이 지금 살아가는 그 삶은 사후
의 세계요, 보이지 않는 영원히 사는
세상을 위해서 살아가야 하거늘,
7 모든 나의 백성들은 오늘에 사라져 없
어지는 물질적인 삶을 사는 것에 모두
를 다 바치고 있으며 그것만 따르고
있음이니라.
8 인간의 손과 두뇌로써 이루어진 것,
거기에 모두를 바치며 거기에 모두를
다 걸고 살아가면서, 너희들은 어찌하
여 사후 세계의 영원히 사는 삶을 생
각지 못한단 말이더냐?
9 잠깐 켜졌다 꺼지는 불빛만도 못한 육
의 세상의 삶이요, 사라져 없어지는
물질 세상의 삶에 의해서 너희들이 모
두를 다 바치고 가는 그와 같은 삶을
사니,
10 이제 나의 아들을 따르는 제자들이요,
법전을 읽고 깨우친 너희들은 인간의
손과 두뇌로써 만들어 보이며 또 세월
이 흐르면 없어지는 그와 같은 영원하
지 못한 것을 위해 모두를 바치는 어
리석은 삶을 살지 말라.
11 너희는 믿음이요, 진실한 참진리의 복
음을 마음속에 심으라 말했던 것이 무
엇인 줄 알겠느냐?
12 그러니 너희들이 변하지 않는 참진리
를 가슴에 심어 그 복음을 만백성에게
전하는 그것은 영원히 지워지지 않는
것이기 때문이니라.
13 그리하여 내가 너희들의 마음에 교회
를 지으며 성전을 지으라 하였음이니
라.
14 손으로 지은 너희들의 그 성전은 사라
져 없어지는 것이요, 너희들의 마음속
에 심는 그 교회요, 성전은 영원히 없
어지지 않기 때문이니, 이 뜻을 너희
들이 알겠느냐?
15 너희들이 마음속에 진실한 성전을 지
으면 그것이 천국의 나라가 너희들의

가슴속에 있으며 네 마음속에 있다는,
나 여호와가 일찍이 성서에 기록하여
전한 그 뜻을 어찌 모르고,
16 너희들은 어찌 그것을 따르고 행하지
못하는가, 내가 그리 명한 것을 너희
들이 어찌 소홀히 생각하느냐?
17 내가 너희들에게 말하지 아니하였느
냐, 너희들 마음속에 참진리요, 진실
된 성전을 짓는다면 그것이 하늘나라
요, 천국이 너희들의 가슴에 있는 것
이니, 그와 같은 것은 곧 나에게 올 수
있는 것이라는 것이 아니더냐?
18 그러니 너희들이 없어지고 사라질 너
희 손으로 만든 그 성전이요, 교회요,
보이는 것에만 그리 모두를 다 바치고
있음이니, 그를 보는 내 마음이 얼마
나 아프겠느냐?
19 손으로 지은 그 건물에 모든 마음을
다 바치고 두어서는 아니 되니 그리
알라.
20 이제는 너희들이 보이지 않는 사후 세
계의 삶을 위하여 복음을 전하며, 너
희들 마음속에 교회를 짓고 성전을 짓
도록 그리하라.
21 너희들 마음속에 참진리요, 나 여호와
의 뜻이요, 진실한 성전을 짓고 이루
도록 그리하라.
22 영원히 없어지지 아니하며 지워지지
않는 성전을 지으라 하는 것이 내 뜻
이니, 내가 지상에서 없어지는 그와
같은 교회를 지으라 하겠느냐?
23 그러니 내가 지상에다 교회를 짓지 말
라 하였으며, 나의 아들 예수가 그 모
두를 헐어 버린다 함이 거기 있음이니
라.
24 나의 아들의 가슴속에 심어 준 그 교
회요, 성전은 영원한 것이기에, 나의
아들 예수가 영원한 교회요, 성전을
너희들에게 심어야 되며 심어 주기 위
해서 그가 부르짖었으나,
25 너희들이 그 뜻을 알지 못했으며 그
가르침을 알지 못하여 오늘과 같은 험
악한 세상이 되었음이니라.
26 이제 나의 아들을 따르는 제자 너희들
은 하늘의 뜻을 알며 내가 역사하고자
하는 것을 알겠느냐?
27 너희들의 가슴속에 심는 교회요, 가슴
속에 짓는 성전은, 그것이 진실하다면
영원히 지워지지 아니하는 것이기 때
문에 거기다 심으라는 것이요,
28 손으로 짓는 것은 사라져 없어지는 것
이며 무너지고 쓰러지는 그와 같은 것
이기 때문에 영원하지 못한 것이요,
그리하여 짓지 말라 한 내 뜻을 너희
들은 알 것이며 하늘의 이치를 이제
깨달았을 것이니,
29 나의 아들을 따르는 제자요, 나의 법
전을 읽고 깨우친 만백성, 너희들은
고이고이 마음속에 이와 같은 뜻을 간
직하여, 나 여호와를 울리지 말며 나
를 가슴 아프게 하지 말라.
30 이제 너희들의 마음에 짓는 교회요,
성전의 의미가 무엇인지 알았으면, 나
의 아들을 따르는 선택된 백성들이요,
그 제자들은 바로 행하고 실천하여 그
역사를 이루도록 하라.
31 그를 바라보는 것이 나 여호와의 기쁨
이요,
32 내가 내 형체로써 만백성을 세상에 내
보냈으니, 이제 내 모습대로 돌아올

수 있는 것을 너희들로부터 시작하기
때문이니 그리 알라.
33 너희들을 사랑함이니라.

9,077 번째 하나님 말씀

2004년 1월 2일 18시 12분

1 사랑하는 나의 아들아!
2 "네, 아버님! 말씀하옵소서."
3 나 여호와가 너희들 안에 머무를 수
있도록 너희들은 정녕 그리 존재할 수
없는가?
4 나 여호와가 너희들의 가슴에 영원히
존재하도록, 그리고 내가 머물도록 할
수 있는 백성이 되어야 될 것이니라.
5 지금 수천 년 동안 흘러오는 그 세월
속에 모든 백성들이 저희들 가슴에 내
가 영원히 머무를 수 있도록 준비된
백성이 없으며 나의 아들딸이 없었음
이니라.
6 이제 나의 아들을 따르는 제자들이요,
그리고 나의 법전을 깨우친 만백성 너
희들은, 영원히 존재하며 무너지지 아
니하며 허물어지지 아니하며, 그리고
파멸이 없는 영원한 성전이요, 교회를
짓는 것, 그것이 바로 너희들 가슴속
에 짓는 것이라 하였음이니, 그게 바
로 무엇이더냐?
7 너희들이 나 여호와가 영원히 머무르
도록 하는 것이니라.
8 나 여호와가 너희들의 가슴에 머무른
다면 너희들은 한 점의 추함이 없으
며, 오로지 선한 모습으로써 존재해야
만 내가 임할 수 있다는 것을 절대 잊
지 말라.
9 지금 나의 아들을 따르는 제자들에게
이룰 수 있도록 그리 명하며, 너희들
은 이 길을 가야 되는 것이니라.
10 나 여호와가 영원히 너희들의 가슴에
머무를 수 있도록 이를 이루고 역사하
는 것이 너를 따르는 제자들임을 너는
알아야 될 것이니라.
11 나 여호와가 너희들을 아름다운 모습
이요, 나의 형상에 따라 만든 피조물
만백성 너희들이 아니더냐?
12 내가 너희들을 나의 형체로 만든 것은
나의 모습으로써 너희들을 만들었다
그리 생각하지 말라.
13 종교 집단이요, 지도자요, 수천 년 동
안 흘러오는 그 지도자들은 나의 형상
으로써 너희들을 만들었다 하니, 나와
너희들이 닮은꼴이라 그리 생각하나,
그것이 아님이니라.
14 너희들은 알라, 내가 사랑하는 마음이
요, 내가 만백성을 용서하는 마음이
요, 선한 마음으로 살아가는 그와 같
은 것이 너희들이 나와 닮은꼴이라는
것을 알라.
15 모두가 다 내가 그리 만들었으며, 그
리 너희들이 나와 닮은 백성들이 아니
더냐?
16 그러니 나의 형상을 닮은 것이 아니라
나의 사랑과 선함을 닮도록 만들어 이
세상에 보내 준 것이며, 내가 내려보
냈음을 너희들은 알라.
17 그러나 어찌하여 지금 너희들이 나를
닮지 아니하고 사탄이요, 악마와 같은
모습을 닮아 가느냐?
18 이를 보는 나 여호와의 마음이 이리도
무너짐을 너희들은 알겠느냐?

19 너희가 나를 믿고 내가 존재함을 확실
히 믿지 못하기 때문이니라.
20 말로써는 나를 믿는다 하며 나를 따른
다 하나, 너희들의 마음속에는 나를
따르지 않고 있기 때문이니라.
21 그러니 너희들이 나와 닮은꼴인 선하
며 사랑하는 마음이요, 그리고 베푸는
마음이요, 용서하는 마음이요, 그와
같은 마음이 너희들에게 없음이니, 너
희들이 변화될 수 없으며 나를 따라올
수 없음이니라.
22 나 여호와는 일찍이 나의 아들을 통하
여 너희들에게 말했느니라.
23 나는 악이라는 것은 내 본체에는 찾아
볼 수도 없으며 악의 그림자도 볼 수
없으니,
24 너희들이 나의 아들딸이요, 아버지를
닮으며 아버지가 존재하는 그 나라에
오고자 한다면, 너희들은 어떠한 악이
라는 것은 그림자도 생각하지 말아야
되며,
25 오로지 선한 생각이요, 선한 것으로써
그득히 채워진 삶을 살아야 되는 것이
니라.
26 감히 악과 선의 두 갈래가 있다 생각
하지 말라.
27 너희들의 아버지 창조주 나는 두 길이
없다 하지 않았느냐?
28 오로지 선함만 있으니, 너희들이 선함
만을 살아가야 된다면, 너희들은 어찌
하며 살아가야 될 것인가 깨달으며,
너의 제자들은 알 것이니라.
29 나를 닮은 모습은 내 마음이요, 심성
을 너희들이 닮으라 하였으며 닮게 만
들었음을 잊지 말라.
30 그러니 너희들이 나를 닮은 것은 외형
의 모형이 닮은 것이 아니라, 사랑하
는 마음이요, 용서하는 마음이요, 선
함에 있음이니라.
31 그와 같은 나 여호와는 두 길이 아니
요, 두마음이 아니요, 오로지 하나이
니라.
32 내 주변에는 악이라는 그 씨앗을 볼
수 없으며 그를 설명할 수도 없는 것
이니,
33 너희들도 나에게 오고자 하며 나를 닮
은 아들딸이라면, 악이라는 것은 감히
생각지도 않는 그와 같은 삶을 살아가
야 될 것이니, 그것이 너희들이 나에
게 오는 길이니라.

9,078 번째 하나님 말씀

2004년 1월 3일 07시 06분

1 사랑하는 나의 아들아!
2 **"네, 아버님! 말씀하옵소서."**
3 나 여호와가 나의 법전에 기록하여 너
를 처음에 깨우침이니, 내가 뭐라 말
하였더냐?
4 너희들이 번갯불보다 더 빨리 지나가
는 그와 같은 사악한 행위요, 죄를 짓
는 행위도 나 여호와는 하나도 놓치지
아니하고 그를 다 볼 수 있으며, 나를
벗어날 수 없다 그리 말하지 아니하였
더냐?
5 이는 나 여호와가 창조주요, 내가 주
관하는 그 세상에서 모두가 이루어지
고 있기 때문임을 너희들은 알아야 될
것이니라.
6 그러니 내가 작은 죄요, 그 모두도 다

알고 있다 하였음이니, 이제 나의 사
랑하는 백성 너희들은 알아야 될 것이
니라.
7 너희들은 정녕 나를 속이고 나를 기만
하는 그와 같은 행위가 없는가 스스로
생각해 보며 깨달음의 시간을 가질 때
가 되었음을 알아야 될 것이니라.
8 나의 법전 백 권이 넘게 세상에 나오
기 시작함이니, 이를 듣고 깨달은 백
성 너희들이 살아가는 마음의 자세가
과연 어떠한가?
9 내가 번갯불보다 더 빨리 지나가는 너
희들의 모든 악함과 선함을 하나도
놓치지 아니하며, 기억하지 아니하는
것이 없다 하였음이니,
10 결국 그를 가지고 너희들을 심판하며,
거기에 따라서 그 대가로 하늘에 오
르느냐, 아니면 한 번 들어가면 나오
지 못하는 지옥이라는 곳으로 가느냐
가 달렸기 때문에,
11 아무리 빠른 순간에 이루는 것이라도
하나도 기억되지 아니하는 것이 없으
며, 모두가 다 기억됨을 너희들은 알
아야 될 것이니라.
12 그렇다면 너희들 스스로 지금 살아가
는 그 모습이 정녕 나를 속이며 기만
하는 행위는 없으며, 하늘을 향하여
한 점의 부끄럼이 없는 생활을 하는
가, 이를 너희들이 지금은 돌이켜 봐
야 될 것이니라.
13 너희들 자신이 지금 살아가면서 부끄
러운 행위를 하지 말며, 나를 향하여
한 점의 부끄럼이 없는 삶을 살라 하
였거늘,
14 나에게 부끄러움이 있는 행위를 하면
서도 정녕 이는 내가 모를 것이며 기
억되지 않을 것이라 하는 그와 같은
생각 속에서 살아가는 삶이 어떠한 것
인가를 들여다보라 전하라.
15 너희들이 살아가는 그 본성의 마음까
지도 나는 알고 있음이니라.
16 너희들이 행하고 있는 것, 바로 살고
못 사는 것을 인간 세상의 네 주변이
요, 네 형제요, 그 모두를 속일 수는
있으나, 나는 결코 속일 수 없다 하였
음이니, 이는 무엇이더냐?
17 내가 다 그를 바라보고 있다는 것을
너희들은 알라 함이니라.
18 나는 너희들의 그 마음이 어떠한지 바
라보며, 너희들의 미래까지도 어찌 역
사하고 살아갈 것인가를 알고 있는
창조주 여호와이니,
19 너희들이 과연 나를 향하여 한 점의
부끄럼이 없는 삶을 사는가 살지 않는
가 그것은 스스로 다스려 나가야 될
것이며,
20 너희 자신만 알고 있는 죄지은 것이
요, 선한 것이요, 그 모두를 나는 알고
있음이니, 너 혼자만 알고 있다는 어
리석은 생각을 하지 말라.
21 너 혼자만 알고 있기에 이를 덮을 수
있으며 이를 속일 수 있으며 이를 그
리 넘어갈 수 있다 생각하면 그와 같
이 어리석은 바보가 없으며 어리석은
백성이 없음이니라.
22 그럼 이제 너의 제자들에게 너는 가
르치라.
23 그들은 이제 행할 때가 되었으며 그와
같이 갈 수 있음이니라.
24 남들이 볼 수 없는 장소요, 너희들이

생각할 수 없는 어떠한 일이라도, 그
모두는 다 창조주 나 여호와가 보고
있음을 알라 하라.
25 인간이 알고 모르는 것은 관계가 없음
이니라.
26 그들이 정녕 거듭나는 것, 다시 태어
나는 것, 그리고 영원히 사는 나의 나
라에 오를 수 있는 그것을 그들은 점
수를 매길 수 없으며 그것으로써 너희
들을 평가할 자격이 없음이니라.
27 그리고 그들이 보고 안 보는 것은 너
희들과 관계가 없음이니라.
28 그들에게 너희들이 욕을 먹든, 그들에
게 저주를 받든, 인간의 대우를 받든,
인간 이상의 존경함을 받든, 그들이
아무리 너희들을 평가한다 해도, 그들
이 거듭나는 그와 같은 역사요, 너희
들을 심판을 하는 것이 아님이니라.
29 그러니 심판을 하지 아니하며 너희들
이 거듭나고 거듭나지 못하는 그 생
사여탈권을 쥔 사람이 아닌 그들에게
너희들이 보이고 안 보이는 것이 무엇
이 소중하더냐?
30 너희들은 여기서 알아야 될 것이니라.
31 천 명 만 명이 모르고 네 주변에 있는
사람이 다 모르든 알든 그것은 관계없
음이니,
32 너희들이 다시 태어나고 태어나지 못
하는 그 모든 권한을 쥐고 있으며, 너
희들이 선과 악을 산 것을 심판할 나
여호와가 그를 알고 있으며 거기서 벗
어날 수 없음이니,
33 그를 너희들이 비켜 갈 수 없다는 그
것이 얼마나 무섭고 두려운 것인가?
34 너희를 속이고 인간은 속일 수 있으
나 그는 다 부질없는 것이니라.
35 너희들을 심판하고, 그것으로써 상을
내리고 내리지 않는 나 여호와가 모든
것을 보고 있다는 것, 이것이 두려움
을 알라.
36 세상 백성들이 그를 다 모른다 해도
내가 알며, 세상 백성들이 다 안다 해
도 그것은 다 부질없는 짓이니라.
37 오로지 나 여호와의 소관이니, 심판하
는 나 여호와는 하나도 놓치지 아니하
고 다 보고 있다는 것, 그를 알면 너희
들이 만 명을 속이려 하지 말며 나를
속이지 말라.
38 만 명에게 알리고자 하지 말라.
39 그리하지 아니해도 심판하는 나 여호
와가 다 알고 있음이니, 그리하여 세
상 것을 자랑하지 말며, 나서지 말며,
너희들이 한 것을 증언하지 말며, 간
증하지 말며, 떠들지 말라 함이니라.
40 세상 것을 다 내놓았다 해도, 너희 재
물을 모두 내놓는다 해도, 사람들에게
칭찬을 받으며 입에 오르내리는 네 이
름 석 자가 있다면 너는 나에게 상을
받을 수 없다는 나의 뜻을 알라.
41 그러니 그 모두를 내가 다 알고 있음
이니, 그것을 가지고 심판하는 나 여
호와가 있다는 것을 너희들은 잊어서
는 아니 되며,
42 이제 나의 법전에 기록하여 너희들이
선행을 하며 악행을 하는 것도 심판
관인 하늘이 알고 있음이니, 그를 비
켜 갈 수 없으며,
43 사람이 알고 모르는 것보다 그것이 가
장 소중하다는 나의 하늘의 뜻을 너희
들에게 전했음이니,

44 스스로 한 점 부끄럼이 없는 그와 같
은 삶을 살며, 저 자신이 아름답게 사
는 삶을 살도록 그리하라.
45 남을 속이지 아니하며 저를 속이지 아
니하고 아름답게 사는 백성은 내가 기
억할 것이며, 그를 알고 있으며, 그렇
지 못한 백성은 내가 모른다 하는 그
무서움을 알라.
46 내가 모른다 하는 것이 바로 너희들이
하늘에 오르는 길에 거듭남이 아니요,
한 번 가면 돌이킬 수 없는 지옥의 불
바다에 가는 것임을 너희들은 알아야
될 것이며, 거기서 이루어진다는 것을
절대 잊지 말라.

9,079 번째 하나님 말씀

2004년 1월 3일 07시 13분

1 사랑하는 나의 아들아!
2 "네, 아버님! 말씀하옵소서."
3 너희들이 모두를 놓으며, 손에 쥔 것
이 없이 살며, 마음을 비우고 살라, 선
한 행동이요, 사랑을 베풀고 선행을
하며 살라 함이 무엇인 줄 너희들은
알겠느냐?
4 나 여호와가 너희들에게 그저 되는 대
로 남들처럼 살다가 나에게 올 수 있
다 하면 되는 것을,
5 내가 어찌하여 나의 아들을 따르는 그
제자들이요, 어려운 길을 가는 너희들
에게 강도 높은 훈련을 시키며,
6 너희 자신의 모두를 버리고 놓으라,
그리고 사랑을 베풀고 나누며 살라,
진심으로 똑같이 사람을 사랑하라 그
와 같이 가르치는 것이 무엇인 줄 알
겠느냐?
7 너희들이 하늘에 보물을 쌓아 놓는 것
이 상을 받으며, 재물을 많이 쌓아 놓
는 것이 구원을 받는다 가르치는 종교
집단 그 속에서 지금 살아가는 자들이
기 때문이니라.
8 너희들은 여기서 알아야 될 것이니라.
9 나 여호와가 무엇이더냐?
10 사랑이니라, 그리고 베풀고 용서함이
니라.
11 그러니 너희들이 하늘에 보물을 쌓는
것으로써 거듭나며 구원을 받는다는
이 험악한 세상 속에서 너희들이 그
이치를 모르며 하늘의 뜻을 모르기에,
12 내가 너희들에게 사랑을 베풀고 나누
며 사는 것, 선한 행동과 사랑을 베풀
고 사는 것이 무엇인가를 너희들에게
가르치고 또 깨우쳐 터득시키려 하는
것이 무엇인 줄 알겠느냐?
13 선한 행동과 사랑을 실천하고 베풀고
사는 것이 곧 나 여호와가 존재하는
하늘나라요, 그리고 너희들이 하늘나
라를 장식하는 것이니라.
14 네가 이다음에 와서 살 그 집을 장식
하고 아름답게 꾸미는 것이 너희들이
재물이요, 금화를 바치는 것이 아니라,
15 사랑하는 마음이요, 선한 마음이요,
용서하는 마음이요, 이와 같이 행하고
사는 것을 내가 거둬들이며 나를 기쁘
게 함이니,
16 또한 그것이 나를 기쁘게 하는 것만이
아니라 내가 존재함을 믿는 것이요,
너희들이 하늘나라에 와 살 수 있는
집, 네가 돌아와서 기거할 집을 아름
답게 장식하고 꾸미는 그와 같은 역사

가 되는 것이기 때문에, 내가 너희들
에게 그를 바치라 함이니라.
17 그러니 너희들이 바치는 그 재물이요,
그와 같은 것으로는 아무것도 이룰 수
가 없는 것이거늘, 지금 모든 백성들
이 재물로써 모두를 역사한다 그리 생
각하느니라.
18 너희들이 재물을 모으며 그 재물의 욕
심 때문에 너희들 자신이 얼마나 사악
하게 살아왔으며, 눈에 보이는 것만
추구하는 그와 같은 삶을 살았더냐?
19 그러니 너희들이 아름답게 모으지 못
하며, 노력하지 아니하고 추하게 모은
재산, 그와 같은 것이 결국 무엇이더
냐?
20 그 더럽고 추한 물자를 가지고 하늘나
라에 쌓아 놓는 것이 너희들이 구원을
받는 것이요, 나에게 상을 받는 것이
라 그리 가르치니, 그 뜻이 아님이니
라.
21 너희들은 알아야 될 것이니라.
22 너희들이 선한 마음이요, 사랑하는 마
음이요, 그리고 용서하는 마음이요,
그와 같은 것을 행동으로 실천하고 살
아가는 백성 너희들이 하늘나라요, 천
국을 장식하는 것이며, 그와 같이 역
사하는 것만 하늘나라를 더 아름답게
장식함이니라.
23 아름다운 마음을 갖고 천사와 같이 너
희들이 그리 살 때, 그것이 나 여호와
가 존재하는 하늘나라에 와 닿음이니,
그게 하늘을 아름답게 장식하며, 더
아름다운 마음으로 사는 자가 오면 또
그 하늘을 더 아름답게 장식하는 것이
니라.
24 그뿐이 아님이니라.
25 너희들이 죽지 아니하고 영원히 존재
하고 사는 하늘나라의 그 집을 가장
아름답게 꾸미는 것이 너희들이 내가
지금 명한 그대로 사는 것이요,
26 얼마나 아름답게 살았느냐에 따라서
너희들이 하늘나라에 올 수 있으며,
27 네가 살 집을 세상에 볼 수 없이 아름
다운 그와 같은 집으로 꾸미는 것이
사랑하는 마음이요, 용서하는 마음이
요, 선한 행동을 얼마나 베풀었느냐에
따라서 좌우됨을 알라, 사랑하는 나의
아들딸들아!
28 재물로써는 아름다운 하늘나라를 만
들 수 없으며 꾸밀 수도 없는 것이니
라, 그리고 너희들이 구원을 받을 수
없는 것이니라.
29 그와 같이 잘못된 거짓 선지자들이 너
희들에게 가르치는 그 말에 현혹되어
너희 자신을 파는 그와 같은 어리석은
짓을 하지 말라 그리 전하라.
30 내가 다시 한 번 나의 아들을 통하여,
너희들을 사랑하기에 전하느니라.
31 너희들이 아름다운 마음이요, 선한 마
음이요, 베푸는 마음은 곧 나 여호와
이니라.
32 그와 같이 나를 닮는 것, 나와 똑같은
삶을 살고자 하는 것, 그것이 너희들
이 내가 사는 하늘의 천국의 나라에
어버이가 사는 집을 아름답게 장식하
는 것이요,
33 작게는 너희들이 와서 기거할 그 집을
아름답게 꾸미고 아름답게 모두를 다
다스려 놓는 것이라는 것을 잊지 말라.
34 그렇지 아니한 자는 너희들이 나에게

오를 수 없으며 그와 같은 집에서 살
수 없음이니, 너희들이 고통의 불바다
요, 끓는 기름 가마 속에서 고통을 당
하며,
35 그리고 모든 날짐승이요, 그 미물들이
너희 몸을 갈기갈기 할퀴고 너희들 것
을 다 찢어 가는 그와 같은 형국의 벌
을 받게 된다는 것을 절대 잊지 말라.

9,080 번째 하나님 말씀

2004년 1월 3일 07시 18분

1 사랑하는 나의 아들아!
2 "네, 아버님! 말씀하옵소서."
3 너희들이 나에게 오르는 길이요, 나
여호와의 뜻에 따라 참진리의 그 어렵
고 힘든 길을 가지 못하며 너희들이
그 길에 역사하지 못한다면 어떠한 길
이더냐?
4 너희들은 비진리요, 잘못된 길을 가고
있음이니, 그것은 곧 인간이 가고 있
는 길이며, 인간이 만든 길이며, 인간
의 교리에 의하여 모두가 역사하는 것
이라는 것을 너희들은 알아야 될 것이
니라.
5 하늘에 오르는 백성은 하늘의 법도에
따르며, 하늘의 뜻에 의해 역사해야
하는 것이거늘,
6 너희들이 그 길이 어렵고 힘들다 하여
가지 아니하고 비진리의 그 길을 선택
해서 간다면 인간이 만든 교리일 뿐이
니, 너희는 나와 관계없다 하지 아니
하였더냐?
7 너희가 참진리의 길을 가고 있다 하
면, 그리고 정녕 나 여호와의 뜻에 의
해 간다 하면,
8 너희들은 모두를 다 버리는 자요, 그
리고 너희 손에서 모두를 다 놓지 아
니하면 정녕 그 길을 갈 수 없다 내가
그리하였음이니라.
9 그러니 나의 아들을 따르는 백성 너희
들은 지도자요, 만백성을 구원할 자들
이니, 너희들부터 먼저 너희 마음에
있는 그 모두를 다 버려야 되며 그를
놓아야 되거늘,
10 너희들의 마음의 자세가 과연 어디에
와 있는가?
11 너희는 나의 뜻에 의함이 아니라 지금
욕심의 굴레에서 벗어나지 못하고 있
는 백성은 아닌가 생각해 보라.
12 내가 나의 아들을 통하여 너희들에게
뭐라 말하였느냐?
13 정녕 너희들이 모두를 버리는 것, 너
희들의 그 마음을 여는 것은 스스로
너희들이 해야 한다 하였음이니,
14 이는 너희들이 피나는 노력으로 자신
을 다스리고 회개하고 반성하는 그와
같은 삶에서 너희들이 거듭날 수 있는
것이 아니더냐?
15 그러니 그와 같은 기도와 회개를 하며
너희들 마음이 아무리 강하고 욕망이
앞선다 해도, 너희들 자신이 모두를
버리는 그 결단이 없이는 절대 아니
됨이니라.
16 마음을 열지 못하며 마음을 버리지 못
하며 너희들이 한쪽에 그 모두를 쌓아
놓고자 하는 것, 욕심을 버리지 못한
너희들이 욕심의 굴레를 벗어나지 못
하면서 말로써만 버렸다 하며 던졌다
하여 이루어짐이 아니니라.

17 너희들은 정녕 행동과 말에서 변화되
는 삶이요, 정녕 네 마음을 다스리지
아니하면 절대 나에게 올 수 없다는
것을 알아야 될 것이니라.
18 인간이 인간의 교리에 연연하며, 하늘
의 뜻이요, 나의 성령이요, 참진리의
길을 가고자 노력하지 아니한다면 그
것은 무엇이더냐?
19 나에게 오르는 길이 아니요, 반대의
길을 가게 됨이니, 그것이 지옥의 길
을 가는 것이니라.
20 그는 인간의 삶이 중요하며, 너희들의
행함이 얼마나 아름답고 소중해야 되
는 것인가?
21 그와 같은 아름다운 삶을 살았을 때
너희들은 참진리의 길을 보게 됨이니,
22 참진리의 길을 보지 아니하면 인간의
교리를 벗어나지 못하는 것이요,
23 참진리를 보는 순간에 너희들은 인간
이 만든 교리를 벗어나 그들의 흑백논
리를 알게 됨이니, 악과 선이 무엇인
지도 알게 됨이니라.
24 그리고 너희들이 그 두려움과 무서움
도 알게 될 것이니,
25 너희들이 지금 선의 길이요, 참진리의
길이 무엇인가를 깨달을 수 있게 하기
위해서 너희 마음부터 먼저 비워야 됨
을 잊지 말라, 사랑하는 나의 아들딸
들아!
26 내가 너희들에게 무어라 말하였느냐?
27 너희들이 마음을 비우고 버리는 그 문
을 열 수 있는 것, 마음의 문을 여는
것은 고리가 안에만 있어 너희 자신만
잡을 수 있으며,
28 밖에서는 누구도 그를 잡을 수 없으며
그 문을 열어 줄 수 없다 하였음이니,
29 나 여호와 또한 열어 줄 수 없는 것이
너희들의 마음이요, 너희들이 마음의
문을 열어 모두를 버리는 것이니,
30 버리지 못하는 자는 천국의 길을 볼
수 없으니, 나에게 올 수 없음이니라.

9,081 번째 하나님 말씀

2004년 1월 3일 07시 23분

1 사랑하는 나의 아들아!
2 "네, 아버님! 말씀하옵소서."
3 나의 아들을 따르는 제자 너희들이 가
는 길이 뭐라 말하였느냐?
4 너희들은 사랑하는 사람을 두어서도
아니 되며, 또한 그 반대인 미워하는
사람을 마음에 안고 있어도 아니 된다
하였음이니라.
5 모든 백성을 똑같이 사랑하는 마음으
로 가야 한다 하였음이니라.
6 너희들이 기르는 동물이요, 말 없는
식물까지도 얼마나 사랑하느냐에 따
라서 그들의 자세가 다르며, 생각이
다르며, 그들의 행동이요, 살아감이
다르다 하였음이니,
7 그러니 사랑을 베푸는 것이 얼마나 귀
하고 소중한 것인지 아느냐?
8 그리하여 너희들은 모두를 다 똑같이
사랑하라 함이니, 그 의미가 무엇인
줄 알겠느냐, 사랑하는 나의 아들아!
9 "네, 아버님! 그러하옵나이다.
10 더 사랑하는 사람이 있으며 더 소중한
사람이 있으며 더 귀하다는 사람이 있
다 하면 제 마음에 파장이 일기에,
11 저의 제자들 또한 소중한 사람, 사랑

하는 사람을 마음에 간직하지 말라 함
이며,
12 그것 때문에 그들의 마음에 파장이
생기기 때문이라 그리 생각되옵나이
다.
13 그러니 그 마음속에 미워하는 사람,
지울 수 없는 사람, 그리고 정녕 예뻐
할 수 없으며 사랑할 수 없는 사람이
있다 하면, 미워하는 사람이 있는 것
만큼 그 마음에 파장이 잃이니,
14 그는 마음을 비울 수가 없으며 바로
갈 수 없으며 이를 다스릴 수 없기 때
문에, 아버님께서 모두를 비우라 그리
말씀하시는 그 뜻이라 그리 알고 있사
옵나이다."
15 그러니라, 사랑하는 나의 아들아!
16 너희들은 마음을 비우고 똑같이 세상
을 봐야 되거늘, 너희가 소중한 사람
이요, 귀중한 사람을 마음에 담고 있
으면 그로 하여금 너희들의 마음에 아
픔이 있으며 또한 슬픔이 있는 것이요,
17 또 미운 사람을 가슴에 안고 있다면
그 미워하는 만큼 괴롭고 고통스러운
것이니라.
18 사랑하는 만큼 고통이 있으며 미워하
는 만큼 고통이 있으니, 그 모두가 너
희가 마음을 비우는 데 가슴에 파장을
이룸이니, 그와 같은 마음을 다스리라
함이니라, 사랑하는 나의 아들아!
19 그를 알았으면 너의 제자들에게 이를
깊이 심어 주도록 하라.
20 좋은 사람이 있어서, 사랑하는 사람이
있어서 마음이 괴롭다면 어찌하겠는
가?
21 또한 반대로 미워하는 사람이 있고 또
예뻐할 수 없는 사람이 있어서 너희
마음이 괴롭고 괴롭다면 결국 마음을
비우지 못함이 아니더냐?
22 그러니 사랑하는 사람도 미워하는 사
람도 너희들 마음에 두지 말라 함이
니, 이를 행하고 살라는 나 여호와의
마음에서 눈물이 흐르고 있음이니라.
23 인간인 너희들이 그 모두를 지우고 바
로 서기 위해서는 얼마나 고도의 훈련
이요, 아픔이 있겠느냐?
24 사랑하는 자식이요, 사랑하는 사람이
요, 사랑하는 가족이요, 그 모두를 다
마음속에서 지우며 똑같이 보고 갈 수
있는 그 마음으로 그들의 인연이요,
인간의 정을 떼기가 마음이 아플 것이
며,
25 또한 괴로운 사람을 너희들이 모두를
사랑하는 사람처럼 끌어올리는 마음
을 갖기에 얼마나 인내하고 고통의 쓴
잔을 마셔야 되겠는가?
26 그와 같은 길을 가라 하는 것, 너희들
이 그와 같은 길을 가기 위하여 세상
사의 모두를 양손에서 놓아야 되는 그
아픔이요, 슬픔이요, 괴로움이요,
27 인간으로서 모든 한계를 벗어나는 그
와 같은 아픈 마음이요, 슬픈 마음에
너희들이 눈물을 흘릴 수 있음이니,
28 나 여호와 또한 그와 같은 눈물을 흘
리고 있음을 알라, 사랑하는 나의 아
들아!
29 너희들이 사랑하는 사람, 좋은 사람이
있어서 마음에 파장이 일며, 미운 사
람이 있어서 마음에 파장이 인다면,
30 어쨌든 너희들의 마음에 파장이 인다
면 너희들이 마음을 비울 수 없으며

나에게 향하는 길을 갈 수가 없음이니,
31 지도자가 되기 위하여 너희들은 그 모두를 다 놓아야 되며, 그 모두를 하나로 봐야 된다는 그 의미를 알라.
32 너희들이 마음의 파장을 다스릴 수가 없음이니, 마음의 파장을 다스릴 수 없으면 현명한 판단을 할 수가 없으며, 정의로운 판단을 할 수 없으며, 진리를 볼 수 없으며, 너희들이 나에게 올 수 없으며,
33 너 자신의 기초가 되는 네 마음속에 있는 모든 마음을 날려 버릴 수 없기 때문이니, 그리 알라 사랑하는 나의 아들딸들아!

9,082 번째 하나님 말씀

2004년 1월 3일 07시 31분

1 사랑하는 나의 아들아!
2 **"네, 아버님! 말씀하옵소서."**
3 인간 세상에 너희들이 살아가면서 하는 말이 있지 않으냐?
4 젊어서 하는 고생은 사서도 한다는 말이 있으니 그 말의 의미가 무엇이더냐?
5 너희들이 인내할 수 있는 힘이 있을 때 젊어서 많은 경험을 쌓음으로 인하여 인생을 살아가는 데 탄탄한 길을 갈 수 있으며,
6 그를 거울삼아서 너희들이 옳고 그름을 분석할 수 있는 지혜를 얻고 너희들이 바르고 곧게 살며 인간의 소중함을 깨닫는다는 그와 같은 말이 아니더냐?
7 젊어서 하는 고생의 삶이 그렇다 함이니라.
8 그러나 너희들이 살아가는 인생의 방법이 어떠한가?
9 젊어서 하는 고생이 그와 같이 얻음이 있으며 미래에 빛이 되는 것을, 오늘을 고달프고 어렵다 하여 괴로워하는 젊은이라면 과연 어떠한 것인가?
10 그 젊은이는 가는 세월이요, 살아가는 세월이 원망스럽고 지루할 것이며, 그것은 길고도 긴 여정일 것이니라.
11 고민이 있어서 밤에 잠을 이루지 못하는 사람이 밤이 긴 것처럼, 너희들은 그와 같은 고생스러운 삶을 살 것이니라.
12 그러나 한때의 젊음의 고생은 인생의 낙이요, 미래를 준비하는 것이라고 생각하는 사람이 있다면 그 사람의 젊음은 과연 어떠하겠는가?
13 오늘의 삶을 희망으로 생각하며, 내일을 위해 준비된 것이라 생각하는 즐거운 마음으로 그 젊음의 고비를 넘고 살아간다면 그는 어떠한가?
14 그는 어려운 그 시기요, 시간이 자신도 모르게 흘러가는 것을 알게 될 것이며, 이미 그를 벗어난 것을 알 수 있음을 너희들은 알아야 될 것이니라.
15 너희들이 믿음의 길을 가는 것이 그러하니라.
16 감히 너희들은 내가 직접 써 내린 십계명을 지킬 수 없다, 그리고 그대로 살아갈 수 없다 하며,
17 그리고 내가 너희들에게 내린 160권의 법전대로 인간은 살 수 없다, 인간은 죄를 짓지 아니하고 살 수 없으며 거짓되지 아니하고 살 수 없다 감히

그리 말함이니,
18 그것이 바로 너희들이 그러하니라.
19 젊어서 한때 고생을 하여 인생의 황혼
기를 너희들이 가장 행복하게 맞이할
수 있는 그 삶이요, 젊어서 모든 역경
을 잘 겪고 인내하며 그를 즐거움으로
받아들여 그와 같은 삶을 사는 자는
성공의 삶을 살 수 있다 하지 아니하
였느냐?
20 너희들이 지금 믿음의 길을 다스리며
한때 갈 수 있다는 것, 그리고 지킬 수
있다는 것, 그와 같은 각오의 마음으
로써 믿음을 접한다면, 그는 질서가
잡히게 되며 너희들을 다스리게 됨이
니라.
21 너희들이 다스려지지 못하는 것, 욕심
을 버리지 못하는 것, 거짓 하는 것,
그 모두를 짧은 시간에 다스리며 다스
려진다면,
22 그때부터 죄악이라는 것은 너희들 주
변에 생각할 수도 없으니, 그 그림자
도 보기 싫어할 것이며,
23 오로지 선이요, 아름다움이요, 참진리
의 길을 가는 데 힘들고 어렵지 아니
한 것이 너희들의 믿음이니라.
24 너희들이 기초적인 믿음의 틀을 잡지
못하며, 시작할 때 고통의 길이 아니
라 편안하고 넓고 평탄한 길을 가기
위하여 그저 재물만 바치면 구원을 받
는다는 간단한 방법으로써 젊은 세대
를 가르치며 기초를 그리 가르쳤기에,
너희들이 기반이 없으며 믿음의 진리
를 모르며 하늘의 뜻을 모르느니라.
25 그러니 너희들이 시작할 때 진정한 믿
음이요, 참진리요, 제대로 된 선생이
요, 선지자의 뜻을 따라 배운다면 한
동안은 어렵고 힘든 길이나,
26 거기서 너희들이 길들여지고 다스려
진다면 하늘에 오르는 그 영광이요,
거듭나는 그 모두를 얻을 수 있는 것
이거늘, 그를 너희들이 잘못 시작하며
잘못 가고 있기 때문이니라.
27 처음부터 잘못 시작했으며 처음부터
편안한 길을 가고자 하는 것이니, 고
생이요, 힘든 길을 너희들은 어렵고
힘들다고만 생각하는 자들이기에 너
희들이 참진리의 길을 모르고 가는 백
성이 되어 있음이니라.
28 그러니 참진리를 모르고 가는 백성들
은 하늘의 뜻을 모르면서 하늘의 뜻을
배우고 깨우쳐 그 길을 간다 하니, 너
희들은 캄캄하기만 하며 고달프고 어
렵고 힘든 길을 감이니라.
29 고통스럽고 고민이 있어 잠 못 이루는
자는 그 짧은 밤이 길고 길지만, 편안
하고 즐거운 자는 밤이 짧지 아니하더
냐?
30 그러니 참진리의 길을 모르는 자는 어
렵고 힘들며 고통스러운 길이니라.
31 그러나 나 여호와의 뜻을 알기 시작하
여 너희들의 기틀을 잡으며, 처음 시
작할 때 참진리의 길이요, 나의 계명
을 지키고 살아가고자 노력하여 간다
면,
32 너희들은 그때부터 하늘의 뜻을 위하
여 나 여호와의 뜻을 따라감이니, 너
희들은 정녕 그 인생이 어떠한 것인
줄 알겠느냐, 그 믿음이 무엇인 줄 알
겠느냐?
33 너희들이 진리의 길에 들어서기 시작

하며 그를 지키기 시작한다면, 너희들
이 살아가는 그 진리요, 믿음의 길은
꿀맛과 같은 인생의 삶이 그때서부터
시작됨이니라.
34 그와 같이 아름답고 행복하며 꿀맛과
같은 인생을 사는 자는 그를 버리지
아니할 것이니,
35 너희들이 그 길로 계속 달려오고 달려
오다 보면 너희들이 그리 소중하게 갈
구하고 원하는 하늘의 문턱에 와 있음
이니,
36 내가 문을 열어 너희들을 반겨 주는
그와 같은 영광을 얻게 된다는 것을
알라.
37 그러니 너희들은 기초서부터 잘못되
었으며, 처음의 믿음부터 잘못되었음
이니라.
38 이제 나의 아들을 따르는 제자 너희들
은 10년 안에 모두를 역사한다 하였
으니,
39 너희들은 10년 동안 나의 계명이요,
나의 법전을 지키고 가겠다는, 완성된
사람으로 가겠다는 각오를 가지고 10
년간 노력하면,
40 너희들은 그때서부터 하늘에 오르는
길이 꿀맛과 같은 길이요, 너희들은
악의 그림자도 근접하지 못하며 선함
을 따라오게 됨이니,
41 그때 나의 법전은 세상을 덮는 역사가
이루어질 것이니 그리 알라.

9,083 번째 하나님 말씀

2004년 1월 3일 07시 36분

1 사랑하는 나의 아들아!
2 "네, 아버님! 말씀하옵소서."
3 나 여호와가 너희들에게 말하나니, 진
정한 믿음이요, 참진리의 길이요, 나
의 뜻이 아니거든 가지 말라 함을 너
희들은 알지 않느냐?
4 그러니 너희들이 가는 길이 나의 참진
리요, 나의 뜻에 의해 역사하는 길이
아니라면, 그와 같은 믿음이요, 신앙
의 생활을 좇아가는 모든 것을 중단하
는 것만 못하다 내가 그리 말하였느니
라.
5 나의 아들 너에게 무어라 말하였느냐?
6 내가 일찍이 나의 법전에 기록하여 너
를 깨우쳤느니라.
7 네가 변화되는 하루의 삶을 살지 아니
하고 인간의 욕심에서 벗어나지 못하
며 너 자신을 다스리지 못하거든, 그
리고 변화되는 생활을 할 수 없거든,
내가 너에게 무어라 하였느냐?
8 눈을 뜨고 세상을 보며 무엇을 생각하
지 말라 하였느니라.
9 차라리 네가 그와 같이 될 때는 스스
로 잠들라 하지 아니하였더냐?
10 눈을 뜨고 아름다운 높은 지혜를 가지
고 사악한 생각이요, 하늘을 향하여
부끄럼이 있는 생각을 하며 그와 같은
행동을 하는 것은 차라리 잠들어 네가
아무것도 보지 아니하며 생각하지 못
하는 것만 못한 것이라 내가 너에게
일찍이 깨우쳐 주지 아니하였더냐?
11 그러니 지금 신앙이요, 믿음의 길을
가는 백성들이 어떠하더냐?
12 저희들이 죽기 아니면 살기라는 식으
로 지금 미쳐서 가니, 그와 같은 자들
이 나의 진리요, 나의 뜻을 역사하는

것이 아니요,
13 나와는 정반대의 길이요, 그리고 사탄
의 자식이 되어 나의 사랑하는 백성들
까지 지옥으로 가도록 사탄에게 팔아
먹는 그와 같은 행위를 하니, 차라리
믿지 않는 자만 못하다 함을 너희들은
알겠는가?
14 나 여호와가 지금 울고불고 광란의 짓
을 하는 모든 종교 집단들, 그리고 사
랑을 모르고 가는 자들은 믿지 않는
백성만도 못한 자들이라 말하였으니,
15 너희들은 이를 읽고 노발대발할 것이
며, 왕사탄이요, 거짓 선지자가 하는
말이라 그리 말할 것이니라.
16 너희들만 하늘에 오르는 길이요, 너희
들만 진정한 믿음이요, 너희들이 가는
길이 아니면 구원을 받을 수 없으며
하늘에 오를 수 없다는 못이 박힌 너
희 생각을 바꿀 수 없으며, 그 생각을
지울 수 없는 어리석은 백성들이기 때
문이니라.
17 그러니 내가 보는 나의 백성들이 어떠
한 자들이더냐?
18 나는 너희들을 기억하지 아니한다 함
을 알라.
19 나는 지금 믿지 않고 가는 그 백성들,
믿지 아니하면서 부모에게 효도하고
사랑하며 나눔을 하는 그 백성들은,
믿지 않는다 해도 믿는 자들보다 더
위대하게 나의 뜻을 지키고 가니, 나
는 그들을 기억할 것이니 그리 알라.
20 너희들은 나를 믿으면서도 더 사악하
며 내 뜻을 거역하며 죄만 짓고 살아
가니, 지금 모든 종파의 너희들이 그
와 같이 흘러가고 있다는 것을 알라.
21 너희들이 말세라 하는 이 험악한 세상
은 너희들 손으로 모두 이룬 것이요,
너희들이 만든 자라는 것을 알아야 될
것이니라.
22 내가 나의 사랑하는 백성들에게 뭐라
말한 줄 아느냐?
23 너희들이 지금의 삶에서 반대 방향의
삶의 길을 찾고 그리 가지 아니하면
나를 볼 수 없으며 구원을 받지 못한
다 내가 그리 말한 뜻을 알라.
24 이제는 평범한 나의 백성들이 그와 같
은 길을 가는 것이 아니요,
25 모든 종교 집단이요, 그 속에서 광분
하며 그저 맹신하는 신도, 그 백성들
이 먼저 가야 할 길이며,
26 종교 지도자들이 지금 가는 방향을 반
대 방향의 삶을 살도록 하는 것이 우
선이니, 너희들이 더 시급한 자들임을
잊지 말라.
27 이를 그들에게 전하라, 사랑하는 나의
아들딸들아!

9,084 번째 하나님 말씀

2004년 1월 3일 11시 39분

1 사랑하는 나의 아들아!
2 "네, 아버님! 말씀하옵소서."
3 너희들 인간 세상에 살아가면서 하는
말이 있느니라.
4 '시작이 곧 반'이라는 그와 같은 말이
있음이니,
5 내가 나의 아들을 통하여 160권의 법
전을 세상에 내보내 만백성을 구하라
하였음이니, 너희들이 지금 백 권을
넘어 치닫고 있음이니, 너희들이 얼마

나 기특하며 얼마나 대단하며, 너희가
얼마나 노력을 했는지 나 여호와는 아
느니라.
6 지금 나의 아들의 가까이에서 따르는
그 제자들이 온갖 힘을 다하여 역사함
이니, 그리하여 너희들이 소중하며 선
택되었다 함이니라.
7 천 명이 있으면 무엇하며 만 명이 있
으면 무엇하느냐?
8 재산이요, 금화와 은화를 창고에 그득
히 쌓아 놓은 자가 있다면 무엇하느냐?
9 나의 법전이요, 나의 성령을 나의 뜻
이라 생각하지 아니한다면, 그와 같은
자 천 명 만 명이 있어도 아무런 소용
이 없음이니라.
10 그러나 미약하고 나약해도 너희들이
열과 성의를 다하여 나의 법전을 만드
는 데 모두를 다 기울였음이니,
11 이제 시작이 아니라 지금 백 권이 넘
어 치닫고 있는 오늘의 현실이 아니더
냐?
12 그러니 이를 보는 하늘의 천사요, 사
탄이요, 그들도 지금 떨고 있음이니라.
13 사탄도 감히 160권의 법전이 세상에
나와, 하늘에서 이루어진 것같이 지상
에 역사가 이루어질 때 그들이 설 자
리가 없으며 갈 자리가 없음이니, 그
러니 그들이 존재할 수 없다는 것을
알며, 그들이 필요가 없으며 그들을
쓸 일이 없으며 그들이 존재할 가치가
없음이니라.
14 그것이 오늘의 그들의 두려움이요, 공
포에 떨고 있음이니라.
15 그러니 너희들이 가고 있는 그 길에
대하여 나 여호와의 기쁨은 이루 말할
수 없음이니,
16 너희들의 노고에 대하여 나 여호와가
오늘 너희들에게 그와 같이 역사한 것
을 밝혀 줌이니, 그리 알라.
17 내가 나의 아들을 통하여 등산의 어렵
고 험난한 그 길을 너의 제자들을 잘
인도하여 무사히 왔으나,
18 마지막 평지의 길에서 네가 생각을 잘
못 하며 판단을 잘못 하며 지친 다리
를 조금 쉬고자 하여 편안한 길을 선
택하면 무너진다 하였음이니,
19 그 뜻과 그 의미를 너의 제자들은 잘
깨우치도록 그리하라.
20 지금 누구도 갈 수 없고 올 수 없는 그
험난하고 힘든 길을 너희들이 잘 왔느
니라.
21 너희들이 있기에 160권의 법전이 나
올 수 있는 것이 아니더냐?
22 천만금을 가지고 있으며, 세상을 지배
하는 재벌이요, 금화와 은화를 가지고
있는 자가 있으면 무엇하더냐?
23 그가 160권의 법전이 아니라 단 한 권
의 법전도 못 만들어 낸다면 나는 필
요 없음이니, 정녕 너희 스스로 생각
해 보라.
24 너희들이 오는 듯 못 오는 듯 그 어려
움 속에서 지금 120권이라는 법전이
나올 것이며, 머지않아 40권의 법전
을 매듭지어 이 세상에 등불을 밝히는
역사를 함이니,
25 너희들이 자신을 돌이켜 봐도 얼마나
기특하고 대단하며 큰 역사를 이루었
는가?
26 너희들 자신이 흐뭇함을 이제 알아야
될 것이니 그리 알라.

27 내가 이제 모두를 역사하여 너희들에
게 쉬는 시간이요, 마음의 시간의 여
유를 주고자 함이니 그리 알라.
28 이제는 너희들이 지금까지 노력한 만
큼 내가 상으로써 내릴 때이니, 이제
는 너희들이 마음이요, 모두의 여유를
가져도 될 것이니라.
29 다만 내가 너희들의 마음의 여유요,
고달픔을 덜어 준다 하여, 너희들이
법전을 만드는 그 고삐를 늦춰서는 아
니 되는 것이니라.
30 너희들이 나의 법전 160권을 만들 때
까지 지금과 같은 긴장 속에서 가야
될 것이니라.
31 그렇지 않으면 나의 아들이 등산의 어
렵고 험난한 길을 인도하여 마지막 평
탄한 길을 선택할 때, 그가 편한 길을
선택하여 그를 잘못 가듯이, 너희들이
지금 고삐를 늦추면 아니 될 것이니라.
32 나 여호와가 너희들의 심신이 고달프
고 어려움을 도와주며 상으로 내리는
것은 상이요, 너희들이 가야 할 길은
더 강하고 더 긴장한 상태에서 이대로
밀고 나가야 될 것이니, 절대 마음을
늦추지 말라.
33 나의 아들 옆에서 따르는 너희들 몇
사람이 마음을 잘못 먹고 생각을 잘못
함으로써 160권의 법전이 세상에 나
오고 못 나온다는 것을 멀리 있는 자
는 모름이니라.
34 멀리 있는 자가 그것을 어찌 아느냐?
35 죽이 끓는지 밥이 끓는지, 지금 굶고
있는지 먹고 있는지, 그 옆에 있는 자,
같이 있는 자가 알 것이요, 멀리 있는
자는 그를 알지 못함이니,
36 지금 나의 아들의 주변에서 최선을 다
한 그 제자 너희들만큼은 고삐를 절대
늦춰서는 아니 될 것이니라.
37 160권을 만들어 거기에 너희들 이름
이 기록되어 그 책장을 나의 아들이
덮을 때까지 너희들에게 내가 여유로
운 상을 주며 너희 마음의 고통과 힘
듦을 덜어 준다 해도,
38 너희들은 마음 자세의 고삐를 늦춰서
는 절대 아니 됨이니라.
39 마지막 고비에서 올라가지 못함이니
라.
40 모든 경기에 선수가 무엇이더냐?
41 제가 우승이라는 것을 바라보고 이겼
다 생각할 때 지게 되며, 그리함으로
저희들이 패배자가 되는 것이요,
42 상대방으로부터 기습을 당하며 그리
하여 다 얻은 영광을 눈앞에서 놓치는
것이 얼마나 많더냐?
43 인간이 다 그러하니라.
44 너희들의 생명이 죽고 사는 것도 긴장
의 마음 자세에 달렸음이니라.
45 그러니 너희들이 어떠한 마음으로 어
떻게 긴장을 풀고 풀지 않아야 될 것
인가?
46 160권이 나올 때까지 너희들은 잠시
도 늦춰서는 아니 될 것이니, 내가 너
희들에게 상을 내리기에 두려움이 거
기 있음이니라.
47 내가 너희들의 노고요, 오늘까지 고생
을 하여 온 너희들에게 여유로운 마음
을 내리고자 함이니, 너희들이 여기서
늦춰서는 이를 받을 수가 없다는 것을
알라.
48 내 아들의 주변에 있는 너희들의 노고

요, 수고로움은 감히 천사도 놀라고
있으며, 사탄도 놀라는 대역사요, 대
업을 이루었으며, 내 명을 받아 수행
한 자들이니, 너희들이 그와 같이 귀
한 자들이니라.
49 마지막에 너희들이 긴장을 풀지 말라.
50 마지막에 다 이겼다 하여 긴장을 풀
때, 기습을 받아 너희들이 패자가 되
는 것이요, 영광을 잃게 됨이니, 그를
명심하고 또 명심하도록 그리하라.

9,085 번째 하나님 말씀

2004년 1월 3일 11시 44분

1 사랑하는 나의 아들아!
2 **"네, 아버님! 말씀하옵소서."**
3 육의 삶에 연연하는 그 백성이요, 육
의 삶에 부귀영화를 이루고자 하는 그
백성, 다음 세상을 볼 수 없는 백성은
어떠한 경우에도 진정한 길이요, 하늘
에 오르는 길에 참진리의 길을 볼 수
없는 것이라 그리하였음이니라.
4 현 상황에 보이는 것에 너희들이 모두
를 접하며 모두를 다 바치다 보면 다
음 세상에 이루어지는 그것을 볼 수
없는 것이 너희들의 마음이니, 그리
어리석은 삶을 살지 말라 하였음이니
라.
5 내가 나의 아들을 통하여 너희들에게
전하였느니라.
6 이 세상에 너희 자신의 것이 하나도
없으며 아무것도 없다 하였거늘, 너희
자신을 버리고 세상을 보는 그와 같은
현명함이 아니면 모두를 볼 수가 없음
이니,
7 보지 못하는 자는 행하지 못함이니,
행하지 못하기에 그 상이 없는 것이니
라.
8 너희들은 인간의 욕심 때문에 살아가
면서 제 아들이요, 제 딸이요, 제가 가
진 모든 재산의 목록이요, 그 재물이
요, 그리고 제가 남보다 더 누리고 있
는 안락한 생활이요, 제가 가진 명예
요, 그 모두를 지키고자 더 이루고자
더 역사하고자 한다면,
9 그보다 너희들은 더 괴롭고 고통스러
운 삶이 없다 내가 그리 말하였느니라.
10 그와 같은 것을 버리지 못하고 이 길
을 가는 자, 만백성을 구하는 전사라
하여 가는 자, 너희들은 절대 그 고통
스러움에서 벗어날 수 없으며, 같이
갈 수 없다는 것을 알아야 될 것이니
라.
11 내가 이 세상에서 너희 자신도 네 것
이 아니라 한 그 뜻을 잘 알라.
12 너희들이 '내 아들'이요, '내 딸'이요,
'내 재산'이요, '내 명예'요, 그것부터
먼저 생각하며 재산 목록을 챙기고자
하며 그와 같은 것으로써 더 이루고자
하는 삶을 산다 하면 너희들은 편안할
것 같으나,
13 결코 그 괴로움이요, 고통의 삶을 벗
어날 수 없다 하지 아니하였더냐?
14 그러니 그와 같은 사람은 하얗게 될
수 없으며 하얀 마음이 될 수 없음이
니, 저 자신의 마음을 비우지 못하는
사람이니라.
15 그러니 저 자신을 비우지 못하면 천사
의 세상을 어찌 보겠으며, 어찌 그 세
상에 올 수 있단 말이더냐?

16 내가 너희들에게 가르쳐 전하기를,
'나를 비우고 나를 모두 다 버리라.'
하였음이니, 어찌하여 너희 자식이요,
너희 딸이요, 너희 아들이요, 너희 재
물이요, 너희 명예가 과연 어디 있으
며, 그것이 어떤 의미요, 무엇이 존재
한다 생각하는가?
17 내가 너희들에게 명하기를, 너희 마음
을 열 수 있는 그 문고리는 네 가슴속
에 있으니, 그를 활짝 열어 모두를 다
버리라 하였으며, 너 자신이 존재하지
말며 너를 의식하지 말라 하였거늘,
18 너희가 너희 딸이요, 너희 자식이요,
너희 명예요, 너희 모두를 갖다 너희
것이라는 생각이 과연 어디 있으며,
어디에 그를 가지고 존재한다 생각하
는가?
19 너를 따르는 제자들이요, 그리고 법전
을 읽고 깨우친 백성 너희들은 너희
자신을 다 버려야 되며, 버리고 살아
가야 함이니,
20 자식이요, 딸이요, 아들이요, 재물이
요, 명예요, 그 모든 것이 어디 있으며
무엇이더냐?
21 이와 같은 이치를 너희들이 잘 깨우
쳐, 세상의 모두를 다 하나로 보고 똑
같이 보는 그 마음, 그와 같이 빈 마음
이 되어야만 너희들이 나에게 오르는
그 꿈을 이룰 수 있다는 것을 절대 잊
지 말라, 사랑하는 나의 아들딸들아!
22 너희들이 너희 아들이요, 너희 딸이
요, 그리고 너희 것을 챙기고자 하며
너희 재산을 지키고자 하며 더 이루고
자 하는 것은 다 너희들의 부질없는
욕심에서 역사함이라는 것을 잊지 말
라.

9,086 번째 하나님 말씀

2004년 1월 3일 11시 52분

1 사랑하는 나의 아들아!
2 "네, 아버님! 말씀하옵소서."
3 참진리의 길이요, 나 여호와의 뜻을
모르는 그 백성은 절대 구원의 길에
들어설 수 없다 하였음이니라.
4 그러니 그와 같은 길을 가지 아니하며
그를 보지 않는 백성은 그 길을 절대
올 수 없으며 보지도 못하는 것이니라.
5 그리고 너희들의 마음을 비우라 했으
며 모두를 놓으라 하였거늘,
6 내가 말하기를 너희 자식이요, 아들이
요, 딸이요, 모든 재물이요, 그 모두까
지 다 마음을 비우며, 너희 자신도 너
희 것이 아니거늘, 너희 것을 챙기지
말라 그리하였거늘,
7 지금의 믿음의 길을 가는 그 백성들이
어찌 가느냐?
8 저희들의 손으로 지은 성전에 와 재물
을 바치고 울고불고 기도하고 광란의
짓을 하는 것, 그리고 중언부언하는
것, 그것만이 구원의 길이라 그리 가
르치니,
9 다른 사람들의 말을 들으려 하지 아니
하며, 다른 사람들의 말을 들을 수 있
는 귀를 막는 자들이요, 귀를 덮어 버
린 자들이니라.
10 그러니 그들이 지금 나에게 오르는 길
이 아닌 반대의 길을 가고 있음이니,
그들을 어찌 깨우쳐야 된단 말이던가?
11 너희들은 참진리요, 하늘의 뜻을 듣고

몸소 체험하며 실천하여 그 속에서 얻
어 가며 변화의 길을 가는 것이거늘,
12 한 가지 방법이요, 제 것만 하늘에 오
르는 길이라 하여 거기에 못을 박으
며, 절대 그 생각을 버리지 못하는 백
성, 그들은 구원의 길이 아닌 것이니
라.
13 그러니 너의 제자들은 알라 전하라.
14 지금 제 것만 구원의 길이라 몸부림치
며 변할 줄 모르는 백성, 그들을 깨우
쳐 주며 그들을 인도해야 됨이니라.
15 나의 아들 예수가 이 세상에 온 것은
무엇으로 왔느냐?
16 의인을 구하는 것이 아니요, 죄인을
구하고자 왔다 하지 않았더냐?
17 그러니 죄인을 구하고자 하는 것이 나
의 아들 예수가 이 세상에 온 것이니
라.
18 그러니 죄 없는 자는 필요 없으며, 의
인을 뭐하러 구원하며 뭘 인도하겠느
냐?
19 그러니 죄지은 자, 병든 자를 고치는
것에 의사가 필요하듯이, 병들지 아니
한 자는 의사가 필요 없지 않더냐?
20 이제는 너희들이 경지가 높으며, 나의
법전이 120권이 나오고 160권이 세상
에 나온다면, 너희들은 자신 있게 지
금 병들어 가는 자, 그리고 믿음을 잘
못 가지고 가는 그들에게 구원의 손길
을 내밀어야 될 것이며, 그들을 구원
해야 될 것이니라.
21 그들이 뭐라 하든, 그들이 받아들이든
말든, 너희들은 나의 법전을 전하고
또 전함으로 인하여 그들을 구원하는
그 길을 가야 될 것이니라.
22 그들은 이미 참진리의 길을 벗어나고
있는 자가 아니더냐?
23 그러니 지금 그들이 가고 있는 것은
나 여호와에게 오는 길이 아니요, 하
늘에 오르는 길을 벗어난 자들이요,
이미 다른 길을 가는 자들이니라.
24 그러니 저 자신도 모르면서 지금 반대
의 길을 가고 있는 불쌍한 나의 백성
들, 그들을 너희들이 버려두어서야 되
겠느냐?
25 내가 너희들에게 말하기를 원수를 사
랑하며 그를 용서하는 것이 사랑이라
하였으니,
26 지금 믿음을 잘못 가지고 가는 자, 너
희들을 핍박하는 자, 나의 법전을 찢
어 버리며 사탄이요, 이단이라 말하는
자, 그들이 너희들의 원수만 하겠느냐?
27 그러니 너희들이 마음을 돌리며 마음
을 달래, 너희들이 경지가 높으면 높
을수록 그들을 이끌어 갈 수 있음이니,
28 이제 그들을 깨우치는 데 노력하고 또
거기에 대해 최선을 다하여 생각을 집
중해야 될 것이며, 나의 법전을 전하
는 데 소홀히 하지 말라.
29 그리고 그 모두를 이제 사랑하는 마음
으로 너희들이 돌려야 될 것이니라.
30 초창기에 너희들이 갈 때는 깨달음이
없으니, 그들에게 시시비비를 할 것이
없으며 그들을 구원하라 하지 아니하
였으나,
31 광신도요, 죽기 아니면 살기로 가는
그 신도들 밑에서 이 길이 아니요, 잘
못된 길이라 하여 깨우침을 느끼는 자
들이 오고 가지 못하며 이리 갈지 저
리 갈지 모르고 방황하니,

32 그들을 구원하여 그와 같이 무너지지
않는 철옹성같은 자들도 무너트리고
깨우칠 수 있는 길을 역사하고 가야
됨을 알라.
33 이제 너희들은 초보자가 아니니라, 그
리고 너희들은 인간 세상의 유치원이
요, 초등학교가 아니요, 고등 교육을
받은 자들이니라.
34 그러니 고등 교육을 받은 너희들을 누
구도 대적할 수 없으며 너희들을 이길
자가 없음이니라.
35 그러니 너희들은 자신 있고 당당하게
나의 법전을 정독하며 나의 아들을 통
하여 내리는 강론을 기억하여 그 모두
를 다스리는 데 주저하지 말라, 사랑
하는 나의 아들딸들아!
36 이제는 너희들이 나설 때가 되었으며
그 누구도 다 소화시킬 때가 되었음이
니라.
37 어렸을 때는 우유요, 부드러운 것을
먹고 사나,
38 성년이 되어 모두를 소화시킬 수 있도
록 그리 성장했음이니라.
39 열여섯 권의 법전을 읽었을 때보다,
이제 120권의 법전이 넘고 160권의
법전을 향해 달려가고 있는 이때, 너
희들은 어떠한 길을 가도 되며, 너희
들을 감히 대적할 자가 없이 성장했음
을 알라, 사랑하는 나의 아들딸들아!
40 이 세상에 너희들보다 더 위대한 자가
없으며 너희들보다 더 큰 그릇이 없음
이니라.
41 지금 믿음의 길을 가는 그 백성들이
무엇이더냐?
42 작은 보석 하나를 들고 저희들이 이
세상에 그것보다 더 아름다운 것이 없
으며 더 큰 것이 없다 말하니,
43 자연 속에 묻혀 있는 그 보석이 과연
제 손에 끼고 있는 그 보석보다 더 크
고 좋은 것이 없단 말이더냐?
44 그러니 자연의 위대함을 모르며, 땅
속에 묻혀 빛을 발하지 못하고 캐 주
기를 바라는 방대하고 큰 보석들이 찬
란하고 아름답게 있는 것을 그들은 알
지 못하기 때문이니,
45 그리하여 너희들이 전하는 것, 너희들
이 말하는 것을 그들이 알아듣지 못하
고 깨닫지 못하느니라.
46 그래도 항상 너희들이 땅속에만 묻혀
있는 보석이 되어서야 되겠느냐?
47 저희들의 손가락에 끼어 있는 작은 보
석을 가지고 그것이 세상에서 제일 귀
한 것이요, 가장 아름다운 것이라 함
이니,
48 그들이 자연 속에 묻혀 있는, 상상할
수 없이 귀하고 아름답고 찬란한 그
보석의 위대함을 모르느니라.
49 빛을 발하지 아니한다 하여, 아직 씻
고 닦고 깎지 않았다 해서 그것을 모
르는 그들에게,
50 이제 너희들이야말로 땅에 묻혀 있는
보석이요, 상상할 수 없는 아름다운
보석으로써 변화되어 있으니, 이제 땅
을 헤치고 세상에 나와 너희들이 존재
함을 보여 주며, 위대한 보석이 무엇
인가를 보여 주도록 하라.
51 손가락에 끼고 있는 그것으로써 지금
일상생활에서 모든 사람들에게 자랑
하며 그것 하나밖에 없다고 말하는 백
성들, 그들에게 자연이 얼마나 방대하

며, 자연 속에 묻혀 있는 보석이 얼마
나 위대한 것인가 그를 너희들이 이제
보여 주어야 될 때이니라.
52 그러니 너희들이 세상에 나가 모두를
다 소화시키고 모두를 다 받아들이라
하는 것이 나 여호와의 뜻임을 알라,
사랑하는 나의 아들딸들아!
53 그들에게 너희들이 진정한 빛이요, 그
아름다움이요, 방대함이요, 그를 보여
주도록 그리하라.
54 그래도 제 것이 제일 나으며 너희가
가지고 있는 것이 거짓이라 말한다면,
그때는 어찌하겠는가?
55 모든 백성들이 평가하는 수밖에 없지
않더냐?
56 그저 스스로 내보여서 평가하고 만져
보고 다스리고 두드려 볼 수 있도록,
너희 모두를 다 이제 드러내도록 그리
하라, 사랑하는 나의 아들딸들아!

9,087 번째 하나님 말씀

2004년 1월 3일 12시 00분

1 사랑하는 나의 아들아!
2 "네, 아버님! 말씀하옵소서."
3 말 못 하는 동물이요, 소나 말이라는
동물에게 너희들이 말을 아무리 가르
치고 가르친다 해도, 과연 그들이 말
을 할 수 있는가?
4 말을 할 수 없는 것이 동물이니라.
5 그러니 지금 교만하고 오만한 그들이
얼마나 어리석고 불쌍한 백성들이더
냐?
6 지금 믿음의 길을 가고 있는 백성 그
들은 참진리를 아무리 가르치고 전한
다 해도 알아듣지 못하며 이를 받아들
이지 못함이니,
7 그들이 얼마나 어리석은 백성이요, 교
만과 오만에 차 있는 백성인 줄 알겠
느냐?
8 그들이 교만과 오만에 젖어 있기 때문
에 참진리요, 나 여호와의 뜻을 보아
도 모르느니라.
9 그러니 나의 성경을 가지고 천 년을
공부하며 만 년을 공부한들 무엇하겠
느냐?
10 나의 법전을 천 번을 읽고 또 읽는다
해도 그 속에 있는 참진리의 뜻을 알
수 없는 것이 그들이니라.
11 그러니 그들을 어찌 깨우치고 바로 세
운단 말이더냐?
12 그러나 그들은 나의 아들딸이요, 너희
들의 형제이니, 그들 또한 구해야 되
는 것이며 그들을 바로 세워야 되지
않겠느냐?
13 그러니 이제 백 권이 넘는 나의 법전
이요, 성령이요, 강론을 들은 너희들
이 바로 모든 것을 보여야 될 것이며,
보여 주지 아니하면 아니 되느니라.
14 너희들이 살아가는 행동이요, 말이요,
자세요, 그 모두를 보여 주어 그들이
감탄하여 변화되는 그와 같은 길밖에
는 아무것도 없음이니라.
15 이를 읽어도 눈이 뜨이지 아니하며 아
무리 부어도 듣지 못하며 알지 못함이
니, '소 귀에 경 읽기' 식으로 소에게
말을 가르치고 말에게 말을 가르쳐도
알아듣지 못하는 것보다 더 강함이니,
16 그들을 가르칠 수 있는 것은 훈련이
요, 너희들이 보여 주는 것밖에 없음

이니라.
17 너희들이 보여 주는 모습을 보고 그저
따라서 하는 것처럼 그리해서라도 그
들이 지옥 불에 가 그 문 앞에서 들어
가지 아니하려고 몸부림치는 것은 면
해 줘야 되지 않겠느냐, 사랑하는 나
의 아들딸들아!
18 그들의 오만이요, 자만이 얼마나 무서
운 줄 알겠느냐?
19 맛있는 음식을 수없이 만들어 요리사
가 진수성찬을 만들어서 좋은 그릇에
담는다 해도,
20 그 그릇이 음식의 맛을 알겠느냐, 그
요리의 맛을 알겠느냐?
21 그릇은 맛을 알 수 없는 것이니라.
22 그와 같은 형국이 지금의 종교 집단이
요, 지도자들이니라.
23 그리하여 그들이 참진리를 모르며 하
늘의 뜻을 모르며, 그를 거역하는 불
쌍한 그 백성들을 어찌해야 된다는 말
이더냐?
24 너희들 또한 어떠하더냐?
25 너희들은 맛있는 음식이요, 정성을 들
인 그 음식을 입에 넣을 때, 수저라는
기구를 사용하여 음식을 먹느니라.
26 그러니 수만 가지 음식을 너희들이 먹
기 전에 먼저 떠 보고 만져 보며 너희
들에게 전달하는 그 수저는 음식의 맛
을 과연 알더냐? 그는 전혀 알지 못하
며 알 수 없는 것이니라.
27 그러니 교만하고 오만한 지금의 믿음
의 길을 가는 백성들이 그러하니, 그
들을 어찌한단 말이던가?
28 그러나 너희들은 여기서 주저하지 말
라.
29 아무리 그들이 모른다 해도, 그들이
깨우치지 못한다 해도, 너희들은 그들
이 들여다보고 깨우칠 때까지 붓고 또
부어야 될 것이니라.
30 그릇은 생명이 없으며 수저는 생명이
없으나, 그래도 나의 백성들은 살아
있으며 생명이 있으며 말을 할 수 있
으며 들을 수 있지 않으냐?
31 그러니 붓고 또 부어 주라, 그러면 저
희들이 참진리가 무엇인가를 깨닫게
되고 알지 않겠느냐?
32 지금의 믿음의 길을 가는 신도 그들이
아무리 지금 너희들이 말로써 무엇을
깨우친다 해도 절대 그들은 깨닫지 아
니할 것이고 따라오지 아니할 것이니
라.
33 그러나 너희들이 모범된 삶을 살며,
나의 법전으로 그들에게 붓고 또 부으
며, 그리고 그들이 지치고 너희들이
지칠 때까지 너희들이 계속 내리고 붓
고 하여 그들이 지옥 불로 가는 것만
은 막아 주기를 바라는 것이 나 여호
와이니라.
34 너희들이 열여섯 권의 법전을 만들고
역사할 때까지는 우유요, 부드러운 것
을 먹고 사는 때이나,
35 이제는 너희들이 모두를 다 먹어 소화
시킬 수 있는 장년이요, 청년으로서
지금 성장하였으니, 나 여호와는 너희
들을 믿으며, 믿을 수 있음이니라.
36 누구도 160권의 법전을 이렇게 세상
에 낼 수 없는 것이거늘, 나의 아들을
따르는 제자 너희들이 모두를 다 바쳐
정성을 다했으며 힘을 다하였기에 이
대장정의 역사를 이루지 않더냐?

37 그러니 그와 같은 정성으로써 만백성
에게 붓고 또 붓는다면, 나의 법전을
읽고 깨우친 백성들이 그들을 잡아 흔
들어 잠에서 깨운다면,
38 아무리 제가 술에 취해 이성을 잃는다
해도 그는 깨어날 수 있지 않겠느냐?
39 물을 붓고 두드리고 또 물을 부어서라
도 그를 깨울 수 있듯이, 잠에서 깰 수
있도록 너희들은 붓고 또 붓고 그리하
여 이제는 너희들이 그들을 짊어지고
밀고 당길 수 있는 힘이 있음이니 그
리하라, 사랑하는 나의 아들아!
40 이것이 내가 지금 너희들에게 내리는
명이요, 성장하며 장성한 아들을 보는
내가 든든한 마음으로써 너희들에게
나가라 함이니라.
41 열여섯 권의 법전을 읽고 유한 우유를
먹고 부드러울 때는 너희들이 들어가
면 그들에게 짓밟히고 무너질 수 있으
며 너희가 지탱할 수 없으나,
42 이제 어떤 사탄이요, 사악한 굴에 들
어간다 해도 건장히 견딜 수 있으며,
그들에게 현혹되어 넘어지지 아니하
며 그들을 다스려 이끌어 나올 수 있
는 나의 아들딸이요, 전사가 아니더냐?
43 전사가 따로 있는 것이 아니니라.
44 오늘처럼 너희가 힘을 합쳐 어렵고 힘
든 속에서 나의 법전을 만들어, 어떤
역경에도 너희들이 오늘에 온 이 고통
과 나의 법전을 듣고 깨우친 나 여호
와의 참진리와 바꿀 수 없으며 버릴
수 없다 굳어진 그것이 바로 전사요,
나의 아들딸이요, 만백성을 구하는 자
이니,
45 이제는 너희들이 이것저것 가릴 필요
가 없음을 알라.
46 오늘 내가 너희들에게 내리는 그 명령
이 오늘의 나의 뜻임을 명심하라.

9,088 번째 하나님 말씀

2004년 1월 3일 12시 09분

1 사랑하는 나의 아들아!
2 "네, 아버님! 말씀하옵소서."
3 나의 아들 네가 작은 기적이요, 역사
를 이루는 작은 것들도 절대 말하지
말라 하며, 그 모두를 어떠한 것도 보
이지 말라 그리 말하는 것,
4 그리고 너희들의 미래를 알려 주며 미
래를 예방해 주는 깨우침을 주는 나의
아들이 너희들에게 뭐라 말하느냐?
5 절대 남에게 자랑하지 말며 이와 같은
것을 남에게 가르쳐 주지 말며 전하지
말라, 너의 제자들에게 입단속을 하며
그리 말하고 있음이니, 그 뜻이 과연
무엇이며,
6 또한 그와 같은 마음으로써 제자를 다
스리며, 네가 대화를 갖지 않으려 하
는 그 의미가 과연 어디 있으며 그 뜻
이 어디 있는지 이를 너의 제자들이
알고 있는가?
7 "네, 아버님! 저의 제자들은 그 모두
를 알고 있을 것이라 생각되옵나이
다."
8 그렇다면 너는 그와 같이 하는 그 행
동이 무엇이며 네가 생각하는 것이 무
엇이더냐?
9 "네, 아버님! 제 뜻은 그렇사옵나이다.
10 작은 기적을 이루며 제가 역사한다면
그 모든 백성들은 기적을 이루는 것,

역사를 이루는 것, 병을 고치는 것, 죽
은 자를 살리는 것, 그것이 믿음인 줄
알며, 그것이 아버님께서 역사하시는
하늘의 뜻이라 그리 알 것이옵나이다.
11 그 모두는 어쩔 수 없이 긴박한 상황
에서 아버님께서 제가 힘을 쓸 수 있
도록, 제가 일어설 수 있도록 주시는
응급처치에 불과한 것이며,
12 그것은 아버님의 뜻이요, 아버님의 진
리가 아니옵나이다.
13 그러니 모든 백성들이 거기에 현혹되
면 아버님께서 전하고자 하시는 사랑
이요, 진리요, 그 이치를 그들이 잘못
알고 잘못 깨달을 것이며,
14 성령의 그 뜻인 아버님의 모두를 태
워 내리는 이 160권의 법전의 의미를
모를 것 같사옵나이다.
15 그리하여 그들은 절대 그를 따르려 하
지 아니하며 그를 보려 하지 아니하
며, 오로지 기적의 역사만이 하나님이
역사하는 것이라 그리 믿고 갈 것이기
에 그러하옵나이다."
16 그러니라, 나의 아들아!
17 나의 아들 예수에게 또한 너에게 작은
기적이요, 큰 기적을 이룬 것, 그것은
내가 역사하고자 내가 이루고자 하는
것이 아니요,
18 그와 같은 것을 행하지 아니하면 너희
들이 치고 나갈 수 없으며 나의 복음
을 전할 수 없기에, 내가 그때그때 너
희들에게 작은 역사를 보여 준 것이지,
19 그게 진리요, 하늘에 오르는 뜻이 아
니라는 것, 네가 그를 알고 있음이니,
가상하도다.
20 그러니라, 나의 아들아!
21 네가 그와 같은 마음으로 가고 있음이
니, 너를 따르는 제자 그들도 또한 그
를 알아야 될 것이며 그 의미를 알아
야 될 것이니, 그들에게 자상하게 깨
우쳐 전하도록 그리하라.
22 나의 아들 예수가 어찌하였는가?
23 나의 아들 예수 또한 네가 지금 하고
있는 그와 같은 것으로써 그 제자들을
다스리고 그들을 깨우쳐 주었느니라.
24 예수는 2천 년 전에 병을 고쳐 주고
예언을 하며 마귀를 쫓아내면서 그와
같은 일을 하면서 그 제자들이요, 그
를 본 자들에게 입밖에 내지 말라 지
금처럼 입단속을 했으며, 자랑하지 아
니하고 간 것이 무엇인 줄 알겠느냐,
그 뜻을 너는 알고 있느냐?
25 "네, 아버님! 알고 있사옵나이다.
26 제가 아버님께 말씀드린 그런 의미가
아닌가 생각하옵나이다.
27 그 당시에 문맹이 많고 말로써만 살
아가는 백성들의 삶에서는 그를 본 사
람들이 말을 전할 때, 그들이 전하면
서 과장되게 전할 수 있는 것이며 잘
못 전해질 수 있는 것이며,
28 때로는 저희들이 직접 본 것처럼 살을
붙이고 뼈를 붙여 자랑할 것이며, 당
사자인 것처럼 모두를 다 부풀려 그들
이 전하고 전함이니, 그것이 전해지는
과정에서 거짓된 것이 될 수도 있으며,
29 거기에 현혹된 것이 하늘의 뜻이요,
위대한 것이요, 진리라 생각하여 그들
이 참진리를 깨우치지 못하고 가게 되
니,
30 그 모두는 아버님의 뜻을 묻어 버리며
아버님이 역사하시는 것이 지워지기

때문에 그와 같은 역사를 한 것이라
저는 그리 생각하옵나이다."
31 그러니라, 나의 아들아!
32 네가 생각하는 만큼 2천 년 전에 나의
아들 예수도 그리했음이니라.
33 그리하여 그들도 그리 역사하여 기록
하여 전했음이니라.
34 지금의 나의 아들 너도 또 그와 같은
마음을 갖고 가며 네가 나의 아들로서
자세를 바르게 감이니, 내가 사탄이
요, 마귀에게 한 점의 부끄럼이 없음
이 여기에 있음이니 그리 알라.
35 지금의 믿음의 길을 가는 너희들이 예
수의 기적이요, 모세의 기적이요, 그
기적에만 매달리며 현혹되어서 그것
이 참진리요, 하늘에 오르는 길이요,
역사하는 것이라 그리하고 있으니, 그
들이 성경과 나의 참진리요, 이를 알
지 못하는 것이니라.
36 나의 아들 예수가 세상에 와서 이룬
모든 기적의 역사에 비추어 그들이 나
를 평가하며 나의 아들 예수를 평가하
며,
37 또한 네가 기적을 이루었을 때 그들도
너를 그 기적을 이루는 것으로써 모두
를 평가하고 경배하며 또한 너를 따를
것이니, 이것이 잘못되었음이니라.
38 이것이 아니라 나 여호와의 진리요,
믿음이요, 내가 성령이라 하여 태워
내린 나의 법전에 기록되어 있는 그
내용이 내가 역사하고자 하는 것이요,
그것을 이루고자 하는 것이니라.
39 그것이 가다 막혔을 때, 가다가 도저
히 네가 넘을 수 없을 때, 내가 너에게
기적을 이룸이니,
40 그것은 응급처치요, 그를 넘기 위한
방법으로써 내가 역사해 주는 것이요,
너에게 능력을 부여해 주는 것이거늘,
41 그것이 믿음이요, 그것이 하늘에 오르
는 길이라 지금 현혹되어 잘못 가는
종교 집단이요, 지도자의 그 믿음이 2
천 년이 흘렀으며,
42 지금도 그와 같은 역사를 이루는 자가
너희들을 구원하는 자요, 새로 오는
자요, 구세주라 그리 생각하고 있으니,
43 그 환상이요, 그 생각에서 그들이 벗
어나지 아니하면 아니 됨이니라.
44 모든 백성들이, 예수를 믿는다는 백성
이 참진리를 모르고 헛된 허상을 쫓아
가는 그와 같은 믿음이 되어 버렸기에
사탄이요, 이단이요, 사악한 것이 세
상을 지배한다 하며, 나 여호와의 뜻
인 사랑이요, 그 본체가 없어짐이니라.
45 그러니 지금 나의 아들 네가 생각하는
만큼 2천 년 전에 예수 또한 그와 같
은 마음으로 저희들에게 입을 다물며
자랑하지 말라 그리했거늘,
46 그것이 참진리가 아니요, 나 여호와가
이끌어 가고자 하는 것이 아니요, 급
한 응급처치를 위해 역사한 그 모두를
예수는 알고 있었으며, 또한 네가 그
를 알고 있음이니,
47 이를 모르는 너의 제자들이 잘못 깨달
으며 잘못 간다면 너의 제자들도 지금
믿음의 허상에 젖어 있는 그 백성들과
똑같이 됨이니,
48 앞으로 새로운 시대의 새 역사가 열리
는 것이 아니요, 더 혼탁하고 혼탁한
세상이 이루어지는 그와 같은 지경에
이를 것이니,

49 이를 너의 제자들에게 잘 깨우쳐, 그
들이 세상의 이치요, 하늘의 이치를
알도록 그리 전하라.

부 록

【하나님께서 가르쳐 주신 운동】

천재지변이 일어날 때, 동물이나 미물들은 미리 알고 대피하지만, 인간은 알지 못하고 큰 화를 당합니다. 하나님께서 인간에게 가장 높은 지혜를 주시고 완벽하게 창조해 주셨기에 동물들보다 더 잘 알 수 있지만, 욕심으로 마음이 혼탁해져서 한 치 앞을 보지 못하는 것입니다.

마찬가지로, 인간은 누구나 스스로 필요한 운동을 해서 건강을 지킬 수 있도록 하나님께서 만들어 주셨습니다. 우리의 머리에서 우리 몸에 필요한 동작을 해 달라고 끊임없이 신호를 보내지만, 인간이 혼탁하게 살아서 그 신호를 알아채지 못합니다. 그러니 자연스럽게 자기 몸이 원하는 그 신호를 따라서 운동하는 것이 하나님께서 가르쳐 주신 운동 방법입니다. 바로, 우리의 영이 육을 이끄는 운동입니다.

▶ 하나님 운동법

1. 눈을 감고, 발을 어깨너비로 벌리고 바르게 선다.
2. 몸에 힘을 풀고, 허리를 숙이면서 손과 머리를 아래로 내린다.
3. 허리를 펴고 싶을 때, 천천히 펴면서 하고 싶은 동작을 하면 운동이 시작된다. (사람마다 다르다.)
4. 멈추지 말고, 어떤 동작이든지 자기 몸의 느낌대로 계속 이어서 한다.

▶ 참고 사항

① 눈을 감은 상태로 아무 생각 하지 않고, 자기 몸의 느낌대로 움직입니다.

② 마음을 비우고, 욕심을 버리고, 지난날의 잘못을 반성하면서 몇 차례 시도하다 보면, 자기도 모르게 하고 싶은 동작이 끊임없이 생깁니다.

③ 운동 장소는 방 안이든 운동장이든 관계없으며, 걷거나 달리고 싶을 때는 눈을 떠도 됩니다.

④ 매일 40분 이상, 주 4회 이상, 3개월 이상 하면 음식 조절에 들어갑니다.
- 음식으로 생긴 병은 음식으로 치료하게 되며, 어떤 음식을 먹어야 하는지 스스로 알게 됩니다.
(자기 몸에 필요한 음식만 먹고 싶어집니다.)

⑤ 사랑하는 사람과 함께 운동하면 서로 치료해 주기도 합니다.

⑥ 운동을 하다가 몸의 어느 한 부분을 계속 손으로 자극한다면 그쪽에 이상이 있는 것이니, 의사에게 상담을 받고 적절한 치료를 받으면 됩니다.

⑦ 다이어트 및 기타 건강관리에 효과적입니다.

⑧ 꾸준히 운동하여 영이 맑아지면, 자신의 과거와 미래를 스스로 보게 됩니다.

누구나 스스로 하실 수 있습니다.

간행사

《새로운 성경》은:

- 새로운 성경은, 하나님께서 선량하고 선한 자를 선택하여 십계명을 암송하도록 하시고, 십계명을 암송한 다음에 음성으로써 들려주시는 말씀을 듣고 그대로 카세트테이프에 녹음해서 받아쓴 책입니다.

- 90분짜리 녹음테이프 700여 개에 달하는 말씀으로, 1999년 8월부터 2004년 7월까지 총 160권(권당 288쪽)을 완성하였으며, 그 이후에도 현재까지 계속 말씀을 내려 주고 계십니다.

- 새로운 성경은 "하늘을 두루마리 삼고 바닷물을 먹물 삼아 쓰고 써도 다 못 쓴다"는, 끝없이 방대한 하나님의 말씀이 두루마리로 직접 내려오는 것입니다. 이러한 새로운 성경은 구약과 신약을 폐하려는 것이 아니라 "인봉된 성서의 비유의 뜻"을 상세히 설명하여 완성하고자 하나님께서 직접 내려 주신 말씀입니다.

《새로운 성경》의 구성:

- 제 목: 2013년, 160권 모음집을 발간하면서, 본 도서의 제목을 "하나님! 말씀하옵소서"에서 《새로운 성경》으로 명해 주셨습니다.

- 단행본: 각 권당 288쪽(신국판) 책이 160권까지 시리즈로 출판됩니다.
(모음집은 단행본을 16권씩 묶어서, 총 10부로 구성됩니다.)

《새로운 성경》의 성경적 근거:

- 신약 성경 [요한복음] 16장 13절에 "진리의 성령이 오시면 그가 너희를 모든 진리 가운데로 인도하시리니 그가 자의로 말하지 않고, 오직 듣는 것만을 말하며" 하신 말씀처럼 하나님의 음성을 들은 것만 기록하였으며,

- "장래 일을 너희에게 알리시리라" 하신 말씀과 같이 개인, 나라, 인류의 "장래"일을 하나님께서 알려 주시는 것만 기록하여 책으로 만들었습니다.

《새로운 성경》의 기록 방법:

· 1999년 8월부터 하나님께서 저에게 들려주시는 음성을 기록하였습니다. 처음에는 제가 들은 말씀을 불러 주면 저의 아내가 기록하여, 2000년 1월 29일에 1권 초판이 세상에 나왔습니다. 2000년 4월부터는 주시는 말씀을 받아 녹음기에 기록하기 시작하였습니다.

· 녹음을 시작하면서 하나님의 말씀을 받는 데 가속도가 붙었고, 2001년 5월 3일에 1부(1~16권까지)를 인쇄하여 출판하였으며, 2004년 7월까지 총 160권 분량의 말씀을 받아 기록하였습니다.

하나님께서 저에게 주신 것은:

· 첫째, 만백성을 상대로 내려 주시는 "기도", 둘째, 수시로 내려 주시는 "묵상", 셋째, 개인의 과거, 현재, 미래를 알려 주시는 "개인 기도", 넷째, 개인의 건강을 위해서 내려 주시는 "음식 처방", 다섯째, 하나님께서 가르쳐 주신 "운동"등이 있습니다. 이 중에 첫 번째, "기도"를 책으로 편찬하였습니다. 사람의 생사, 개인의 미래에 관한 천기는 수록하지 말라 하셨습니다.

강론 안내:

· 하나님께서는 지금도 매일 저에게 새로운 하늘의 비밀의 말씀을 내려 주고 계십니다. 수시로 내려 주시는 말씀을 정리해서 제자를 육성하라는 말씀에 따라 매주 강론을 하고 있습니다. 누구나 무료로 들으실 수 있습니다. (book160.com)

《새로운 성경》을 읽는 분들에게 드리는 선물:

· 개인 기도: 개인의 과거, 현재, 미래에 관하여 말씀을 내려 주십니다.

· 음식 처방: 사람은 음식을 먹고살다가 건강을 잃으니, 음식과 운동으로 건강을 되찾는 방법을 알려 드립니다. 단, 하나님이 계심을 믿고, 십계명을 지키겠다고 진실로 서약하는 분들께 알려드립니다.

《새로운 성경》의 은혜와 기적:

· 새로운 성경 전160권은 16권씩 묶어서 총 10부의 모음집으로 구성됩니다. 모음집 한 부를 읽고 깨우치는 자에게 하나님께서 다음과 같은 기적이 있다고 하셨습니다.

· "첫째, 그가 죽어 하늘에 갔을 때 그의 죄를 묻지 아니하며, 구원을 받는 위대한 은혜가 있으며, 둘째, 그의 소원과 소망이 이루어지고, 셋째, 죽은 자(부모, 형제, 자식, 사랑하고 은혜 입은 분)의 이름으로 구입한 책을 읽고 누군가 한 사람이 깨우칠 때, 그 죽은 자가 지옥에서 천국으로 구원을 받게 되며, 넷째, 유산, 중절 수술 등으로 태어나지 못한 아이를 위하여 구입한 책을 보고 한 명이 깨우쳤을 때, 그 아이가 사람으로 다시 한 번 태어나는 은혜를 받는다."

· "새로운 성경"을 3회 이상 정성을 다해 정독하는 자, 성서의 비밀을 알게 되고, 세상의 이치를 알게 되며, 세상을 지배하고 통제할 수 있는 지혜를 다 얻게 된다고 하셨습니다. 이 책은 만백성이 정독하고 이웃에게 전하여, 평생 가슴에 묻은 슬픔과 고통의 짐을 벗고 미래를 위한 힘찬 삶을 살아가도록 하는 책입니다.

끝으로

· 하나님께서는 흰 눈이 세상을 덮듯이 새로운 성경을 온 세상에 전하라고 하셨습니다. 《새로운 성경》 을 각국어로 번역해서 온 인류에게 구원의 길을 깨우쳐 주고, 그 수익으로 가난하고 어려운 백성을 구제하여, 만백성의 영과 육을 함께 구원하는 선지자의 임무를 수행하라고 저에게 명하셨습니다.

· 하늘에서 내려 주신 말씀의 보화를 만백성에게 나누어 주는 것이 선지자의 임무라고 하셨습니다. 새로운 성경을 통해서 얻는 재물을 사용할 곳도 하나님께서 일일이 명해 주십니다. 모든 재물은 저의 자의로 쓸 수 없고, 하나님께서 명하시는 대로만 쓰여집니다.

· 어떤 명분으로든 십일조나 각종 헌금을 거두어들이지 말라 하셨으며, 국내뿐 아니라 각국에 성전과 단독 서점을 운영하며, 한국의 많은 젊은이들을 전 세계에 지도자로 내보내라고 하셨습니다.

· 우리는 세계적으로 새로운 성경을 보급하며 어려운 이들을 돕는 역사를 해 나갈 것입니다. 지금까지 비록 몇 명 안 되는 제자들과 함께 이러한 일을 역사했지만, 앞으로도 계속 하나님께서 기뻐하시는 일들을 해 나갈 것입니다. 부족한 저희에게 여러분들의 지혜와 성원을 보내 주시기를 바랍니다. 많은 분들의 참여와 도움을 간절히 기다립니다. 감사합니다.

한국어로 내려온 《새로운 성경》 단행본을 출간하며
2016년 4월 10일

발행인 **김 용 철**

한국어로 내려온

새로운 **성 경** · 8부 · 제122권

지은이 하나님 말씀
대역자 김용철

초판인쇄 1쇄 2017년 4월 3일

펴낸 곳 도서출판 하얀마음
등록번호 제 10-2107호 (2001년 2월 14일)
주소 서울시 노원구 덕릉로86길 5, 2층
전화번호 02) 313-1114
팩스 02) 393-5554
전자우편 book160@hanmail.net
편집위원 조나영 김미향 이석교
제작지원 조형구 백영숙 이석교 이수희

도서상담 1600-7527
ISBN 978-89-5875-222-6 (04230)
978-89-5875-100-7 (세 트)

값 10,000원
잘못된 책은 구입하신 곳에서 바꾸어 드립니다.

※이 책은 10부로 제작되며, 각 부 16권씩 총160권으로 구성됩니다.※

1부	2부	3부	4부	5부	6부	7부	**8부**	9부	10부
1권	17권	33권	49권	65권	81권	97권	113권	129권	145권
2권	18권	34권	50권	66권	82권	98권	114권	130권	146권
3권	19권	35권	51권	67권	83권	99권	115권	131권	147권
4권	20권	36권	52권	68권	84권	100권	116권	132권	148권
5권	21권	37권	53권	69권	85권	101권	117권	133권	149권
6권	22권	38권	54권	70권	86권	102권	118권	134권	150권
7권	23권	39권	55권	71권	87권	103권	119권	135권	151권
8권	24권	40권	56권	72권	88권	104권	120권	136권	152권
9권	25권	41권	57권	73권	89권	105권	121권	137권	153권
10권	26권	42권	58권	74권	90권	106권	122권	138권	154권
11권	27권	43권	59권	75권	91권	107권	123권	139권	155권
12권	28권	44권	60권	76권	92권	108권	124권	140권	156권
13권	29권	45권	61권	77권	93권	109권	125권	141권	157권
14권	30권	46권	62권	78권	94권	110권	126권	142권	158권
15권	31권	47권	63권	79권	95권	111권	127권	143권	159권
16권	32권	48권	64권	80권	96권	112권	128권	144권	160권